Private investigator and Industrial security

탐정과 산업보안

강동욱 · 최수빈
한국탐정학회

박영사

머 리 말

　최근 「신용정보의 이용 및 보호에 관한 법률」의 개정으로 탐정업에 관한 실질적 규제조항(제40조)이 삭제되면서 우리 사회에 있어서도 탐정업이 양성화되는 한편, 매우 활성화될 것으로 판단된다. 더불어 탐정업무의 영역에 있어서도 실종자 등의 사람 찾기 위주의 업무에서 벗어나 탐정업이 정착되어 있는 외국의 경우와 같이 탐정업의 업무영역도 매우 다양하게 확대될 것이다.

　오늘날 4차 산업혁명의 시대의 도래로 인해 국가경제의 발전에 있어서 기술영역의 중요성이 특히 강조되고 있으며, 새로운 기술의 발명과 더불어 상대방의 선진 기술을 탐지하기 위한 시도가 끊이지 않고 있다. 따라서 일선 기업에서는 개별적으로 기술유출에 대한 방지조치를 강구하고 있지만 인적·물적 자원의 부족으로 인해 현실적으로 한계가 있는 것도 사실이다. 특히 유출대상 기술이 중요하면 할수록 이러한 기술을 빼내려는 시도는 더욱 집요하고 전문적으로 이루어질 것이기 때문에 개인 기업으로서는 사실상 대처가 어려운 실정이다. 따라서 이러한 기술이 국가경제에 미치는 영향이 지대하므로 국가적 차원에서도 기술유출을 방지하기 위한 법과 제도를 마련하는 등 노력하고 있지만 산업스파이를 막는 데에 어려움이 있는 것도 사실이다. 따라서 기술유출방지의 필요성이 증대함에 따라 탐정업무영역 중 산업보안 분야에 대한 수요는 상당히 늘어날 것으로 전망되므로 이에 적극적으로 대응하기 위하여 개인기업 차원은 물론이고, 국가적 차원에서 산업보안 분야의 전문 탐정을 양성하여 활용할 필요가 있다.

　하지만 산업보안 분야는 4차 산업혁명 시대를 맞이하여 혁신적인 기술의 개발이 지속적으로 진행되고 있음에 따라 유출방지 대상인 기술에 대한 이해와 전문성을 갖지 않으면 올바른 탐정활동을 수행하기 어려운 것도 사실이다. 따라서 산업보안 분야에 있어서 탐정활동을 하기 위해서 탐정 또한 보호하려는 기술전반에 대한 이해와 더불어 관련 법적 조치들에 대한 기본지식을 갖출 것이 요구되고, 실제 업무영역에 있어서도 고도의 실무적인 지식과 경험을 공유할 것이 요구된다.

본서는 이러한 현실적 요구에 부응하여 법률전문가의 법적 지식과 산업보안 영역 실무전문가의 현장경험을 바탕으로 하여 산업기술 분야의 탐정의 필요성과 현황에 대한 분석을 바탕으로 법리적 검토와 더불어 산업·기술분야에 있어서 탐정활동을 위한 실무지식을 배양하는 것을 목적으로 한다. 따라서 본서는 산업보안에 관한 탐정교육과정의 이론서로서 뿐만 아니라 현장에서 탐정업무를 수행하고 있는 실무자들의 업무에 있어서도 유용한 자료로 활용될 수 있을 것으로 기대한다. 앞으로 산업보안영역의 탐정업무 종사자들의 많은 조언을 당부드린다. 다만, 본서는 기존의 선행연구들을 기초로 하고 있지만, 여러 사정으로 인해 일부 참고문헌의 공개에 어려움이 있어서 일부를 제외하고는 참고문헌을 따로 밝히지 않기로 하였으므로 너그러운 양해를 부탁드린다.

끝으로 이 책의 출판에 있어서 교정과 정리의 수고를 해준 동국대학교 최형보 박사와 선영화 박사에게 감사의 뜻을 전하며, 어려운 여건 속에서도 이 책을 출간해 주신 박영사 안종만 회장님, 안상준 대표님, 김선민 이사님을 비롯한 편집부 직원 여러분께 심심한 사의를 표한다.

2020년 8월
목멱산 자락의 연구실에서
저자 드림

차 례

제1장 산업·기업조사와 탐정

제2장   산업보안

제3장 산업·기업조사 실무

제 1 장

산업·기업조사와 탐정

제 1 장   산업·기업조사와 탐정

제 1 절   산업·기업조사의 의의

1. 산업·기업조사의 개념

산업·기업조사는 산업현장과 기업 등에서 발생할 수 있는 각종 내·외부 침해사고에 대한 사전예방활동 및 발생한 내·외부 침해사고에 대하여 침해원인과 주체를 식별하고 정보와 증거를 수집·분석하여 침해주체에 대응하는 활동을 말한다. 따라서 산업·기업조사는 발생할 수 있는 각종 내·외부의 침해사고에 대한 사전예방, 발생한 침해사고에 대한 정보와 증거의 수집·분석, 침해주체의 파악을 주된 내용으로 한다.

2. 산업·기업조사의 필요성

시대의 발전에 따라 신기술들과 관련된 기술적 노하우, 아이디어들이 창출되고 있는 것에 수반하여, 이들을 대상으로 한 침해시도 역시 비례해서 증가하고 있다. 특히 대기업보다 취약한 보안인식을 가진 중소기업이나 1인·소규모 사업체들의 침해사고 피해가 지속적으로 증가하고 있다. 즉, 대기업의 경우에는 자체적인 보안관리체계를 구축하고 침해사고 대응을 위한 조직을 운영하고 있지만, 대기업보다 허술한 보안관리체계를 가진 중소기업에서는 이러한 침해사고의 비율이 상대적으로 높고, 1인·소규모 사업체의 경우에는 보안환경이 더욱 취약한 것으로 나타나고 있다.

※ 2013.~2018. 기업 규모별 산업기술 해외유출 및 시도 적발건수(국정원)

구 분	대기업	중소기업	기 타	합 계
발생 건수	35건	102건	15건	152건
비율(%)	23%	67.1%	9.9%	100%

과학기술정보통신부가 실시한 최근 정보보호실태조사 결과에 따르면, 국내 1인 이상 사업체 9,081개 대상 조사결과 정보보호정책이 수립된 사업체는 16%에 불과하고, 정보보호를 위한 조직을 보유한 사업체는 5.5%에 그치고 있으며, 이들 사업체의 대부분이 보안관련 예산확보와 전문인력 확보에 큰 어려움을 겪고 있는 실정이다. 이러한 취약점은 해당 기업의 산업기술, 기술적 노하우, 영업비밀, 아이디어 등의 유출로 이어져 기업의 성장과 운영동력 상실, 폐업, 매각 등 치명적인 문제로 이어질 수 있다. 따라서 이들 기업에 있어서는 이러한 기술 등의 침해사고가 발생한 경우에는 즉각적으로 원인을 파악하고 그 경로를 분석·추적하는 한편, 추가적인 침해사고를 예방함과 동시에 침해주체를 식별하고 관련증거를 수집하는 등, 침해상황에 대응하기 위한 산업·기업조사의 필요성이 증가하고 있다.

3. 산업·기업조사의 종류

(1) 외부침해 대응

외부침해 대응이란 해당 기업이 가지고 있는 각종 산업기술, 기술적 노하우, 영업비밀 등을 노리는 경쟁기업, 외부인 등에 의한 외부침해의 시도에 대응하여 침해주체를 식별하고, 증거와 정보를 수집하는 활동을 말하며, 컴퓨터해킹, 위장침투, 전송자료 가로채기, 무단침입, 제3자 매수 등에 대응하는 조사를 말한다.

(2) 내부침해 대응

내부침해 대응이란 기업 내부에 근무하고 있는 직원, 관련자들에 의한 침해시도뿐만 아니라, 내부자들을 통해 침해를 시도하는 기업내부자 매수와 위장취업, 계약 등을 통한 위장침투 등 기업내부에서부터 일어날 수 있는 침해시도에 대응하는 조사를 말한다.

(3) 자료 및 인원검증

자료검증이란 기업활동에서 빈번하게 일어나는 계약, 설계, 계획수립 등에 필요한 각종 자료에 대해 객관적으로 문제가 없는가, 허위자료가 없는가 등을 확인하는 활동을 말한다. 인원검증이란 기업에서 계약하려는 상대방 또는 상대 기업의 진의확인, 채용예정자들 중에 산업스파이의 존재 여부 등을 검증하는 활동을 말한다.

(4) 보안감사·점검 및 진단

보안감사 등은 해당 기업이 보유하고 있는 산업기술, 기술적 노하우, 영업비밀 등의 안전과 관련하여 기업의 보안체계의 문제점과 취약점을 진단하고 분석하며, 발견된 문제점과 취약점에 대해 모의 침해시도 등을 통하여 잠재적인 위험을 평가하는 활동을 말한다.

(5) 자문

자문이란 보안·조사전문가로서 해당 기업의 침해사고 대응과정, 대응절차, 보안취약점 보강 등 전반적인 침해사고 예방 및 대응활동이 제대로 이루어지고 있는가를 확인하는 한편, 필요한 사항을 경영진에 자문하는 활동을 말한다.

제 2 절   탐정과 산업·기업조사의 관계

1. 산업·기업조사에서 탐정의 역할

산업·기업조사에서 탐정은 단순히 의뢰받은 사항를 조사하는 1차원적 행적조사 수준으로는 임무를 제대로 수행할 수 없다. 따라서 탐정이 효율적인 산업·기업조사를 수행하기 위해서는 해당 기업은 물론, 침해사고에 관련된 전문지식과 산업보안지식을 갖추고 있어야만 한다. 예를 들면, 침해사고가 일어난 기업의 실무자가 피해가 일어난 컴퓨터 서버의 로그(Log)를 보여주며 상황을 전달할 때, 조사를 맡은 탐정은 그 해당 컴퓨터의 시스템구조와 로그를 이해할 수 있어야만 해당 기업의 실무진들과 원활한 대화와 협조가 가능하다. 또한 침해사고의 대부분이 내부자 소행임을 고려하여 컴퓨터 서버의 로그와 상황을 전달한 실무자가 거짓된 정보를 전달하는 것은 아닌가를 의심하고 검증할 수 있어야 한다.

산업·기업조사에서의 탐정의 역할은 경찰체계에서의 특별사법경찰과 유사하며, 경찰이 모든 분야에 대해 전문지식과 노하우를 가지는 것에 한계를 보여 특별사법경찰제도를 운영하듯이, 탐정은 산업·기업조사에 있어서 해당 산업과 기업에 대한 해박한 지식과 산업보안지식을 가진 산업보안전문가이자 조사전문가로서 역할을 수행할 수 있어야 한다.

2. 산업·기업조사와 탐정의 역사

(1) 외국의 역사

해외에서의 산업·기업조사와 팀정활동이 깊은 연관을 맺고 있는 곳은 미국이다. 미국은 오래전부터 전 세계에서 기술적 우위와 기술발전을 선도하고 있으며, 이로 인해 미국에 존재하는 대부분의 탐정법인과 회사들은 산업스파이 탐지와 기업조사 등에 큰 업무 비중을 두고 있다. 따라서 현존하는 산업·기업조사와 탐정 관련 주요 사례 및 산업스파이 탐지분야의 발전은 대부분 미국에서 발생한 사건을 기초로 하고 있다. 일본의 경우는 신고제로 운영되는 탐정활동을 통해 활발한 탐정사업이 이루어지고 있지만, 정부와 사법기관의 강력한 규제와 함께 대부분의 활동이 개인의 사생활조사에 관련된 행적조사 분야를 중심으로 행하여지고 있다.

1) 마이크로소프트 대 오러클 사건

2000년 마이크로소프트(Microsoft)는 미국 연방정부와 반독점관련 소송을 진행하고 있었다. 그런데 미국 출신인 오러클의 CEO인 래리 엘리슨(Larry Ellison)은 두 연구기관인 인디펜던트연구소(Independent Institute)와 국세납세자연맹(National Taxpayers Union)이 마이크로소프트사로부터 은밀한 대가를 지불받고 마이크로

소프트사에 도움이 되는 자료와 보고서를 발표했다고 의심했다. 그래서 마이크로소프트사의 독점금지법 재판을 위해 일하고 있었던 로비회사인 경쟁기술센터(Association for Competitive Technology : ACT) 부근에 유령회사 이름을 사용해 사립탐정 사무실을 임대하기에 이른다. 그는 며칠 뒤 직원을 시켜 ACT건물 청소부들에게 쓰레기를 가져다주면 1,200달러를 주겠다고 제의했다. 하지만 청소부들이 이 사실을 ACT에 보고하면서 이 사실이 밝혀지게 되었다. 긴 추적 끝에 확인된 사립탐정은 사설탐정기관인 국제탐정그룹(Investigative Group International : IGI) 소속이며, 오러클(Oracle)의 CEO로부터 고용되어 있었다. 이에 오러클은 숨겨진 사실을 시민들에게 알리려고 한 선량한 의무를 한 것이라고 하며, 자신들의 쓰레기 역시 마이크로소프트사에 보낼 의향이 있다고 밝혔다.

2) 코닥 대 헤롤드 우든 사건

헤롤드 우든(Harold C. Worden)은 코닥(Kodak)에서 28년간 근무를 했다. 그는 코닥에서 근무할 때 로체스터(Rochester) 기반 코닥필름 제조공장의 프로젝트 매니저로 일했으며, 필름제조의 속도와 품질을 향상시키는 401프로세스를 개발하는 업무를 맡았다. 코닥은 이 제조과정을 비밀화하기 위해 어느 특정 직원이 이 모든 과정을 알 수 없도록 구획화해서 제조과정이 유출되는 것을 방지했다. 하지만 헤롤드 우든은 모든 정보에 엑세스할 수 있던 소수의 직원 중 1명이었다. 결국 1992년 헤롤드 우든이 코닥에서 은퇴하고 남부 캘리포니아에 컨설팅회사를 설립하면서 문제가 발생했다. 즉, 헤롤드 우든은 은퇴 이후, 63명의 이전 코닥 동료로부터 기밀데이터를 구매하기 시작했다. 그리고 코닥 직원들을 자기 회사에 스카우트해서 고용하기 시작했다. 이런 활동을 통해 헤롤드 우든은 필름베이스 및 코팅의 모든 화학적 구성에 대한 세부사항과 함께 5억 달러의 필름 감광성 시설에 대한 사양이 포함된 책과 비밀문제 해결절차 모음을 포함한 모든 코닥의 비밀제조공식을 포함한 책을 얻을 수 있었다. 코닥은 전 직원에게 비공개계약을 체결할 것을 요구했지만, 코닥의 보안프로그램이 종료됨에 따라 직원들은 비공개계약에서 요구되는 영업비밀을 보호하여야 한다는 의무를 완전히 숙지하지 못했다. 이 때문에 그들 중 일부는 헤롤드 우든의 계획에 이용당하였다.

코닥은 헤롤드 우든의 작업에 대해 알게 된 후 함정수사를 통해 영업비밀을 어떻게 판매했는가를 알아냈다. 1995년 코닥의 경영진과 보안컨설턴트는 중국 영화회사의 직원으로 위장을 해서 영화제작시장에 뛰어들려는 역할로 헤롤드 우든을 만났다. 그는 특허기술을 판매할 의사가 없다고 밝혔지만, 위장한 직원들이 새로운 공장을 지을 수 있는 2억 5천만 달러가 준비되어 있다고 하자 헤롤드 우든은 필름제조에 중요한 고품질 아세테이트를 만드는 법을 12만 5천 달러에서 50만 달러 사이의 수수료로 알려주겠다고 제안하였다. 이 사건 이후 미국 의회는 1996년 산업스파이방지법(EEA)을 통과시켰다. 이 법은 FBI와 산업계의 공동노력으로 무역 비밀도용과 산업스파이를 효과적으로 처리할 수 있는 권한을 부여받게 되는 것인데, 이는 FBI가 산업스파이를 식별, 스파이행위와 범죄활동의 경제적 목표를 확인하고, 불법적으로 미국의 영업비밀을 훔치는 방법을 확인하도록 하는 것이다. 오늘날 미국에서는 대부분의 기업들이 CIA, FBI, Secret Service 및 군정보전문가 출신을 보안책임자로 채용하거나 보안조치를 강화하는 등, 영업비밀의 손실을 막기 위해 다양한 조치를 취하고 있다.

3) 휴렛 패커드

2006년 미국 출신인 HP(Hewlett-Packard) 회장인 패트리셔 던(Patricia Dunn)은 사립탐정 및 보안전문가들과 계약하여 이사회 임원, 직원 그리고 언론인들 중 누가 기업정보를 노출하고 있는가에 대한 조사를 요청하였다. 이에 탐정 및 보안전문가들은 프리텍스팅(pretexting; 위장을 해서 정보를 빼내는 행위) 기법으로 통화기록을 입수하는 한편, 전화회사에 전화를 걸어, 전화소유주로 가장하여 정보를 입수하였다. 이를 통해 몇몇 임원들은 퇴사조치되었다.

(2) 국내의 역사

국내에서의 산업·기업조사에 대한 탐정활동은 일부 기업을 대상으로 산업스파이 탐지분야에서 극소수로만 존재하고 있다. 우리나라는 기본적으로 미국, 중국과 동일하게 산업스파이 탐지 및 분석업무를 오래전부터 정보기관의 주요 업무로 규정하여 해당 기관에서 수행하고 있으며, 이들 기관에서는 첨단기술 해외유출 차단, 국가연구개발사업 성과물 및 연구데이터 보호, 지식재산권 침해관련 대응, 외국의 경제질서 교란차단 등을 중점으로 하여 업무를 수행하고 있다. 그러나 국가

정보원의 노력만으로는 한계가 있기 때문에 현재 대기업에서는 자체적인 조사팀과 대응팀을 구성하여 운영하거나 외국 탐정관련 회사에 의뢰하여 해결하고 있다. 하지만 자체 대응능력이 부족한 중소기업, 소규모 사업체, 개인사업자 등의 경우에는 사고발생 시 신고를 통한 수사기관의 수사에 의존하거나 사고수습을 포기하고 있는 실정이다. 이에 한국산업기술보호협회, 산업보안실무위원회 등에서는 산업보안관리사(국가공인자격) 양성과정에 있어서 사고대응을 위한 탐정의 필요성을 언급하고 있다. 하지만 현재 국내에 존재하는 대부분의 탐정서비스업은 행적조사에 치중하고 있고, 산업·기업조사를 한다고 홍보를 하지만 산업보안지식과 산업·기업조사에 관련된 능력을 보유하고 있지 않은 등, 전문성 부족으로 인해 제대로 된 협조와 연계가 이루어지지 않고 있는 실정이다.

3. 탐정과 민간경비(보안)의 관계

탐정이 산업·기업조사를 수행하기 위해서는 산업보안에 대한 지식을 필수적으로 갖추어야 한다. 보안은 '보호가 필요한 대상을 보호한다'라는 수동적인 개념이지만, 넓은 의미로는 보호가 필요한 대상에게 오는 위협을 사전에 탐지하고 예방하며, 발생된 문제에 대한 조사까지 포함하는 포괄적인 개념으로 이해되고 있다. 현재 정보수집·분석, 보안과 관련된 정부기관인 국정원, 군사안보지원사령부(구 기무사령부), 정보·보안경찰 등에서는 포괄적인 보안개념을 적용하여 보안기능에 조사기능을 포함하고 있다. 따라서 조사에 중점을 둔 탐정도 조사능력 외에 보안에 대한 지식은 필수적이다. 우리나라 민간사회에서도 탐정과 보안의 연관성은 역사적·법률적으로 나타나고 있으며, 일부 중요이론들은 공통적으로 적용되고 있다. 민간사회에서의 보안은 보통 민간경비의 형태로 나타나기에 본서에서는 민간보안에 대해 '민간경비(보안)'로 표기한다.

(1) 탐정과 민간경비(보안)의 연관성

탐정과 민간경비(보안)의 연관성은 탐정의 시초라고 불리는 1850년 핑커톤(Pinkerton)의 활동에서부터 이미 나타나고 있다. 먼저, 미국에서 본격적으로 민간경비(보안)이 나타난 것은 1800년대 산업혁명과 19세기 중엽 서부개척시대부터인

데, 미국 연방정부는 서부개척시대에 철도경찰법을 제정하여 일정구역 내에서 경찰권을 부여한 민간경비조직을 설치하였다. 이는 캘리포니아에서부터 나타난 골드 러시(Gold Rush)로 인해 개척지를 왕복하는 역마차, 철도 등이 부설·운영되는 과정에서 강도 등의 습격이 빈번하게 이루어졌기에 역마차회사, 철도회사 등은 철도경비를 위해 자체적인 경비조직을 갖추게 되었고, 이것이 민간경비(보안) 발달의 획기적 계기가 되었다. 핑거톤은 1850년 탐정사무소 설립 이후 1857년 핑거톤 국가탐정회사로 바꾸고 철도수송 안전확보에 일익을 담당하였다.

이후 핑거톤은 남북전쟁 당시 링컨대통령의 경호업무뿐만 아니라 육군 첩보부(북군 정보국)를 설립하여 활발한 공작활동을 수행하였으며, 이로 인해 미국의 탐정은 단순히 의뢰사항에 대한 정보수집활동에 그치지 않고 경호서비스를 포함한 민간경비(보안)서비스 등 종합적인 보안서비스를 제공하는 전통으로 이어져 현재에 이르고 있다. 우리나라에서는 공공기관이나 금융기관 등에서 산업스파이 관련 사건이 발생할 경우에 피해발생 기업들은 이러한 종합보안서비스를 제공하는 미국의 탐정회사에 의뢰하여 사건을 해결하는 경우가 대부분이다. 따라서 향후 우리나라 탐정의 경우에도 이러한 종합적인 보안서비스에 대한 요구가 늘어날 것으로 예상된다.

우리나라에서도 오래전부터 민간경비(보안)과 탐정활동 사이에 연관성을 인정하고 있다. 즉, 민간경비(보안)와 탐정에 대한 역사적 연관성을 인식하고 있는 여러 전문가들은 오래전부터 민간경비(보안)에 대한 내용을 담고 있는 경비업법에서 탐정을 규율하고자 하기도 하였다. 그러나 민간경비(보안)는 넓은 의미에서는 탐정을 포괄하는 의미이지만, 탐정의 법제화에 있어서는 탐정활동의 고유의 특성과 업무의 내용을 고려할 때 양자를 분리하여 입법화할 필요가 있다. 이것은 산업·기업조사분야에서의 탐정활동의 필요성이 높아지고 있는 점을 고려하더라도 탐정활동의 특수성을 인정하여 민간경비(보안)와 분리하여 입법하되, 업무의 연관성을 고려하여 상호간에 밀접한 협력체계를 구축하는 것으로 제도화할 필요가 있다.

(2) 탐정·민간경비(보안)에 관한 공통이론[1]

1) 경제환원론적이론

경제환원론적이론(經濟還元論的理論, economic reduction theory)은 특정한 사회현상을 설명함에 있어서 그 발생원인을 경제문제에서 찾으려는 이론이다. 즉, 경기침체로 인해 실업자가 늘어나면 자연적으로 범죄가 증가하고, 증가된 범죄를 처리하지 못하는 경찰력의 한계로 인하여 탐정·민간경비(보안)에 의한 범죄에 대한 직접 대응의 수요가 늘어나면서 탐정·민간경비(보안) 시장이 성장과 발전한다고 한다. 이 이론은 미국의 경제침체기였던 1965~1972년 사이의 민간경비 시장이 서비스업 전체 증가율보다 더 많이 증가하였다고 하는 경험적 관찰에 기초하고 있다.

이 이론은 미국이 경제침체를 보였던 시기에 탐정·민간경비(보안) 시장이 다른 서비스업 전체의 증가보다 두드러지게 증가하였다는 단순논리적인 관찰에 기초를 두기 때문에 한계점을 가진다.

2) 공동화이론

공동화이론(空洞化理論, vacuum theory)은 경찰이 수행하고 있는 경찰의 기능이나 역할을 탐정·민간경비(보안)이 보완하거나 대체한다는 이론이다. 즉, 경찰의 범죄예방능력이 국민의 욕구를 충족시키지 못하면서 '공동(空洞)상태'가 발생하게 되고, 탐정·민간경비(보안)가 이를 보충하면서 성장한다는 것에 초점을 두고 있다. 즉, 사회의 다원화와 분화에서 초래되는 사회적 긴장과 갈등, 대립 등에 의한 무질서나 범죄의 증가에 대응하기 위해서는 경찰력이 증가하여야 하지만, 현실적으로 어려운 상태이므로 그 결과 생겨나는 공백을 메우기 위해서 탐정·민간경비(보안)가 발전한다고 한다.

이 이론에서는 탐정·민간경비(보안)는 경찰의 허술한 법적 대응력을 보충 내지 보조하여 공경비의 힘이 미치지 못하는 치안환경의 사각지대를 메워주며 성장한다고 한다. 따라서 경찰력과 탐정·민간경비(보안)은 상호보완적, 협조적, 역할분

---

[1] 이하의 내용은 강동욱, 윤현종, 「탐정학개론」, 박영사(2019), 16-19면; EBS교수진, 「경비지도사 민간경비론」, 시대고시기획(2020), 16면 이하의 내용을 참고하여 정리한 것임.

담적인 관계에 있다고 한다.

3) 이익집단이론

이익집단이론(利益集團理論, interest group theory)은 경제환원론적이론이나 공동화이론을 부정하는 입장으로, 민간경비를 하나의 외부 독립적인 행위로 인식하며 민간경비 자체가 그 이익추구 집단으로 활동에 따라 민간경비가 발전되었다는 이론이다. 즉, 탐정·민간경비(보안) 역시 자신들의 집단적 이익을 극대화하기 위하여 규모를 팽창시키고, 새로운 규율이나 제도를 창출시키는 등의 노력을 한다고 한다. 탐정·민간경비(보안)의 양적 성장은 초기적 단계에서 일어나는 현상이며, 궁극적으로는 이익집단으로서의 내부적 결속과 제도화 및 조직화의 결과로 세력과 입지를 강화하면서 성장한다고 한다.

이 이론은 주된 관심이 경찰과 탐정·민간경비(보안)의 관계에 대한 성격분석에 있는 반면, 이익집단이론은 탐정·민간경비(보안)을 하나의 독립적인 주체로 인식하고 자체적으로 고유한 이해관계를 가지는 것으로 이해한다.

4) 수익자부담이론

수익자부담이론(受益者負擔理論, profit－oriented enterprise theory)은 경찰은 국가가 자본주의의 전반적 체제수호를 위한 정치적 역할, 즉 공적 임무를 수행하는 데 있어서 일부분을 담당하는 공조직으로 파악한다. 따라서 경찰의 공권력작용은 원칙적으로 거시적인 측면에서 체제수호, 치안유지 등과 같은 역할과 기능에 한정되고, 사회구성원 개개인 차원이나 집단과 조직의 안전과 보호는 결국 해당 개인이나 조직이 담당하여야 한다고 하는 이론이다.

이 이론은 자본주의체제하에서 주장되는 이론으로, 개인이 자신의 건강이나 사유재산을 보호하기 위하여 각종 보험에 가입하는 것과 같이 개인의 신체와 재산, 조직의 재산, 기술 등의 보호는 개인·조직의 비용지출에 의해 담보받을 수 있다고 한다. 즉, 국민의 세금으로 운용되는 경찰의 역할은 국민의 생명과 재산을 보호하는 것이라는 일정한 제한이 있으므로, 개인적 편익을 위한 비용부담은 수익자(개인이나 조직) 자신이 부담하여야 한다는 것이다.

5) 공동생산론

공동생산론(joint production theory)은 각종 치안서비스 생산과정에서 경찰의 역할수행과 탐정·민간경비(보안)의 공동참여로 인해 탐정·민간경비(보안)가 성장하였으며, 탐정·민간경비(보안)가 독립된 주체로서 참여한다는 이론이다. 이 이론에서는 탐정·민간경비(보안)를 보조적 차원이 아닌 주체적 차원으로 인식하고, 경찰이 안고 있는 한계를 일부 극복하는 한편, 시민의 안전욕구를 증대시키기 위하여 민간부분의 능동적 참여가 요구된다고 한다.

6) 민영화이론

민영화는 정부의 역할을 줄이는 대신 민간의 역할을 증대시키는 것을 의미하며, 캐머맨과 칸(Kamerman & Kahn)은 민영화의 개념을 광의와 협의의 개념으로 구분하고, 광의의 개념은 정부의 규제축소와 정부지출을 감소시키는 것을 말하고, 협의의 민영화는 재화나 서비스의 생산이 공공부분에서 민간분야로 이전되는 것을 말한다. 또한 웹스터(Webster)는 민영화는 공적 영역을 사적 소유로 변화시키는 것을 의미한다고 하였다. 사바스(Savas)의 민영화이론(民營化理論, private management theory)에서는 민영화의 목적을 자본시장으로부터 자금조달을 가능하게 함으로써 기업의 경쟁력과 효율성 증대, 중앙 또는 지방정부의 공공차입부담의 감소, 공공지출과 행정비용의 감소, 사기업경영에 대한 정부개입의 감소, 경제적 자산의 소유구조 확장, 사원 주식소유제도의 활성화, 소득재분배의 효과 등에 두고 있다. 즉, 다원화시대에서 정부의 지나친 비대화는 민주주의를 위협하고 자원의 비효율적인 공급으로 인해 낭비를 초래할 수 있다. 따라서 국가작용에 있어서 민영화를 통해 공공서비스에 대한 공급을 줄이는 한편, 상대적으로 민간부문을 확대하여 민간활동을 활성화하게 되면 자원이용의 효율성이 높아질 수 있다고 한다. 따라서 정보수집과 보안에 관한 국가의 기능의 일부를 민영화하여 탐정·민간경비(보안)에 맡기게 되면 경쟁에 의하여 정보수집과 보안의 효율성을 증대시킬 수 있다는 것이다. 즉, 탐정·민간경비(보안)는 민간기업의 자원과 기술을 활용함으로써 정부 내의 정보수집과 보안에 관한 전문가 부족에 따른 문제점을 해결할 수 있을 뿐만 아니라 이들 영역에 있어서 새로운 일자리를 창조함으로써 민간고용을 증대시키고, 민간경제의 활성화를 도모할 수 있다고 한다.

　이 이론은 1980년대 이후 복지국가 이념에 대한 반성으로서 국가독점에 의한 비효율성을 극복하고자 시장경쟁 논리를 도입하여 설명하는 것으로 현재까지 세계적인 추세로 받아들여진다.

제3절　탐정과 산업보안

1. 산업보안의 이해

(1) 산업보안의 의의[2]

　보안(security)은 자신에 대한 피해를 방지하기 위한 전반적이고 포괄적인 활동을 의미한다. 기관과 기업, 조직 내에서 가지고 있는 유·무형의 자원과 인적 자원 등 모든 것이 보안을 통해 보호가 필요한 자산이라 할 수 있으며, 따라서 보안은 보호적이고 손실예방적인 모든 활동을 총칭하기도 한다. 따라서 산업보안(industrial security)은 산업활동과 관련된 분야에서의 보안적인 모든 활동을 뜻한다. 즉, 산업기술, 영업비밀, 기술적 노하우 등의 기술자산뿐만 아니라 산업활동에 유용한 기술상·경영상의 정보를 산업스파이, 내부침해자 등 제반 위해요소로부터 유출되거나 침해되지 않도록 보호·관리하기 위한 대책과 활동, 기업활동을 위해 보호필요성이 있는 인원, 문서, 시설, 기술 등을 보호하는 활동을 포함한다.

(2) 산업기술유출의 유형

　산업기술을 유출하는 유형은 크게 기술적 방법과 비기술적 방법으로 구분할 수 있다. 기술적 방법은 보통 전자적인 기술을 이용하여 해킹, 전송자료 가로채기, 악성코드를 이용한 유출 등이 있으며, 비기술적 방법은 전통적인 유출방법으로 기술인력의 영입, 내부자매수, 위장침투, 무단침입 등이 있다.

---

2) 신현구, 「산업보안관리실무」, 진영사(2019), 33-36면의 내용을 참고로 정리한 것임.

1) 기술인력의 영입

기술인력의 영입은 경쟁사에서 핵심적인 능력을 가진 실무인력이나 관리업무를 수행하는 임원을 현재 근무하는 기업보다 좋은 조건을 제시하여 자발적으로 이직 및 고용이 이루어질 수 있도록 하는 방법으로, 해당 경쟁사가 가지고 있는 기술과 영업비밀, 정보를 입수하는 가장 손쉬운 방법이다. 이것은 보통 '스카우트'로도 표현하며, 핵심인력이나 임원을 고용하여 필요한 정보를 얻는 방법이다.

기술인력의 영입을 당한 기업에서는 해당 기술인력이 보유하고 있던 기술과 노하우, 정보를 빼앗기면서 1차 피해 외에, 자사에서 중요한 직무를 수행하고 있던 핵심인력의 손실이라는 2차 피해를 받게 된다. 이러한 기술인력의 영입은 해외취업, 이민, 위장계열사 취업 등의 형태를 가지므로 기존 고용기업에서 손쉽게 기술인력의 이직현황을 알아볼 수 없으며 현실적으로 예방하기에도 상당한 어려움이 있다. 최근 산업·기술분야에 있어서 각국 간의 경쟁이 치열해지면서 우리나라에서도 수많은 기술인력과 정보가 외국으로 유출되는 등의 문제가 이어지고 있으며, 특히 국제적으로 상대적 기술우위에 있는 반도체와 조선 등의 분야에서는 상시적으로 기술인력을 노린 외국 또는 외국기업들의 시도가 계속되고 있다.

<사례> 하이닉스의 핵심기술 유출

하이닉스의 TFT-LCD 자회사였던 하이디스를 2002년 11월 중국의 BOE사가 사들이면서 중국의 LCD 산업이 시작되었다고 할 수 있다. 하지만 BOE사가 하이디스를 인수한 뒤 중국에 설립한 TFT-LCD 생산업체인 BOE-OT사는 중국의 대표적인 전자업체로 성장한 반면, 한국의 BOE하이디스는 몇 년 지나지 않아 법정관리를 받게 되었다. 이 과정에서, BOE-OT에서 핵심적인 TFT-LCD 기술을 개발하고 생산한 인력은 모두 BOE하이디스로 이직했던 100여 명의 한국인으로 확인되었다.

---

2) 기업내부자의 매수

기업내부자의 매수는 표적으로 선정한 기업의 내부 임직원을 매수하여 정보원으로 활용하는 방법이다. 일반적으로 보안체계가 잘 구축된 대기업, 금융기관 등에서는 보안체계의 수준이 높기 때문에 외부에서 접근 및 보유하고 있는 기술과 비밀, 정보를 입수하기에는 제한과 위험이 따른다. 따라서 해당 기업으로부터 지속적으로 정보를 얻어내야 하고, 보유하고 있는 기술을 일부씩 지속적으로 유출하여 이후 재구성하는 등의 방법을 사용하고자 할 경우에는 해당 기업·기관의 내부자를 매수하여 정보원으로 삼는 방법을 사용하게 된다.

일반적으로 매수대상이 되는 내부자들은 통상 가치관 문제나 해당 기업에 대하여 불만이 많은 자, 또는 금전적인 고액채무가 있거나 윤리적 문제에 처해 있는 자 등으로, 개인적인 약점을 가지고 있기 때문에 금전적 보상이나 안전보장 등의 유혹에 넘어가기 쉬운 상황에 있다.

<사례> 삼성전자의 휴대전화 제조기술 유출

2005년 삼성전자 선임연구원이 스마트폰 등 최신 휴대전화 제조기술을 카자흐스탄의 유력 정보통신회사와 합작회사 설립을 통해 유출하려다 적발되었다. 억대의 개인 채무를 지고 있던 기술개발팀 선임연구원이었던 그는 핵심기술을 해외에 매각할 속셈으로, 사내통신망을 통해 최신 슬림형 휴대폰과 내장안테나 기술이 적용된 핸드폰의 회로도와 부품배치도 15장을 무단출력한 후, 몰래 회사 외부로 유출하였다. 이후 그는 카자흐스탄 부동산 알선업자와 공모하여 카자흐스탄 정보통신사 N사 임원들과 접촉하여 해당 유출자료들을 통해 핸드폰 제조 컨설팅명목으로 미화 200만 달러를 요구하는 등 불법적인 시도를 하였으나, 국정원의 추적과 검찰수사로 인해 적발 및 배임혐의 등으로 구속되었다.

3) 위장침투

위장침투는 표적기업으로부터 기술이나 영업비밀 또는 정보를 입수하기 위한 접근이 필요하여 장기간 고정적으로 안정적인 정보입수를 위한 루트가 필요한 경우에 사용되는 방법이다. 이 방법은 보통 전문적인 훈련과 교육이 이루어진 산업스파이가 사용하는 것으로 해당 표적기업이 가지고 있는 기술과 영업비밀, 노하우, 정보 등을 장기간에 걸쳐 체계적으로 분석 및 유출하는 방법이다. 이러한 위장침투는 내부자의 매수와는 달리 위장침투를 주도하는 기관·기업의 소속이기 때문에 높은 충성도를 가지고 있으며 전문적인 교육·훈련으로 갖추어진 유출능력을 통해 안정적으로 정보를 유출할 수 있다는 장점이 있다.

이렇게 위장침투가 이루어진 산업스파이는 쉽게 색출하기 어렵기 때문에 표적기업에서는 자사 내 산업스파이의 존재 여부를 확인하기 위하여 산업보안 컨설턴트나 탐정 등을 기업 내부조직의 임직원으로 위장취업시켜 조사활동을 전개한다.

4) 제3자 매수

제3자 매수는 표적기업과 많은 교류와 협력을 통해 표적기업에 대한 많은 정보를 보유하고 있는 구성원이나 외부자(변호사, 법무사, 회계사, 협력업체 등)를 통해 정보를 입수하는 방법으로서 명확한 추적과 법적 처리가 어렵다는 측면에서 자주 사용된다. 기업내부자의 경우에는 기업 보안체계를 통하여 기술이나 정보유출 시 법적 처리를 위한 절차의 집행이 가능하지만, 내부자에 비해 보안관리가 취약한 외부자의 경우에는 사전 계약서상 의무, 보안서약서 등의 조치가 미비하여 기술과 정보유출의 원인이 되고 있다.

> **<사례> (주)진로의 영업비밀 유출**
>
> 2003년 (주)진로의 법정관리신청관련 분쟁 당시 제기된 의혹으로, 국내 법무법인이 자신들의 의뢰인이자 (주)진로와의 분쟁당사자인 외국계 투자전문회사 골드만삭스에게 과거 의뢰인이었던 (주)진로측의 영업비밀을 유출 및 제공하였다는 의혹이 제기되어 논란이 발생하기도 하였다.

5) 정보브로커

정보브로커는 기업의 내·외부에서 나타나는 다양한 정보들을 수집 및 분석, 데이터베이스화하여 정보를 필요로 하는 수요자에게 판매 및 제공을 전문으로 하는 업에 종사하는 자들을 말한다. 정보브로커는 사회적 저명인사, 언론사 기자, 여론조사 조직, 일반기업, 흥신소 등 사회 여러 업종에 걸쳐 존재하며, 정보입수를 위해 뉴스, 소문 등의 공개정보를 주로 입수함과 동시에 정보기관 및 수사기관, 기업 임직원과의 접촉, 자체 정보원 등을 통한 인간정보를 수집 및 관리한다.

오늘날 정보산업의 발달에 따라 정보브로커는 특정분야의 정보를 집중적으로 수집 및 관리하여 전문화된 상태로 활동하는 추세이며, 이들은 산업기술의 유출을 시도하는 자들과 산업스파이들의 보조자이자 협조자로서 활동하고 있다.

6) 무단침입

무단침입은 가장 전통적인 기술 및 비밀, 정보의 탈취방법 중의 하나로서 목표로 하는 비밀 저장매체, 문서, 자료, 전파, 구술내용 등을 표적기업에 허가 없이 침입하여 탈취를 시도하는 방법이다. 무단침입은 단순히 기술과 정보탈취만을 목적으로 하는 것은 아니며, 장기적인 유출을 위해서 표적기업 내부에 도청장비, 전파송신기, 몰래카메라 등을 설치하는 행위도 포함된다.

이러한 무단침입은 표적기업 내부에서만 이루어지지 않으며, 기업에서 운영하는 외부시설과 출장소, 임직원이 투숙하거나 사용하는 호텔, 관사 등도 표적이된다. 최근의 무단침입방법은 역시 정보통신기술의 발달 추세와 비례하여 해당 기업의 폐쇄형 정보네트워크에 침투할 수 있는 전문가와 장비를 갖추어 통신네트워크를 관리하는 시설구역이나 서버룸 등을 노리는 경우도 많다.

7) 컴퓨터해킹

IT 기술의 발달을 통하여, 최근 기업내부의 자료는 물리적인 문서로 관리하기보다 기업내부에 갖추고 있는 온라인 데이터베이스에 저장하고 관리하는 경우가많다. 또한 보안을 매우 중요시하는 국가의 정보기관, 군, 경찰 등에서는 비밀자료를 물리적인 문서로 관리하는 경우가 많지만, 일반기업체에서는 대부분의 자료를컴퓨터를 이용하여 생산·관리하고 있으며, 이렇게 전자적인 자료로 관리할 경우에는 네트워크를 통한 접근과 자료유출 역시 용이해지는 단점을 가지기 때문에이를 노린 해킹기법과 방식 역시 다양하게 발전하고 있다.

해킹의 대표적인 방법은 해당 표적기업의 네트워크에 접근한 다음, 권한을 가지고 있는 직원의 컴퓨터 사용권한을 탈취하여 침투하는 방법으로서, 이러한 방법으로는 스니핑, 스푸핑, 피싱, 파밍 등이 있다. 가장 일반적인 형태는 해당 표적기업 직원의 아이디와 이메일(e-mail) 등을 알아내어 업무관련 메일이나 지인 등을가장한 메일에 악성코드를 포함시켜 보낸 후 해당 메일을 열람할 경우에 악성코드를 삽입하게 하여 권한을 탈취하거나 또는 직원으로 가장하여 기업내부 네트워크에 접근한 후 비밀정보를 보관한 데이터베이스에 접근하는 방법이다.

보안관제센터를 운용하고 있는 대기업이나 정부기관에서는 자체적인 CERT (Computer emergency response team)팀을 통해 이러한 전자적 침해사고에 대응할 수 있는 능력을 갖추고 있지만, 보안관제센터를 구축하는 비용부담 등으로 인해 중소기업에서는 손쉽게 침해사고가 발생하고 이를 인지조차 하지 못하는 등의 문제가 발생하고 있다.

8) 전송자료 가로채기

전송자료의 가로채기는 컴퓨터 해킹과 동일하게 최근의 IT기술의 발달을 통한 전자적인 기술과 정보관리를 대상으로 하여 사용된다. 컴퓨터 해킹이 보통 자료를 보관하고 있는 데이터베이스와 시스템을 대상으로 하여 행하여진다면, 전송자료의 가로채기는 시스템과 시스템 간, 서버와 서버 간에서 이루어지는 자료의 전송과정과 절차를 대상으로 행하여지며, 보통 네트워크해킹이라고도 한다.

이러한 전송자료의 가로채기는 컴퓨터 네트워크에서 사용하는 방법뿐만 아니라, 보안에 상대적으로 취약한 통신수단(일반 유선전화, 팩스 등)을 이용하여 자료와 정보를 전송·공유할 때에도 감청을 통해 가로채는 전통적인 방법도 포함된다. 일반전화 등의 전통적인 전송·공유수단은 다른 수단들에 비해 즉각적이고 빠르다는 장점으로 인해 지속적으로 사용하고 있지만, 이러한 수단에 대해 보안을 제공하는 비화장치 등은 정부기관과 대기업에서 주로 사용하며, 일반적인 기업체에서는 사용하지 않기 때문에 취약점을 가진다.

<사례> NSA(National Security Agency)의 전 세계 전자신호의 감시

미국 NSA(국가안보국)는 CIA, FBI, 국가정찰국 등과 어깨를 나란히 하는 정보기관 중의 하나로서, 신호·계측정보를 전문적으로 다루는 기관이다. NSA의 전직 직원이 었던 에드워드 스노든의 폭로와 2000년 유럽의회의 조사 등을 통해 공개된 바에 따르면, NSA는 오랫동안 전 세계의 전자통신망에 대해 감시 및 감청활동을 수행해 왔고, 특히 에셜론 프로젝트와 같은 전 세계 감시·감청망을 설치·운용하며 미국정부의 산업스파이 활동에 사용하였다고 하고 있다. 미국은 지속적으로 자국 민간업체의 해외계약 체결을 돕기 위해 이러한 수단을 사용하여 산업스파이 활동을 벌여왔다는 의혹을 받고 있다.

9) 기타 유형

위에서 설명한 주요 유형 외에도 보안체계의 취약점, 관리상 미비, 실무상 실수 등으로 인해 의도하지 않은 기술유출, 영업비밀과 정보유출 등이 일어나는 경우가 많다. 사용 후 파기하여야 하는 비밀문서를 파기하지 않고 일반쓰레기로 분류하여 반출하거나, 중요 이동식 저장매체를 회사 밖에 들고 나왔다가 분실하는 등의 실수와 함께, 중요한 기술 라이선스계약 또는 기술지원 시 관련된 법과 절차, 제도를 충분히 고려하지 않아서 반드시 명시하여야 할 비밀유지의무나 대응책을 계약내용에 포함시키지 않음으로 인해 취약점이 생기거나, 부족한 사후관리로 인해 의도하지 않은 유출이 발생하는 경우도 있다.

2. 탐정과 산업보안지식

(1) 공격과 방어의 논리에 따른 필요성

어떠한 전쟁과 전투에 있어, 공격과 방어는 절대 별개로서 작용하는 요인이 아니다. 공격과 방어는 기본적으로 상호호환적인 관계에 놓여있고, 공격자는 공격을 위해 방어자의 특성과 능력, 장점과 단점에 대해 알아내고 연구할 필요가 있으며, 방어자는 방어를 위해 공격해오는 상대방의 특성과 능력, 장점과 단점을 알아내야 한다. 또한, 자신 스스로의 능력에 대한 정확한 파악 없이는 공격과 방어를 수행할 수 없으므로 당연히 스스로의 공격을 위한 능력과 방어를 위한 능력 역시 파악하여야 한다. 전쟁과 전투의 흐름에 있어 영원히 공격자의 위치에 있을 수도, 방어자의 위치에 있을 수도 있으며, 상반된 역할을 수행하여야 할 때도 있을 뿐만 아니라 공격을 위한 방어, 방어를 위한 공격이 이루어질 때도 있다. 따라서 탐정은 산업·기업조사에 있어 산업분야의 방어개념인 산업보안과 이를 침해하려는 각종 공격법과 방식에 대한 지식을 반드시 취득하여야 한다.

(2) 산업·기업조사 실무에 필요한 전문지식의 확보

탐정이 산업·기업조사 업무를 실제적으로 수행하기 위해서는 해당 기업과 산업분야, 발생된 상황에 대한 전반적인 업무관련 전문지식을 반드시 갖추어야 한다. 예를 들면, 전산 관련 침해사고가 발생한 기업에 대해 침해사고의 조사와 대응을 위해 투입된다고 가정하였을 때, 탐정은 해당 피해가 발생한 서버의 관리자가 사고에 대한 컴퓨터 로그(log)를 설명할 때 이를 이해할 수 있어야 조사를 위한 기본 상황파악이 가능하다.

컴퓨터 로그는 해당 기반운영체제와 프로그램에 따라 각기 다른 양식과 축약된 단어로서 표현되기 때문에, 결국 탐정은 해당 컴퓨터 서버 관련 지식을 가지고 있어야 한다. 또한 대부분의 침해사고가 내부자에 의해서 발생됨을 고려할 때 로그를 전달해주는 실무자가 공격자로서 탐정에게 변조된 정보를 전달해줄 수 있음을 의심하고 스스로 진위 여부를 가릴 수 있는 능력을 갖추어야 한다. 따라서 탐정은 원활한 상황파악과 실무진행, 정보에 대한 객관적 식별능력을 위해 산업보안과 관련된 전문지식을 반드시 확보하여야 한다.

(3) 직무관련 실무자들과 원활한 협조체계의 구축

탐정이 산업보안업무를 행함에 있어서 발생된 침해사고에 대해 관련 실무자들과의 원활한 협조와 의사소통은 필수적인 요소이다. 그 어떤 탐정도 협조자들 없이 단독으로 조사임무를 성공적으로 수행할 수 없으며, 특히 원활한 조사임무의 수행을 위해 다양한 휴민트(human intelligence : HUMINT)를 확보할 필요가 있다. 이러한 휴민트의 확보와 실무자들과의 원활한 관계를 위해서 탐정은 실무자들과 동등하거나 비슷한 수준의 지식과 업무가치관을 가지고 이해할 수 있어야 그들에게 인정을 받음과 동시에 원활한 협조를 이끌어낼 수 있다.

(4) 산업·기업조사 능력에 대한 신뢰성의 확보

위에서 언급한 요소들을 갖추었을 때 탐정은 정보전문가, 산업보안전문가로서 인정되고, 발생한 침해사고의 해결을 위해 의뢰하는 기업의 경영진과 실무진으로부터 신뢰를 얻어낼 수 있다. 이렇게 되면 탐정이 업무수행에 있어서 이들로부터 불필요한 간섭과 의심을 피할 수 있음과 동시에 원활한 지원을 받게 됨으로써 성공적인 임무수행이 가능해진다. 산업·기업보안에 있어서 탐정이 임무를 효율적으로 수행하기 위해서는 의뢰를 한 기업의 경영진과 실무진의 신뢰와 지원은 필수적인 요소임을 명심하여야 한다.

제 2 장

산업보안

제2장 산 업 보 안

산업보안에 관한 지식은 산업·기업조사에 있어서 필수적인 지식이므로, 다른 민간조사분야에 비해 고도의 전문성을 요구받는 산업·기업조사 실무를 수행하기에 앞서서 반드시 학습하고 숙지하여야 한다.[1]

제 1 절 관리적 보안

1. 산업보안관계법의 개념과 내용

(1) 산업보안관계법의 개념

산업보안관계법은 산업적 가치가 높은 기술과 경영상 정보를 포함한 산업기술의 부정한 유출을 방지하고, 산업기술을 보호하기 위한 법규를 모두 포함한다. 산업보안관계법을 통해 보호를 추구하는 대상에는 보호가 필요한 산업기술과 국가핵심기술 등의 기술과 공정경쟁, 지식재산권, 발명, 특허 등 보유한 기술적 가치에 대한 보장과 함께 기업의 영업 및 생산활동에 대한 경영상 정보까지 포함된다.

따라서 산업보안에 대한 전문적인 지식과 능력을 갖추기 위해서는 산업보안관계법의 종류와 범위를 명확히 인식하고, 산업보안과 가장 직접적으로 관계가 있

---

1) 제2장 산업보안과 제3장 산업·기업조사 실무 부분은 최상용, 조석상, 「국가공인 산업보안관리사」, 돈시아(2019)와 산업보안실무위원회 편저, 「ISE 국가공인 산업보안관리사」, 케듀아이(2020)의 내용을 참고하여 정리한 것임.

는 법률들에 대하여 알고 있어야 한다. 산업보안에 관한 대표적인 법률은 다음과
같다.

- 산업기술의 유출방지 및 보호에 관한 법률(산업기술보호법)
- 부정경쟁방지 및 영업비밀보호에 관한 법률(부정경쟁방지법)
- 발명진흥법
- 방위산업기술 보호법(방산기술보호법)
- 산업발전법
- 외국인투자 촉진법(외국인투자법)
- 정보통신망 이용촉진 및 정보보호 등에 관한 법률(정보통신망법)
- 중소기업기술 보호 지원에 관한 법률(중소기업기술보호법)
- 대·중소기업 상생협력 촉진에 관한 법률(상생협력법)
- 대외무역법
- 특허법
- 실용신안법
- 디자인보호법
- 지식재산 기본법
- 형법
- 기타

(2) 산업보안관계법의 종류

산업보안에 관한 대표적인 법률은 산업기술보호법과 부정경쟁방지법이 있다.
부정경쟁방지법은 기업 간 거래가 공정하게 이루어질 수 있도록 규제하는 것에
목적을 두고 있다. 따라서 기업을 제외한 연구소, 대학 등에서 개발하는 기술의
유출 등을 규제하는데 어려움이 있기 때문에 연구소 및 학계에서 개발하는 기술
을 보호하기 위해 산업기술보호법을 제정하였다.

이들 법률 외에도 산업보안과 관련된 법률의 주요 내용을 보면 다음과 같다.

구분		주요 내용
산업기술보호법		• 산업기술 및 국가핵심기술의 정의 • 국가핵심기술의 지정, 변경, 해제, 보호조치, 수출 등 • 산업기술의 유출 및 침해행위의 금지 • 산업기술 보호기반의 구축 및 산업보안기술의 개발·지원
부정경쟁방지법		• 타인의 상표, 상호 등을 부정하게 사용하는 등의 부정경쟁행위와 타인의 영업비밀을 침해하는 행위의 방지 • 부정경쟁의 범위 정의 • 영업비밀의 보호
기타법률	발명진흥법	• 발명의 신속하고 효율적인 권리화와 사업화 촉진
	방산기술보호법	• 방위산업기술의 체계적인 보호와 관련기관의 지원 • 방위산업기술의 보호와 관련된 국제조약 등의 의무이행
	산업발전법	• 제조업 및 제조업의 경쟁력 강화와 밀접하게 관련된 서비스업의 산업경쟁력 강화 • 첨단기술 및 첨단제품의 선정 • 지식서비스산업의 육성 • 지속 가능한 산업발전의 기반구축
	외국인투자 촉진법	• 외국인투자의 보호 및 외국인투자의 자율화 • 외국인투자의 절차, 허가, 지원 등
	중소기업 기술보호법	• 중소기업기술 보호를 위한 기반확충 • 중소기업의 기술보호 역량과 기술경쟁력의 강화 • 중소기업의 기술보호에 관한 지원계획의 수립 및 추진
	대외무역법	• 자유롭고 공정한 무역의 원칙 • 무역진흥을 위한 조치 • 국제무역을 위한 민간협력활동의 지원 • 수출입거래에 관한 사항 • 전략물자에 대한 이동중지 등 유출방지
	특허법	• 발명을 보호·장려를 통한 기술발전의 촉진 • 특허절차 등
	실용신안법	• 고안, 등록실용신안 등의 출원절차와 보호 • 일부 내용은 특허법 준용
	디자인보호법	• 글자체, 디자인 등의 보호와 이용 도모
	지식재산 기본법	• 저작, 발명 등 창출된 지식자산에 대한 보호와 활용의 촉진
	형법	• 절도죄, 업무상 배임·횡령죄 등

2. 산업보안관계법의 내용

(1) 산업기술보호법

산업기술은 국가경쟁력의 원동력이며, 산업기술의 발전은 곧 국가경제와 국민의 삶의 질 향상으로 이어지는 중요한 요소이다. 대한민국은 급격한 산업발전과 더불어 세계 IT강국이자 중요 산업기술의 선도국가 중 하나로 올라서 있다. 따라서 산업기술의 유출과 침해행위는 끊임없이 발생하고 있으며, 발생한 사고는 기술의 연구와 발전을 추구하고 있는 기업, 연구기관, 대학 등의 손실을 야기하고, 이는 결과적으로 전 국가적인 손실로 이어지고 있다. 기술연구에 투자되는 비용은 막대하고, 그를 바탕으로 개발된 기술은 높은 가치를 지니지만, 이러한 기술이 유출되어 악용되거나 도용될 경우 기술연구에 투자한 기관이나 기업의 경쟁력을 상당히 약화시킬뿐만 아니라 결과적으로 국가의 부에 대한 감소와 연구분야 전체에 심각한 타격을 가져오게 된다. 이에 정부에서는 2006년 10월 27일 산업기술보호법을 제정(법률 제8062호, 시행 2007.4.28.)하였으며, 동법은 산업기술의 부정한 유출을 방지하고 산업기술을 보호함으로써 국내산업의 경쟁력을 강화하고 국가의 안전보장과 국민경제의 발전에 이바지함을 목적으로 한다(제1조).

산업기술보호의 핵심은 산업기술을 보유하고 있는 기관과 기업에서 해당 중요기술이 유출되는 것을 미연에 예방하는 것에 있다. 하지만 현대사회에서의 산업기술은 여러 사회분야에 걸쳐 있으며, 광범위하고 다양한 종류와 형태로 존재하고 있기 때문에 구체적으로 어떤 산업기술을 보호하여야 하는가를 규정하는 것은 매우 중요하다. 산업기술보호법에서는 일반적으로 산업기술을 보유하고 있는 기관이 가진 모든 유형과 무형의 자산에 대해 중요도와 위험도를 평가하여 높은 수치별로 관리하도록 하고 있다. 또한 동법에서는 산업기술의 유출 및 침해의 발생 시의 대응에 대하여 특정기관 또는 기업의 산업기술이 이미 유출되었을 경우에 취할 수 있는 사후조치를 규정함으로써 피해확산의 방지에 목적을 두고 있다. 주요 내용은 다음과 같다.

1) 보호대상

산업기술보호법에서 보호하고자 하는 대상은 '산업기술'과 '국가핵심기술'이다.

가. 산업기술

산업기술은 제품 또는 용역의 개발·생산·보급 및 사용에 필요한 제반 방법 내지 기술상 정보 중에서 행정기관의 장(해당 업무가 위임 또는 위탁된 경우에는 그 위임 또는 위탁받은 기관이나 법인·단체의 장을 말한다)이 산업경쟁력 제고나 유출방지 등을 위하여 이 법 또는 다른 법률이나 이 법 또는 다른 법률에서 위임한 명령(대통령령·총리령·부령에 한정한다)에 따라 지정·고시·공고·인증하는 다음의 어느 하나에 해당하는 기술을 말한다(제2조 제1호). 즉, (ⅰ) 동법 제9조에 따라 고시된 국가핵심기술, (ⅱ) 산업발전법 제5조에 따라 고시된 첨단기술의 범위에 속하는 기술, (ⅲ) 산업기술혁신 촉진법 제15조의2에 따라 인증된 신기술, (ⅳ) 전력기술 관리법 제16조의2에 따라 지정·고시된 새로운 전력기술, (ⅴ) 환경기술 및 환경 산업 지원법 제7조에 따라 인증된 신기술, (ⅵ) 건설기술 진흥법 제14조에 따라 지정·고시된 새로운 건설기술, (ⅶ) 보건의료기술 진흥법 제8조에 따라 인증된 보건 신기술, (ⅷ) 뿌리산업 진흥과 첨단화에 관한 법률 제14조에 따라 지정된 핵심 뿌리기술, (ⅸ) 그 밖의 법률 또는 해당 법률에서 위임한 명령에 따라 지정·고시·공고·인증하는 기술 중 산업통상자원부장관이 관보에 고시하는 기술 등이다.

산업관계 중앙행정기관이 법령에 따라 지정·고시·공고하는 기술은 다음과 같다.

기술종류	근거 법령	기술의 정의	소관부처
첨단기술	산업발전법 제5조	기술집약도가 높고 기술혁신 속도가 빠른 기술 및 제품	산업통상 자원부
신기술	산업기술혁신 촉진법 제15조의2	국내에서 최초로 개발된 기술 또는 기존 기술을 혁신적으로 개선·개량한 우수한 기술	산업통상 자원부
환경 신기술	환경기술 및 환경 산업지원법 제7조	국내에서 최초로 개발된 환경분야 공법기술과 그에 관련된 기술, 도입한 기술의 개량에	환경부

		따른 새로운 환경분야 공법기술과 그에 관련된 기술	
건설기술	건설기술 진흥법 제14조	국내에서 최초로 특정 건설기술을 개발하거나 기존 건설기술을 개량한 자의 신청을 받아 그 기술을 평가하여 신규성·진보성 및 현장적용성이 있는 기술	국토교통부
보건 신기술	보건의료기술 진흥법 제8조	보건분야 우수한 보건의료기술	보건복지부
핵심 뿌리기술	뿌리산업 진흥과 첨단화에 관한 법률 제14조	주조, 금형, 소성가공, 용접, 표면처리, 열처리 등 제조업의 전반에 걸쳐 활용되는 공정기술로서 대통령령으로 정하는 기술(뿌리기술) 중 산업통상자원부 장관에 의해 지정된 국가적으로 중요한 뿌리기술	산업통상 자원부

나. 국가핵심기술

국가핵심기술은 국내외 시장에서 차지하는 기술적·경제적 가치가 높거나 관련산업의 성장잠재력이 높아 해외로 유출될 경우에 국가의 안전보장 및 국민경제의 발전에 중대한 악영향을 줄 우려가 있는 기술로서 동법(제9조) 의하여 지정된 것을 말한다(제2조 제2호).

2) 산업기술보호를 위한 종합적 지원체계

가. 산업기술의 유출방지 및 보호에 관한 종합계획 등 수립·시행

산업통상자원부장관은 산업기술의 유출방지 및 보호에 관한 종합계획을 미리 관계부처의 장과 협의한 후 산업기술보호위원회의 심의를 거쳐 수립·시행하여야 한다(제5조). 또한 관계중앙행정기관의 장은 종합계획에 따라 매년 산업기술의 유출 방지 및 보호에 관한 시행계획을 수립·시행하여야 한다(제6조)

나. 산업기술보호위원회의 설치

산업기술의 유출방지 및 보호에 관한 종합계획의 수립 및 시행에 관한 사항, 국가핵심기술의 지정·변경 및 해제에 관한 사항, 국가핵심기술의 수출 등에 관한 사항, 국가핵심기술을 보유하는 대상기관의 해외 인수·합병 등에 관한 사항, 그밖에 산업기술의 유출방지 및 보호를 위해 필요한 사항을 심의하기 위하여 산업통상자원부장관 소속으로 산업기술보호위원회(이하 "위원회"라 한다)를 설치한다.

위원회는 위원장 1인을 포함한 25인 이내의 위원으로 구성한다. 위원장은 산업통상자원부장관이 되며, 위원은 관계중앙행정기관의 차관·차장 또는 이에 상당하는 공무원 중 대통령령으로 정하는 자, 산업기술의 유출방지업무를 수행하는 정보수사기관의 장이 지명하는 자, 산업기술의 유출방지 및 보호에 관한 학식과 경험이 풍부한 자로서 위원장이 성별을 고려하여 위촉하는 자 등이 포함될 수 있다. 또한 1인의 간사위원을 둘 수 있는데, 간사위원은 산업통상자원부 소속공무원 중에서 위원장이 지명하는 자가 된다. 위원회 내에는 산업기술의 유출방지 및 보호에 관한 사항을 사전에 전문적으로 검토하기 위하여 분야별 전문위원회를 둔다(제7조).

다. 보호지침의 제정·보급

산업통상자원부장관은 산업기술의 유출을 방지하고 산업기술을 보호하기 위하여 필요한 방법·절차 등에 관한 지침을 관계중앙행정기관의 장과 협의하여 제정하고 이를 대상기관이 활용할 수 있도록 하여야 하며, 산업통상자원부장관은 산업기술의 발전 추세 및 국내외 시장환경 등을 감안하여 관계중앙행정기관의 장과 협의하여 보호지침을 수정 또는 보완할 수 있다(제8조).

3) 국가핵심기술의 지정과 수출통제

가. 국가핵심기술의 지정

산업통상자원부장관은 국가핵심기술로 지정되어야 할 대상기술을 선정하거나 관계중앙행정기관의 장으로부터 그 소관의 지정대상기술을 선정·통보받은 경우에는 위원회의 심의를 거쳐 국가핵심기술로 지정할 수 있다. 만약, 산업통상자원부장관이 선정한 기술이 다른 중앙행정기관 소관일 경우 위원회 심의 전에 해당 중앙행정기관의 장과 협의과정을 거쳐야 한다. 국가핵심기술을 선정할 때에는 해당 기술이 국가안보 및 국민경제에 미치는 파급효과, 관련제품의 국내외 시장점유율, 해당 분야의 연구동향 및 기술확산과의 조화 등을 종합적으로 고려하여 필요최소한의 범위 안에서 선정하여야 한다.

또한 산업통상자원부장관은 국가핵심기술의 범위 또는 내용의 변경이나 지정
의 해제가 필요하다고 인정되는 기술을 선정하거나 관계중앙행정기관의 장으로부
터 그 소관의 국가핵심기술의 범위 또는 내용의 변경이나 지정의 해제를 요청받
은 경우에는 위원회의 심의를 거쳐 변경 또는 해제할 수 있다. 또한 산업통상자원
부장관은 국가핵심기술을 지정하거나 범위 또는 내용을 변경 또는 지정을 해제한
경우에는 이를 고시하여야 한다.

한편, 대상기관은 해당 기관이 보유하고 있는 기술이 국가핵심기술에 해당하
는지에 대한 판정을 산업통상자원부장관에게 신청할 수 있다. 즉, 국가핵심기술은
어느 기관이든지 보유하고 있는 기술이 국가핵심기술의 기준에 부합할 때 해당
기술을 지정하는 것이지 해당 기술을 보유하고 있는 기관을 지정하는 것은 아니
다(제9조).

나. 국가핵심기술의 보호조치

국가핵심기술을 보유·관리하고 있는 대상기관의 장은 보호구역의 설정·출입
허가 또는 출입 시 휴대품 검사 등 국가핵심기술의 유출을 방지하기 위한 기반구
축에 필요한 조치를 하여야 한다. 이때 누구든지 정당한 사유 없이 보호조치를 거
부·방해 또는 기피하여서는 안 된다.

보호조치에 관해 필요한 사항으로는 (ⅰ) 국가핵심기술에 대한 보호등급의 부
여와 보안관리 규정의 제정, (ⅱ) 국가핵심기술 관리책임자와 보안전담인력의 지
정, (ⅲ) 국가핵심기술보호 구역의 통신시설과 통신수단에 대한 보안, (ⅳ) 국가핵
심기술관련 정보의 처리과정과 결과에 관한 자료의 보호, (ⅴ) 국가핵심기술을 취
급하는 전문인력의 구분 및 관리, (ⅵ) 국가핵심기술을 취급하는 전문인력에 대한
보안교육 실시, (ⅶ) 국가핵심기술의 유출사고에 대한 대응체제의 구축 등이 있다
(제10조 제2항, 동법 시행령 제14조).

다. 국가핵심기술의 수출통제

국가로부터 연구개발비를 지원받아 개발한 국가핵심기술을 보유한 대상기관
이 해당 국가핵심기술을 외국기업 등에 매각 또는 이전 등의 방법으로 수출하고
자 하는 경우에는 산업통상자원부장관의 승인을 얻어야 한다. 산업통상자원부장

관은 국가핵심기술의 수출에 따른 국가안보 및 국민경제적 파급효과 등을 검토하여 관계중앙행정기관의 장과 협의한 후 위원회의 심의를 거쳐 승인할 수 있다. 승인대상 외의 국가핵심기술을 보유·관리하고 있는 대상기관이 국가핵심기술의 수출을 하고자 하는 경우에는 산업통상자원부장관에게 사전에 신고를 하여야 한다. 산업통상자원부장관은 신고대상인 국가핵심기술의 수출이 국가안보에 심각한 영향을 줄 수 있다고 판단하는 경우에는 관계중앙행정기관의 장과 협의한 후 위원회의 심의를 거쳐 국가핵심기술의 수출중지·수출금지·원상회복 등의 조치를 명할 수 있다.

만약 이러한 절차를 무시하고 국가핵심기술을 수출하였을 때에는 산업통상자원부장관은 정보수사기관의 장에게 조사를 의뢰하고, 조사결과를 위원회에 보고한 후 위원회의 심의를 거쳐 해당 국가핵심기술의 수출중지·수출금지·원상회복 등의 조치를 명령할 수 있다. 또한 산업통상자원부장관은 승인 또는 신고와 관련하여 분야별 전문위원회로 하여금 검토하게 할 수 있으며 관계중앙행정기관의 장 또는 대상기관의 장에게 자료제출 등의 필요한 협조를 요청할 수 있다. 이 경우 관계중앙행정기관의 장 및 대상기관의 장은 특별한 사유가 없는 한 이에 협조하여야 한다(제11조).

4) 국가핵심기술을 보유하는 대상기관의 해외인수·합병 등

국가로부터 연구개발비를 지원받아 개발한 국가핵심기술을 보유한 대상기관이 대통령령으로 정하는 해외인수·합병, 합작투자 등 외국인투자를 진행하려는 경우에는 산업통상자원부장관에게 미리 신고하여야 한다. 이때 산업통상자원부장관은 국가핵심기술의 유출이 국가안보에 심각한 영향을 줄 수 있다고 판단하는 경우에는 관계중앙행정기관의 장과 협의한 후 위원회의 심의를 거쳐 해외인수·합병 등에 대하여 중지·금지·원상회복 등의 조치를 명할 수 있다(제11조의2).

5) 산업기술유출 규제

누구든지 산업기술의 유출 및 침해행위를 금지하고 있다(제14조). 구체적 내용은 다음과 같다.

(ⅰ) 절취·기망·협박 그 밖의 부정한 방법으로 대상기관의 산업기술을 취득하는 행위 또는 그 취득한 산업기술을 사용하거나 공개(비밀을 유지하면서 특정인에게 알리는 것을 포함한다. 이하 같다)하는 행위

(ⅱ) 법 규정(제34조) 또는 대상기관과의 계약 등에 따라 산업기술에 대한 비밀유지의무가 있는 자가 부정한 이익을 얻거나 그 대상기관에게 손해를 가할 목적으로 유출하거나 그 유출한 산업기술을 사용 또는 공개하거나 제3자가 사용하게 하는 행위

(ⅲ) 제1호 또는 제2호에 해당하는 행위가 개입된 사실을 알고 그 산업기술을 취득·사용 및 공개하거나 산업기술을 취득한 후에 그 산업기술에 대하여 제1호 또는 제2호에 해당하는 행위가 개입된 사실을 알고 그 산업기술을 사용하거나 공개하는 행위

(ⅳ) 제1호 또는 제2호에 해당하는 행위가 개입된 사실을 중대한 과실로 알지 못하고 그 산업기술을 취득·사용 및 공개하거나 산업기술을 취득한 후에 그 산업기술에 대하여 제1호 또는 제2호에 해당하는 행위가 개입된 사실을 중대한 과실로 알지 못하고 그 산업기술을 사용하거나 공개하는 행위

(ⅴ) 법 규정(제11조 제1항)에 따른 승인을 얻지 아니하거나 부정한 방법으로 승인을 얻어 국가핵심기술을 수출하는 행위

(ⅵ) 국가핵심기술을 외국에서 사용하거나 사용되게 할 목적으로 법 규정(제11조의2 제1항)에 따른 승인을 받지 아니하거나 거짓이나 그 밖의 부정한 방법으로 승인을 받아 해외인수·합병 등을 하는 행위

(ⅶ) 국가핵심기술을 외국에서 사용하거나 사용되게 할 목적으로 법 규정(제11조의2 제5항 및 제6항)에 따른 신고를 하지 아니하거나 거짓이나 그 밖의 부정한 방법으로 신고를 하고서 해외인수·합병 등을 하는 행위

(ⅷ) 법 규정(제34조) 또는 대상기관과의 계약 등에 따라 산업기술에 대한 비밀유지의무가 있는 자가 산업기술에 대한 보유 또는 사용 권한이 소멸됨에 따라 대상기관으로부터 산업기술에 관한 문서, 도화(圖畵), 전자기록 등 특수매체기록의 반환이나 산업기술의 삭제를 요구받고도 부정한 이익을 얻거나 그 대상기관에 손해를 가할 목적으로 이를 거부 또는 기피하거나 그 사본을 보유하는 행위

(ⅸ) 법 규정(제11조 제5항·제7항 및 제11조의2 제7항·제9항)에 따른 산업통상자원부장관의 명령을 이행하지 아니하는 행위

(ⅹ) 산업기술관련 소송 등 대통령령으로 정하는 적법한 경로를 통하여 산업기술이 포함된 정보를 제공받은 자가 정보를 제공받은 목적 외의 다른 용도로 그 정보를 사용하거나 공개하는 행위

만약, 산업기술의 침해행위가 발생할 우려가 있거나 발생한 때에는 즉시 산업통상자원부장관 및 정보수사기관의 장에게 그 사실을 신고하여야 하고, 필요한 조치를 요청할 수 있다. 산업통상자원부장관 및 정보수사기관의 장은 침해행위에 대한 신고가 접수되거나, 침해행위를 인지한 경우에는 그 필요한 조치를 하여야 한다(제11조 제7항, 제15조 제2항).

6) 산업기술분쟁조정위원회 및 산업기술보호협회

가. 산업기술분쟁조정위원회

산업기술의 유출에 대한 분쟁을 신속하게 조정하기 위하여 산업통상자원부장관 소속 하에 산업기술분쟁조정위원회를 둔다. 산업기술분쟁조정위원회는 위원장 1인을 포함한 15인 이내의 위원으로 구성하고, 산업기술분쟁조정위원회의 위원은 다음의 어느 하나에 해당하는 자 중에서 대통령령이 정하는 바에 따라 산업통상자원부장관이 전문 분야와 성별을 고려하여 임명하거나 위촉한다.

(ⅰ) 대학이나 공인된 연구기관에서 부교수 이상 또는 이에 상당하는 직에 있거나 있었던 자로서 기술 또는 정보의 보호관련 분야를 전공한 자
(ⅱ) 4급 또는 4급 상당 이상의 공무원 또는 이에 상당하는 공공기관의 직에 있거나 있었던 자로서 산업기술유출의 방지업무에 관한 경험이 있는 자
(ⅲ) 산업기술의 보호사업을 영위하고 있는 기업 또는 산업기술의 보호업무를 수행하는 단체의 임원직에 있는 자
(ⅳ) 판사·검사 또는 변호사의 자격이 있는 자

위원의 임기는 3년으로 하되, 연임할 수 있으며, 위원장은 위원 중에서 산업통상자원부장관이 임명한다(제23조).

나. 산업기술보호협회

대상기관은 산업기술의 유출방지 및 보호에 관한 시책을 효율적으로 추진하기 위하여 산업통상자원부장관의 인가를 받아 산업기술보호협회를 설립할 수 있다. 이 협회는 법인으로 하고, 그 주된 사무소의 소재지에서 설립등기를 함으로써 성립한다.

이 협회의 업무는 (ⅰ) 산업기술보호를 위한 정책의 개발 및 협력, (ⅱ) 산업기술의 해외유출 관련 정보 전파, (ⅲ) 산업기술의 유출방지를 위한 상담·홍보·교육·실태조사, (ⅵ) 국내외 산업기술보호 관련 자료 수집·분석 및 발간, (ⅴ) 국가핵심기술의 보호·관리 등에 관한 지원업무, (ⅵ) 산업기술의 보호를 위한 지원업무, (ⅶ) 산업기술분쟁조정위원회의 업무지원, (ⅷ) 그 밖에 산업통상자원부장관이 필요하다고 인정하여 위탁하거나 협회의 정관이 정한 사업 등이다(제16조 제4항).

7) 비밀유지의무 등

산업기술을 보유한 대상 기관의 임·직원(교수·연구원·학생을 포함한다) 및 이 법에 따라 국가핵심기술의 지정·변경 및 해제업무와 보호관리 등에 관한 지원업무를 수행하는 자, 해외인수·합병 등에 관한 사항을 검토하거나 조사업무를 수행하는 자, 침해행위의 접수 및 방지 등의 업무를 수행하는 자, 산업보안기술 개발사업자에게 고용되어 산업보안기술 연구개발업무를 수행하는 자 등 산업보안에 관련된 자는 비밀유지의무가 있다(제34조). 이를 위반한 자는 5년 이하의 징역이나 10년 이하의 자격정지 또는 5천만 원 이하의 벌금에 처한다(제36조 제6항).

8) 산업기술유출행위 등에 대한 제재

부정한 방법으로 국가핵심기술을 해외로 유출한 경우에는 3년 이상의 유기징역과 15억 원 이하의 벌금을 병과하고(제36조 제1항), 산업기술을 해외로 유출한 경우에는 15년 이하의 징역 또는 15억 원 이하의 벌금에 처하며(동조 제2항), 국내에 유출한 경우에는 10년 이상의 징역 또는 10억 원 이하의 벌금에 처한다(동조 제3항). 다만, 중대한 과실로 행하였을 경우에는 3년 이하의 징역 또는 3억 원 이하의 벌금에 처한다(동조 제4항). 또한 죄를 범한 자가 그 범죄행위로 인하여 얻은 재산은 몰수하거나 몰수할 수 없을 때에는 가액을 추징한다(동조 제5항). 또한 국내외에서 정당한 사유없이 비밀유지명령을 위반한 자는 5년 이하의 징역 또는 5천만 원 이하의 벌금에 처한다(제36조의2).

(2) 부정경쟁방지법

부정경쟁방지법은 부정한 수단에 의한 상업상의 경쟁을 방지하여 건전한 상거래의 질서를 유지하기 위한 것으로 1961년 12월 31일 제정(법률 제911호, 시행 1962.1.1.)되었으며, 따라서 동법은 국내에 널리 알려진 타인의 상표·상호(商號) 등을 부정하게 사용하는 등의 부정경쟁행위와 타인의 영업비밀을 침해하는 행위를 방지하여 건전한 거래질서를 유지함을 목적으로 한다(제1조). 주요 내용은 다음과 같다.

1) 영업비밀의 의의

가. 영업비밀의 개념

영업비밀은 공공연히 알려져 있지 아니하고 독립된 경제적 가치를 가지는 것으로서, 비밀로 관리된 생산방법, 판매방법, 그 밖에 영업활동에 유용한 기술상 또는 경영상의 정보를 말한다(제2조 제2호).

나. 영업비밀로서 보호받을 수 있는 정보

영업비밀로서 보호받을 수 있는 정보는 기술상 또는 경영상의 정보로 분류할 수 있다(제2조).

(가) 기술상 정보 : 기술상 정보란 제조공정, 설계도, 실험데이터, 연구보고서, 생산방법, 성분원료의 배합비율, 화학방법, 기계의 설계방법, 의약품의 원료나 성분 또는 이들의 배합비 등과 같이 노하우로 효능이 높은 특수약품을 제조하는 방법, 제조시설의 배치방법, 자동차디자인, 건축디자인 등 기능성이 있는 디자인, 독특한 식료품의 맛, 향기 등이 색다르고 어느 정도의 분석능력으로는 알아내기 힘든 노하우, 컴퓨터 프로그램, 유용한 미생물 등을 말한다.

(나) 경영상 정보 : 경영상 정보란 고객명부, 대리점명부, 거래선 루트, 원료구입처, 신용리스트, 가격산정기준, 상품공급조건, 할인율, 판매계획, 합병계획, 신제품의 생산계획, 상품의 원가, 사원의 급여나 수당의 액수, 신입사원 모집방법, 특정상품에 대한 고객의 소비성향과 소비추이를 예측할 수 있는 지표설정 등에 필요한 정보활동에 관한 각종 매뉴얼 등을 말한다.

2) 영업비밀의 보호요건

가. 비공지성

비공지성이란 영업비밀의 공개로 인하여 경제적 가치를 얻을 수 있는 자에게 공연히 알려지지 아니한 상태를 말하며, 영업비밀로서 보호를 받기 위해 일반인에게 알려져 있지 않은 상태를 유지하는 것을 말한다. 비공지성은 절대적인 비밀유지를 뜻하는 표현은 아니며, 의도치 않은 어떠한 상황으로 인해 불특정 인물이 영업비밀로 관리되고 있는 사항에 대해 알게 되더라도 일반인 다수에게는 비밀로서 계속 유지되고 있다면 비공지성이 유지되고 있는 것으로 판단할 수 있다. 하지만 인터넷, 신문, 잡지, 발표회, 전시회 등 일반인 다수에게 노출된 내용 또는 영업비밀의 관리에 있어서 부주의로 내용이 일반에게 공개된다면 영업비밀로서 보호받을 수 없게 된다.

나. 비밀관리성

비밀관리성이란 통상적으로 알려진 방법에 의해 영업비밀을 용이하게 입수할 수 없도록 상당한 노력을 통해 정보를 비밀로 유지하여야 한다는 것을 말한다. 비밀관리성은 '접근이 용이하지 않게 함'이라는 뜻을 가지고 있다. 다만, '상당한 노력'은 영업비밀과 그 관리상황에 따라 수준이 다를 수 있고, 일관된 관리방안으로서 적용되는 것은 아니다.

비밀관리성 확보의 예를 들면 다음과 같다.

수 단	내 용
직원보안교육	모든 직원에게 영업비밀이 존재와 관리방법에 대한 교육을 실시하고, 중요시설 출입통제, 문서관리, 보안준수사항 등과 같은 비밀관리성 실천을 통해 직원들에게 영업비밀의 보호와 보안에 대한 인식을 강화시킨다.
문서관리규정 제정	문서관리규정을 제정하여 비밀의 관리체계, 분류, 관리 등의 방법과 절차, 비밀관리기록부의 작성과 관리, 비치 등에 대한 사항을 명문화한다.
비밀표시	영업비밀이 보관된 문서에 1급·2급 기밀, 대외비와 같이 영업비밀임을 알아볼 수 있는 표시를 삽입하고, 해당 문서와 관련서류는 시건장치가 갖추어진 보관함에 넣어 보관하며, 해당 보관함은 출입통제가 가능한 별도 보관소에 설치한다.

비밀유지서약서 작성	직원채용 시 또는 직무변경 시 채용계약에 비밀유지의무를 명시하고, 비밀유지서약서를 작성 및 보관하며, 핵심인력과는 전직금지계약을 체결한다.
출입통제	기업 내 일반구역, 특수구역, 설비구역 등 중요장소에 대해서 방문객의 출입을 제한 및 통제토록 하며, 출입 시에는 반드시 인솔책임자의 관리하에 검증절차와 휴대용 저장매체 통제, 보안서약서 작성, 보안교육 등을 실시하고, 기업의 중요비밀을 관리하고 취급하는 구역은 ID카드, 생체인증 등 출입관리시스템을 갖추고 CCTV를 운영하여 출입을 통제한다.
네트워크 및 저장매체 보안	기업 내부네트워크는 일반적으로 상용망(인터넷)과는 독립하여 운용토록 구축하고, 네트워크 접속 시에는 별도의 인증절차와 관리시스템을 적용하며, 자료유출에 대비해 NAC, DLP, DRM 등 보안솔루션을 적용한다.
주요시설 분리	기업의 중요비밀과 관련된 연구개발시설 및 비밀유지가 필요한 공정 및 시스템 등은 일반시설과 분리된 곳에 시설을 설치하고 운용토록 하며, 보안체계를 적용한다.
퇴직자 관리	중요 핵심인력이 퇴직할 경우, 사전에 영업비밀에 대한 인수인계를 실시하여야 하여 비밀관리상의 이상 유무를 확인하여야 하며, 퇴직자가 보유하고 있던 비밀관련서류 및 프로그램, 휴대용 저장매체, 카메라 등은 사전에 반납하거나 인수인계하고 확인서를 받아야 한다. 또한, 비밀유지의무와 전직금지의무, 위반 시 관련 처벌규정 등 퇴직자 보안교육을 실시하여야 한다.

다. 경제적 유용성

경제적 유용성이란 해당 영업비밀과 관련된 정보가 현실적으로 생산과 판매 등 경제적 활동에 필요한 정보여야 함을 의미한다. 즉, 해당 정보를 이용해 효율적인 생산과 판매, 시장에서의 우월성 확보 등에 활용할 수 있거나, 독자적인 개발을 위해 사용할 수 있음을 의미한다. 이러한 정보는 반드시 현재에서만 사용되고 있을 필요는 없으며, 장래에 유용한 가치를 가지고 있는 경우에도 경제적 유용성이 인정될 수 있다.

3) 비밀유지의무와 전직금지의무

영업비밀침해행위란 계약관계에 따라 영업비밀을 비밀로서 유지하여야 할 의무가 있는 자가 부정한 이익을 얻거나 그 영업비밀의 보유자에게 손해를 입힐 목적으로 그 영업비밀을 사용하거나 공개하는 행위를 말한다. 이러한 침해행위를 막기 위해서는 비밀관리성이 철저하게 유지되어야 하며, 이를 위해 영업비밀과 관련되어 계약관계에 있는 자에게는 비밀유지의무와 전직금지의무가 부여된다.

가. 비밀유지의무

비밀유지의무는 회사의 영업비밀을 포함한 기업정보를 다루는 모든 자들에게 부여되며, 회사에 소속된 모든 임직원들과 용역개발, 공동연구 등에 참여 시에도 비밀유지의무가 부여된다. 즉, 누구든지 원본증명기관에 등록된 전자지문이나 그 밖의 관련 정보를 없애거나 훼손·변경·위조 또는 유출하여서는 아니 되고, 원본증명기관의 임직원이거나 임직원이었던 사람은 직무상 알게 된 비밀을 누설하여서는 아니 된다(제9조의7).

(가) 임직원(고용 관계) : 회사와 고용계약 관계에 있는 임직원은 당사자 사이의 계약에 따라 비밀유지의무가 명시되어 있는 경우 당연히 의무를 따라야 하며, 그렇지 않은 경우에도 묵시적으로 비밀유지의무가 발생하는 법률상 의무규정(상법상 경업금지, 충실의무 등)에 의해 비밀유지의무가 부여되기도 한다. 이러한 비밀유지의무는 해당 기업에 소속된 고용관계에 있는 자 외에 신규 채용되는 직원에 대해서 이전 근무기업에서의 비밀유지의무를 준수시켜야 하는 경우도 있으며, 신규 채용직원에게 전 근무기업의 영업비밀을 전 근무기업에서 부여된 비밀유지의무기간 동안 사용하지 않도록 주의시킬 필요도 있다.

(나) 용역개발 또는 공동연구 : 비밀유지의무는 고용관계에 있는 임직원뿐만 아니라, 기업 외부의 협력인원들에 대해서도 부여되어야 한다. 다른 연구소나 기업 소속의 인원들을 통한 용역개발, 다른 조직과의 공동연구, 기술사업화를 통한 기술이전 또는 기술대여계약 등의 외부 교류·협력활동은 기업이 가지고 있는 영업비밀이 드러날 우려가 있다. 실제로 내부자들에 의한 영업비밀유출 다음으로 쉽게 발생할 수 있는 유출사고가 외부 협력과정에서 발생하는 사고이다. 따라서 각종 협력활동 및 협상 등 대외접촉 시 계약서상에 비밀유지조항을 포함시켜야 하며, 이때 비밀유지조항은 포괄적으로 '유출하여서는 아니 된다'와 같이 기술하여서는 아니 되고, '업무상 또는 기술상의 비밀을 제3자에게 알리거나 유출하여서는 아니 되며, 이를 악용하여서도 아니 된다'와 같이 가능한 한 구체적으로 기술하여야 한

다. 그리고 비밀유지의무위반으로 인한 손해배상 등도 계약서상에 명시하여야 한다.

또한, 공동연구 또는 협력개발의 계약상대방이 다시 다른 기업 또는 조직과 용역관계를 맺거나 협력 후에 종사자를 다른 기업에 장비수리, 프로그램교체 등 일용목적으로 파견하는 경우 등에 대비하여 이들에게도 출입 시 보안서약서를 작성·집행하도록 하는 절차를 거치게 할 필요가 있다.

나. 전직금지의무

전직금지의무는 기업의 경영에 있어 핵심적인 역할을 수행하는 임직원, 연구원 등이 현재 근무기업을 떠나 경쟁기업으로 이직하게 될 경우, 기존에 근무했던 기업에서 취득한 영업비밀을 유출 및 사용하는 것을 예방하기 위해 필요하며, 이는 해당 임직원과의 전직금지계약으로 이루어진다. 이러한 전직금지계약은 우리나라 판례에 있어 영업비밀보호를 위한 전직금지 또는 겸업금지계약을 유효한 것으로 인정하고 있으며, 이를 통하여 퇴직한 임직원이 계약내용상 금지된 기업에 취직하거나 사업을 할 경우 계약위반에 따른 책임을 물을 수 있게 된다.

전직금지계약 시 비밀의 정도, 시장성, 계약대상자의 생계를 위협하는 정도 등을 고려하여 기간을 선정하여야 하지만, 과도하게 장기간으로 전직금지기간을 정할 경우 헌법상 근로자의 직업선택의 자유를 침해하게 되어 계약자체가 무효가 될 수 있다. 판례에서는 통상 전직금지기간은 1년으로 보고 있지만, 구체적 기간은 해당되는 영업비밀의 가치와 기업상황 등에 따라 달라질 수 있다.

또한, 퇴직 후 영업비밀을 유출할 경우 위약금을 청구하는 계약이 있을 수 있는데, 이는 근로기준법에 위반되지 않는 것으로 보고 있다. 다만, 전직금지계약기간 중 약정근무기간 이전에 퇴직한 경우에 계약위반으로 판단하고 위약금을 청구하는 것은 근로기준법상 위약금 약정금지에 해당되어 무효로 될 수 있다.

4) 영업비밀의 침해와 구제방안

가. 영업비밀침해행위의 유형

영업비밀침해행위의 유형은 다음과 같다(제2조 제3호).

（ⅰ） 절취(竊取), 기망(欺罔), 협박, 그 밖의 부정한 수단으로 영업비밀을 취득하는 행위(이하 "부정취득 행위"라 한다) 또는 그 취득한 영업비밀을 사용하거나 공개(비밀을 유지하면서 특정인에게 알리는 것을 포함한다. 이하 같다)하는 행위

（ⅱ） 영업비밀에 대하여 부정취득 행위가 개입된 사실을 알거나 중대한 과실로 알지 못하고 그 영업비밀을 취득하는 행위 또는 그 취득한 영업비밀을 사용하거나 공개하는 행위

（ⅲ） 영업비밀을 취득한 후에 그 영업비밀에 대하여 부정취득 행위가 개입된 사실을 알거나 중대한 과실로 알지 못하고 그 영업비밀을 사용하거나 공개하는 행위

（ⅳ） 계약관계 등에 따라 영업비밀을 비밀로서 유지하여야 할 의무가 있는 자가 부정한 이익을 얻거나 그 영업비밀의 보유자에게 손해를 입힐 목적으로 그 영업비밀을 사용하거나 공개하는 행위

（ⅴ） 영업비밀이 부정한 방법으로 공개된 사실 또는 그러한 공개행위가 개입된 사실을 알거나 중대한 과실로 알지 못하고 그 영업비밀을 취득하는 행위 또는 그 취득한 영업비밀을 사용하거나 공개하는 행위

（ⅵ） 영업비밀을 취득한 후에 그 영업비밀이 부정한 방법으로 공개된 사실 또는 그러한 공개행위가 개입된 사실을 알거나 중대한 과실로 알지 못하고 그 영업비밀을 사용하거나 공개하는 행위

나. 영업비밀침해행위에 대한 금지청구권 등

영업비밀의 보유자는 영업비밀침해행위를 하거나 하려는 자에 대하여 그 행위에 의하여 영업상의 이익이 침해되거나 침해될 우려가 있는 경우에는 법원에 그 행위의 금지 또는 예방을 청구할 수 있다. 영업비밀보유자가 이 청구를 할 때에는 침해행위를 조성한 물건의 폐기, 침해행위에 제공된 설비의 제거, 그 밖에 침해행위의 금지 또는 예방을 위하여 필요한 조치를 함께 청구할 수 있다(제10조).

영업비밀침해행위의 금지 또는 예방을 청구할 수 있는 권리는 영업비밀침해행위가 계속되는 경우에 영업비밀보유자가 그 침해행위에 의하여 영업상의 이익이 침해되거나 침해될 우려가 있다는 사실 및 침해행위자를 안 날부터 3년간 행사하지 아니하면 시효(時效)로 소멸한다. 그 침해행위가 시작된 날부터 10년이 지난 때에도 또한 같다(제14조).

다. 영업비밀침해행위에 대한 처벌

영업비밀침해에 대한 민사적 구제방안으로서, 동법에서는 고의 또는 과실에 의한 영업비밀침해행위로 영업비밀보유자의 영업상 이익을 침해하여 손해를 입힌 자에게 손해배상책임을 인정하고(제11조), 법원은 이러한 영업비밀침해행위로 인해 영업비밀보유자의 영업상 신용을 실추시킨 자에게 손해배상을 갈음하거나 손해배상과 함께 영업상의 신용을 회복하는 데에 필요한 조치를 명할 수 있도록 하고 있다(제12조).

이외에 부정한 이익을 얻거나 영업비밀보유자에게 손해를 입힐 목적으로 그 영업비밀을 외국에서 사용하거나 외국에서 사용될 것임을 알면서 취득·사용하거나 또는 제3자에게 누설하는 행위, 영업비밀을 지정된 장소 밖으로 무단으로 유출하는 행위, 영업비밀보유자로부터 영업비밀을 삭제하거나 반환할 것을 요구받고도 이를 계속 보유하는 행위 등을 한 자는 15년 이하의 징역 또는 15억 원 이하의 벌금에 처한다. 다만, 벌금형에 처하는 경우 위반행위로 인한 재산상 이득액의 10배에 해당하는 금액이 15억 원을 초과하면 그 재산상 이득액의 2배 이상 10배 이하의 벌금에 처한다(제18조 제1항). 또한 부정한 이익을 얻거나 영업비밀보유자에게 손해를 입힐 목적으로 취득·사용하거나 또는 제3자에게 누설하는 행위, 영업비밀을 지정된 장소 밖으로 무단으로 유출하는 행위, 영업비밀보유자로부터 영업비밀을 삭제하거나 반환할 것을 요구받고도 이를 계속 보유하는 행위 등을 한 자는 10년 이하의 징역 또는 5억 원 이하의 벌금에 처한다. 다만, 벌금형에 처하는 경우 위반행위로 인한 재산상 이득액의 10배에 해당하는 금액이 5억 원을 초과하면 그 재산상 이득액의 2배 이상 10배 이하의 벌금에 처한다(동조 제2항). 절취·기망·협박, 그 밖의 부정한 수단으로 영업비밀을 취득하는 행위의 경우도 마찬가지이다. 이러한 영업비밀침해행위의 미수와 예비·음모도 처벌하고 있다(제18조의2, 제18조의3).

라. 영업비밀침해에 대한 구제절차

(가) 경고서한 : 경고서한은 민·형사상 소송, 가처분, 조정과 중재 이전에 침해행위를 하거나 시도하려는 자에게 내용증명을 보내어 경고하는 예방적 차원의 조치이다.

(나) **가처분신청** : 가처분신청은 영업비밀의 불법적 사용이나 침해우려 시 소송에 이르기까지 소요되는 시간 동안 해당 영업비밀에 대해 피해가 예상될 경우, 법원에 그 침해행위의 중단을 구할 수 있는 것을 말한다. 가처분은 이후에 소송을 전제로 하여 신속한 처리를 기대할 수 있으며, 침해행위자에 대한 직접적인 조치로 강한 경고의 의미가 있으므로 침해행위자가 그 행위를 포기하게 할 수 있는 효과를 가진다.

(다) **조정 및 중재** : 조정 및 중재는 소송단계에 이르기 이전 당사자 간의 합의를 통해 문제를 해결하는 제도로서, 비용절감과 신속한 처리, 그리고 갈등으로 인해 영업비밀의 존재가 드러나 2차적 피해가 일어나지 않게 하는 측면에서 합리적이라고 할 수 있다.

조정은 전문적 지식을 갖춘 조정인에 의해 신속히 분쟁을 해결토록 하는 방법으로서, 당사자들 간의 의견을 최대한 조율하고 합의에 이르게 하며, 이는 분쟁으로 인해 발생할 수 있는 2차적 피해를 예방하고 최대한 안전하게 해결할 수 있다는 장점을 가진다. 그러나 조정은 합의에 이르지 못한다면 구속력을 가질 수 없으며, 이 경우에는 소송을 통해 해결하여야 한다.

한편, 중재는 조정과 달리 구속력을 가지고 있는 분쟁해결방법으로서, 대한변호사협회, 대한상사중재원 등 중재기관과 중재인에게 구속력 있는 판정을 구하여 최종적인 해결을 구하는 방법이다.

5) 직무상 개발한 영업비밀에 대한 권리의 귀속

기업이 가지고 있던 영업비밀을 통해 종업원이 성과를 발생시킬 경우 그 성과에 대한 권리의 소유권에 관하여 사용자와 종업원 간 분쟁이 발생할 수 있다. 기본적으로 종업원이 업무상 개발한 영업비밀에 대한 소유권은 고용계약 등에 명시적으로 기술하고 있을 때는 그 계약내용에 따르면 된다. 대법원은 일반적으로 종업원이 특정개발업무에 종사하며 기업의 장비와 설비를 이용하거나, 기업이 가진 기존 연구를 참고하여 개발한 성과에 대한 권리는 원칙적으로 기업에 있다고 하고 있다.

그러나 만약 종업원이 개발한 성과가 기술이며, 영업비밀과 직무발명의 요건을 동시에 만족할 경우에는 기술에 대한 기본적인 권리는 발명진흥법에 따라 원칙적으로 개발자인 종업원에게 귀속되며, 기업은 명시적 계약 또는 종업원의 직무발명 통지에 따라 합리적인 보상을 통해 권리를 승계받을 수 있게 된다. 반면에, 종업원이 생산한 성과가 기술정보가 아닌 경영상 정보일 경우에는 직무발명의 원칙이 적용되지 않으며, 기업이 원칙적으로 소유권을 취득하게 된다. 이러한 과정에서 종업원은 당연히 개발과정과 그 성과에 대한 내용을 비밀로 유지하여야 할 의무가 있다.

6) 실험, 역 분석 등을 통한 영업비밀의 취득

독자적인 실험이나 연구를 통해 확보한 영업비밀은 상업적 목적으로 사용하는 것이 제한되지 않는다. 합법적으로 상대방이 영업비밀을 취득할 수 있는 방법으로는 실험과 역 분석이 대표적이지만, 산업계에서 이렇게 경쟁사의 기술을 분석해서 알아내는 방법은 영업비밀침해행위에 해당되지 않는다.

(3) 발명진흥법

발명진흥법은 국민의 발명분위기를 진작하고, 기술개발의 효율성을 제고함으로써 발명진흥을 통한 국내산업의 기술경쟁력 제고를 도모하기 위하여 1994년 2월 24일 제정(법률 제4757호, 시행 1994.3.24.)되었다. 동법은 발명을 장려하고 발명의 신속하고 효율적인 권리화와 사업화를 촉진함으로써 산업의 기술경쟁력을 높이고 나아가 국민경제발전에 이바지함을 목적으로 한다(제1조). '발명'이란 특허법·실용신안법 또는 디자인보호법에 따라 보호대상이 되는 발명, 고안 및 창작을 말한다(제2조 제1호). 주요 내용은 다음과 같다.

1) 직무발명제도의 의의

직무발명은 기업에 속한 종업원, 법인의 임원 또는 공무원(이하 "종업원 등"이라 한다)이 그 직무에 관하여 발명한 것이 성질상 사용자·법인 또는 국가나 지방자치단체(이하 "사용자 등"이라 한다)의 업무범위에 속하고, 그 발명을 하게 된 행위가 종업원 등의 현재 또는 과거의 직무에 속하는 발명을 말한다(제2조 제2호). 이러한 직무발명을 관리하는 직무발명제도는 기업에 소속되어 있는 종업원 등이 자신의 직무와 관련된 연구개발을 통해 개발하게 된 직무발명에 대해 사용자 등이 승계 시 정당한 보상을 해주는 제도이다.

2) 직무발명의 요건

직무발명이 되기 위해서는 4가지 요소를 갖추어야 한다. 이들 요소를 갖추지 않으면 자유발명 또는 영업비밀에 해당될 수 있을 뿐이다.

가. 기술상 정보 또는 기술일 것

직무발명이 되기 위한 가장 기본요소는 발명한 내용이 기술상 정보 또는 기술에 속하여야 한다. 기술에 속하지 않는 경영상 정보 등은 영업비밀에 속하게 되며, 직무발명에 해당하지 않는다.

나. 종업원의 발명일 것

직무발명을 한 자는 반드시 고용계약에 의해 고용관계가 성립되어 있는 자이어야 한다. 이들은 타인의 사업에 종사하는 종업원, 법인의 임원, 공무원을 지칭하고, 계약직, 임시직, 촉탁직 등 모든 고용관계를 포함하며, 상근·비상근 여부는 묻지 않는다.

다. 종업원의 발명이 성질상 사용자 등의 업무범위에 속할 것

종업원 등의 발명은 사용자가 수행하는 사업범위 내의 것으로 자신의 업무범위 내에 있어야 한다. 사용자의 사업범위는 법인의 경우는 정관을 근거로 알 수 있으며, 국가나 지방자치단체는 시행령, 조례·규칙, 업무분장 등을 통해 파악할 수 있다.

라. 발명행위가 종업원의 현재 또는 과거의 직무에 속할 것

발명행위는 종업원 등이 현재 수행하고 있는 직무에 속하거나, 또는 과거에 수행하였던 직무에 속하여야 한다. 과거에 수행하였던 직무란 종업원 등이 현재 소속된 기업 내에서 과거에 수행했던 직무를 뜻한다. 발명행위에 있어서는 발명의도에 관계없이 직무발명이 성립될 수 있다. 만일 종업원 등의 현재 직무 또는 과거의 직무에 속하지 않는 발명을 하였을 경우에는 직무발명이 아니라 자유발명에 해당된다.

3) 직무발명제도의 목적 및 취지

직무발명의 목적은 발명이 이루어질 수 있는 연구개발의 기반을 조성하고, 투자와 시설 등을 제공한 사용자 등과 이를 통해 창조적 노력으로 발명을 완성한 종업원 등 간의 상생관계를 유지하여 사용자 등은 직무발명을 통해 얻어진 성과로 보다 적극적인 투자와 기반조성을 할 수 있도록 유도하는 한편, 종업원 등에게는 직무발명에 따른 적절한 보상을 통해 계속해서 연구개발과 발명에 주력할 수 있도록 동기를 부여하려는데 있다. 즉, 직무발명에 대한 보상은 종업원 등에게 기술개발의 의욕을 높일 수 있으며, 이를 통해 기업이나 국가 또는 지방자치단체는 보다 월등한 기술획득과 수익창출을 함으로써 성장의 원동력을 얻을 수 있게 된다.

4) 직무발명에 대한 보상

가. 직무발명 완성사실의 통지의무

종업원 등이 직무발명을 완성한 경우 지체 없이 그 사실을 사용자 등에게 문서로 알려야 한다. 2명 이상의 종업원 등이 공동으로 직무발명을 완성한 경우에는 공동명의로 알려야 한다(제12조).

이러한 통지의무는 종업원 등이 직무발명에 대하여 미리 사용자 등에게 특허를 받을 수 있는 권리 또는 특허권을 승계시키거나, 사용자 등을 위해 전용실시권을 설정토록 하는 계약을 하였다고 하더라도 직무발명의 완성 시 사용자 등에게 통지하도록 하는 의무를 부과한다. 다만, 현행법상 종업원 등이 직무발명 완성사실 통지의무를 지키지 않았다 하더라도 그에 따른 처벌규정은 두고 있지 않다.

나. 사용자 등의 직무발명에 대한 승계 여부의 통지의무 등

직무발명의 완성사실을 문서로 통지받은 사용자 등(국가나 지방자치단체는 제외한다)는 통지를 받은 날로부터 4개월 이내에 그 발명에 대한 권리승계 여부를 해당 종업원 등에게 문서로 알려야 한다. 다만, 미리 사용자 등에게 특허 등을 받을 수 있는 권리나 특허권 등을 승계시키거나 사용자 등을 위하여 전용실시권을 설정하도록 하는 계약이나 근무규정이 없는 경우에는 사용자 등이 종업원 등의 의사와 다르게 그 발명에 대한 권리의 승계를 주장할 수 없다. 이 기간에 사용자 등이 그 발명에 대한 권리의 승계의사를 알린 때에는 그때부터 그 발명에 대한 권리는 사용자 등에게 승계된 것으로 본다. 그러나 사용자 등이 이 기간에 승계 여부를 알리지 아니한 경우에는 사용자 등은 그 발명에 대한 권리의 승계를 포기한 것으로 본다. 이 경우 사용자 등은 그 발명을 한 종업원 등의 동의를 받지 아니하고는 통상실시권을 가질 수 없다(제13조).

한편, 종업원 등의 직무발명이 제삼자와 공동으로 행하여진 경우 계약이나 근무규정에 따라 사용자 등이 그 발명에 대한 권리를 승계하면 사용자 등은 그 발명에 대하여 종업원 등이 가지는 권리의 지분을 갖는다(제14조).

다. 직무발명에 대한 보상

종업원 등은 직무발명에 대하여 특허 등을 받을 수 있는 권리나 특허권 등을 계약이나 근무규정에 따라 사용자에게 승계하거나, 전용실시권을 설정한 경우에는 정당한 보상을 받을 권리를 가진다. 사용자 등은 보상에 대하여 보상형태와 보상액을 결정하기 위한 기준, 지급방법 등이 명시된 보상규정을 작성하고 종업원 등에게 문서로 알려야 한다. 이 경우 사용자 등은 보상규정의 작성 또는 변경에 관하여 종업원 등과 협의하여야 한다. 다만, 보상규정을 종업원 등에게 불리하게 변경하는 경우에는 해당 계약 또는 규정의 적용을 받는 종업원 등의 과반수의 동의를 받아야 한다. 또한 사용자 등은 보상을 받을 종업원 등에게 보상규정에 따라 결정된 보상액 등 보상의 구체적 사항을 문서로 알려야 한다. 사용자 등이 이에 따라 종업원 등에게 보상한 경우에는 정당한 보상을 한 것으로 본다. 다만, 그 보상액이 직무발명에 의하여 사용자 등이 얻을 이익과 그 발명의 완성에 사용자 등과 종업원 등이 공헌한 정도를 고려하지 아니한 경우에는 그러하지 아니하다. 마찬가지로 공무원의 직무발명에 대하여 국가나 지방자치단체가 그 권리를 승계한 경우에는 정당한 보상을 하여야 한다. 이 경우 보상금의 지급에 필요한 사항은 대통령령이나 조례로 정한다(제15조).

사용자 등은 직무발명에 대한 권리를 승계한 후 출원(出願)하지 아니하거나 출원을 포기 또는 취하하는 경우에도 정당한 보상을 하여야 한다. 이 경우 그 발명에 대한 보상액을 결정할 때에는 그 발명이 산업재산권으로 보호되었더라면 종업원 등이 받을 수 있었던 경제적 이익을 고려하여야 한다(제16조).

5) 직무발명에 대한 비밀유지의무

종업원 등은 사용자 등이 승계하지 아니하기로 확정된 경우를 제외하고, 사용자 등이 직무발명을 출원할 때까지 그 발명의 내용에 관한 비밀을 유지하여야 한다(제19조 제1항). 이를 위반하여 부정한 이익을 얻거나 사용자 등에 손해를 가할 목적으로 직무발명의 내용을 공개한 자에 대하여는 3년 이하의 징역 또는 3천만 원 이하의 벌금에 처한다(제58조 제1항).

또한 직무발명에 대한 자문위원으로 심의위원회에 참여하거나 참여하였던 사람은 직무상 알게 된 직무발명에 관한 내용을 다른 사람에게 누설하여서는 아니 된다(제19조 제2항). 만약 심의위원회에 참여하여 직무상 알게 된 직무발명에 대한 내용을 다른 사람에게 누설할 경우 1천만 원 이하의 과태료를 부과한다(제60조 제1항 제2호).

(4) 상생협력법

상생협력법은 기존의 「중소기업의 사업영역보호 및 기업간 협력증진에 관한 법률」을 폐지하고, 이를 대폭 보완한 것으로서, 대기업과 중소기업 간 자율적인 상생협력을 제도적으로 지원할 수 있는 확고한 기반을 마련하기 위하여 2006년 3월 3일 제정(법률 제7864호, 시행 2006.6.4.)되었다. 따라서 동법은 대기업과 중소기업 간 상생협력(相生協力) 관계를 공고히 하여 대기업과 중소기업의 경쟁력을 높이고, 대기업과 중소기업의 양극화를 해소하여 동반성장을 달성함으로써 국민경제의 지속성장 기반을 마련함을 목적으로 한다(제1조). '상생협력'이란 대기업과 중소기업 간, 중소기업 상호간 또는 위탁기업과 수탁기업(受託企業) 간에 기술, 인력, 자금, 구매, 판로 등의 부문에서 서로 이익을 증진하기 위하여 하는 공동의 활동을 말한다(제2조 제3호).

동법의 가장 큰 특징은 중소기업에 대한 대기업 등의 기술자료 탈취행위를 막기 위하여 기술자료임치제도를 규정하고 있는 것이다. '기술자료'란 물품 등의 제조방법, 생산방법, 그 밖에 영업활동에 유용하고 독립된 경제적 가치가 있는 것으로서 대통령령으로 정하는 자료를 말한다(제2조 제9호). 주요 내용은 다음과 같다.

1) 기술자료임치제도의 의의와 목적

기술자료임치제도란 중소기업의 기술자료를 신뢰성 있는 전문기관에 보관(임치)함으로써 중소기업의 기술유출을 방지하며, 대기업은 중소기업의 폐업·파산시 계약조건에 따라 기술사용을 보장하는 제도를 말한다. 이 제도는 중소기업이 전문기관에 기술자료를 임치함으로써 대기업에 대한 기술 탈취방지와 핵심기술이 유출되었을 경우에도 임치물을 이용하여 해당 기술이 그 기업에서 개발되었음을 입증하는데 활용할 수 있다. 또한 대기업 역시 기술을 위·수탁하던 중소기업이 파산, 폐업 등으로 계약을 이행하지 못하는 경우가 발생했을 시 이 제도를 이용해서 임치되어 있는 기술자료를 통해 지속적인 납품을 보장할 수 있게 된다.

2) 기술자료임치물의 분류

기술자료임치제도에서의 기술자료임치물은 기술상 정보와 경영상 정보로 분류한다.

가. 기술상 정보

기술상 정보란 시설, 제품 설계도, 제조물의 내용, 제조방법, 연구개발보고서 및 관련 각종 데이터 등 기술개발과 관리에 필요한 정보들을 말한다.

나. 경영상 정보

경영상 정보란 부정경쟁방지법의 영업비밀과 유사한 범위로서, 기업의 운영과 관리에 관련된 비밀자료(재무, 회계, 인사, 법무 등)와 기업의 이익과 매출 등에 관련된 자료(원가, 순이익, 거래처, 매출액 등), 기타 기업운영에 필요한 핵심자료 등을 말한다.

3) 기술자료임치제도의 장점

기술자료임치제도는 다음의 장점이 있다. 즉, (ⅰ) 기업에서 개발한 기술자료가 유출되었을 경우 기술자료임치물을 통해 개발기업의 기술보유 여부의 입증이 가능하다(개발사 입증효과). (ⅱ) 개발기술이 유출되지 않음에 따라 개발기술에 대하여 기술경쟁력의 유지를 가능하게 한다(기술보호효과). (ⅲ) 사용기업은 개발기업이 파산, 폐업 및 기술유지, 보수불가 시 임치물을 이용하여 안전한 유지보수를 가능하게 한다(보험적 효과). (ⅳ) 기술자료의 대체적 기능을 수행함으로써 해당 기술의 멸실, 훼손 등을 방지할 수 있게 한다(멸실방지효과).

(5) 방산기술보호법

방위산업기술은 국가안보 및 국민의 생명과 재산을 보호하기 위한 중요한 자산이자 전략적인 경제자원으로 인식되고 있으며, 방위산업에 대한 기술적 우위를 확보하기 위한 경쟁은 계속해서 치열해지고 있다. 방위산업기술의 우위를 위해 강대국들은 기술개발을 위한 투자를 아끼지 않고 있으며, 필요한 기술획득을 위해 산업스파이 이용, 해킹, 기술인력영입 등 기술우위 확보를 위한 노력 역시 지능화되고 있다. 강대국들은 지난 세계대전과 여러 전쟁을 통해 방위산업기술의 우위가 곧 국가적 승리와 우세를 점할 수 있다는 것을 인식하고 있기 때문에 더욱더 방위산업과 관련된 대결은 치열해지고 있는 추세이다.

우리나라 역시 이러한 추세를 인식하여 국내 방위산업기술의 보호와 기술적 우위확보, 기술유출 및 침해에 대한 대응을 위하여 2015년 12월 29일 방산기술보호법이 제정(법률 제13632호, 시행 2016.6.30.)되었다. 따라서 동법은 방위산업기술을 체계적으로 보호하고 관련기관을 지원함으로써 국가의 안전을 보장하고 방위산업기술의 보호와 관련된 국제조약 등의 의무를 이행하여 국가신뢰도를 제고하는 것을 목적으로 한다(제1조). 주요 내용은 다음과 같다.

1) 대상기관 및 보호체계

동법의 적용대상은 방위산업기술을 보유하거나 방위산업기술과 관련된 연구개발사업을 수행하고 있는 기관으로서 국방과학연구소, 방위사업법에 따른 방위사업청·각군·국방기술품질원·방위산업체 및 전문연구기관, 그 밖에 기업·연구기관·전문기관 및 대학 등이다(제2조 제2호).

이러한 대상기관의 장들은 방위산업기술의 보호를 위해 보호체계를 구축·운영하여야 한다. 방위산업기술 보호체계는 보호대상 기술의 식별 및 관리체계, 인원통제 및 시설보호체계, 정보보호체계로 구성된다(제2조 제3호).

2) 방위산업기술의 보호대책

동법상 기술보호대책으로는 연구개발사업 시 기술보호대책과 수출 및 국내 이전 시 기술보호대책이 있다.

가. 연구개발사업의 수행 시의 기술보호

대상기관의 장은 방위산업기술과 관련된 연구개발사업을 수행하는 과정에서 개발성과물이 외부로 유출되지 않도록 연구개발 단계별로 방위산업기술보호에 대한 대책을 수립·시행하여야 한다(제8조). 이 보호대책에는 연구개발단계의 성과물보호에 관한 사항, 인원통제 및 시설보호에 관한 사항, 해킹 등 사이버 공격방지에 관한 사항, 그 밖에 방위산업기술 보호체계의 관리에 필요한 사항이 포함되어야 한다.

나. 수출 및 국내 이전 시의 기술보호

대상기관의 장은 방위산업기술의 수출(제3국간의 중개를 포함한다) 및 국내이전 시 방위산업기술의 유출 및 침해가 발생하지 않도록 방위산업기술의 보호에 필요한 대책을 수립하여야 한다. 방위산업기술 수출 시 절차 및 규제는 방위사업법 제57조 및 대외무역법 제19조를 따르고, 국내 이전에 관하여는 방위사업법 제31조 제3항을 따른다. 그 과정은 기존의 국방과학기술의 승인절차와 동일한 과정을 거쳐 승인되지만, 방위사업청장은 수출 및 국내 이전 시 유출 및 침해가 발생하지 않도록 필요한 조치를 취할 수 있다(제9조).

3) 방위산업기술의 유출 및 침해의 금지

누구든지 다음의 행위를 하여서는 아니 된다. (ⅰ) 부정한 방법으로 대상기관의 방위산업기술을 취득, 사용 또는 공개(비밀을 유지하면서 특정인에게 알리는 것을 포함한다)하는 행위, (ⅱ) 위의 행위가 개입된 사실을 알고 방위산업기술을 취득·사용 또는 공개하는 행위, (ⅲ) 위의 행위가 개입된 사실을 중대한 과실로 알지 못하고 방위산업기술을 취득·사용 또는 공개하는 행위 등을 하여서는 아니 된다(제10조). 대상기관의 장은 위의 행위가 발생할 우려가 있거나 발생한 때에는 즉시 방위사업청장 또는 정보수사기관의 장에게 그 사실을 신고하여야 하고, 방위산업기술의 유출 및 침해를 방지하기 위하여 필요한 조치를 요청할 수 있다. 방위사업청장 또는 정보수사기관의 장은 이 요청을 받은 경우 또는 위의 금지행위를 인지한 경우에는 방위산업기술의 유출 및 침해를 방지하기 위하여 필요한 조치를 하여야 한다(제11조).

고의((ⅰ), (ⅱ))에 의한 방위산업기술의 해외유출 및 침해의 금지 위반 시에는 20년 이하의 징역 또는 20억 원 이하의 벌금에 처하고(제21조 제1항), 국내유출 및 침해의 금지 위반 시에 10년 이하의 징역 또는 10억 원 이하의 벌금에 처한다(동조 제2항). 또한 중과실에 의한 경우((ⅲ))는 5년 이하의 징역 또는 5억 원 이하의 벌금에 처한다(동조 제3항).

(6) 산업발전법

산업발전법은 행정규제기본법에 의한 규제정비계획에 따라 산업의 경쟁력강화, 산업조직의 효율화, 기업구조조정의 촉진 및 국제산업협력의 증진 등 우리 산업구조의 고도화를 촉진하기 위한 정책추진체제를 종합적으로 정비함으로써 21세기의 경쟁력 있는 선진형 산업구조를 앞당겨 달성하기 위한 것으로 1999년 2월 8일 제정(법률 제5825호, 시행 1999.5.9.)되었다. 따라서 동법은 지식기반경제의 도래에 대응하여 산업의 경쟁력을 강화하고 지속가능한 산업발전을 도모함으로써 국민경제의 발전에 이바지함을 목적으로 한다(제1조).

동법에서는 첨단기술을 지정하고 지식서비스 산업의 육성을 위한 사업을 할 수 있도록 규정하고 있으며, 제조업, 전기 및 가스공급업, 수도사업, 환경정화, 하수 및 폐수, 폐기물운반 등과 영화, 비디오물, 음악, 오디오, 출판, 방송, 전기통신, 컴퓨터 프로그램, 정보서비스업, 임대업 등과 같이 다양한 분야에서 산업적 가치가 높고, 산업경쟁력이 필요한 기술을 식별 및 보호하기 위하여 산업통상자원부에서 관계중앙행정기관의 장과 협의하여 시책을 마련·보호하는 방식을 취하고 있다.

(7) 외국인투자 촉진법

외국인투자 촉진법은 외국인투자를 활성화하기 위하여 외국인투자에 관한 규제를 대폭 완화하고, 이에 대한 조세지원을 확대하는 한편, 대규모의 외국인투자를 유치하기 위한 외국인투자지역을 지정하여, 이 지역에 입주하는 외국인투자기업에 대하여는 정부가 지원하도록 하는 등 외국인투자에 관한 제도를 전면 도입하려는 것이다. 즉, 동법은 외국인투자 및 외자도입에 관한 법률 중 공공차관도입에 관한 부분은 별도의 법률로 분리하고, 외국인투자와 기술도입에 관한 부분을 관리하기 위하여 1998년 9월 16일 제정(법률 제5559호, 시행 1998.11.17.)되었다. 따라서 동법은 외국인투자를 지원하고 외국인투자에 편의를 제공하여 외국인투자 유치를 촉진함으로써 국민경제의 건전한 발전에 이바지함을 목적으로 한다(제1조).

동법에서는 외국인이 우리나라에 투자하는 것에 대해 조세를 감면하거나 일정한 요건이 갖추어질 경우에 공장시설의 신축 등의 용도에 필요한 자금을 지원할 수 있도록 하고 있다. 다만, 국가의 안전유지에 지장을 초래하는 경우에는 외국인 투자를 제한토록 하고 있다(동법 시행령 제5조 제1항 제2호). 한편, 동법에서는 외국인의 대한민국에 대한 투자방식을 주식의 취득에 의한 투자, 장기 차관방식에 의한 투자, 비영리법인에 대한 출연 등으로 구분하고 있다.

(8) 중소기업기술보호법

중소기업기술보호법은 중소기업의 특수성을 고려하고 중소기업의 기술보호 역량을 강화하기 위한 기반조성과 종합적인 지원을 위한 법적 근거는 미흡한 실정을 고려하여 대기업에 비해 보안역량이 취약한 중소기업이 갖추고 있는 산업기술의 보호를 위하여 보호역량 강화를 지원하고 지원기반 조성을 지속적으로 추진할 수 있는 법적 토대를 마련하기 위한 것으로서 2014년 5월 28일 제정(법률 제12696호, 시행 2014.11.29.)되었다. 따라서 동법은 중소기업기술보호를 지원하기 위한 기반을 확충하고 관련시책을 수립·추진함으로써 중소기업의 기술보호 역량과 기술경쟁력을 강화하고 국가경제의 발전에 이바지함을 목적으로 한다(제1조).

이에 동법에서는 기술보호를 위한 3개년 지원계획 수립, 기술보호정책의 수립·추진을 위한 관계 행정기관, 전문가 등과의 협의, 자문, 기술보호 실태조사 및 기술보호지침의 마련 등과 같은 기술보호·지원 정책추진에 필요한 체계를 정비토록 하고 있다. 또한 중소기업의 기술보호 애로 해소를 위한 상담, 자문과 함께 중소기업이 갖추고 있는 기술 및 기술상 정보, 경영상 정보를 보호하기 위한 기술자료임치제도의 활용과 지원, 해외진출 중소기업의 기술보호 등 지원사업의 법적 근거를 명확히 하였다. 이외에 기술보호·지원 전담기관의 지정 및 기술보호 전문인력의 양성, 보안관제서비스 및 보안시스템 구축의 지원 등 중소기업기술보호를 위한 기반조성에 필요한 사항을 규정하고 있으며, 기술유출에 대한 사후구제를 위하여 중소벤처기업부장관 소속의 '중소기업 기술분쟁 조정·중재 위원회'를 설치 및 운영토록 하고 있다. 주요 내용은 다음과 같다.

1) 중소기업기술의 보호를 위한 지원계획의 수립 등

중소벤처기업부장관은 다음의 사항이 포함된 중소기업기술 보호를 위한 지원계획을 3년마다 수립·시행하여야 한다(제5조).

> (i) 중소기업기술 보호에 관한 기본목표와 추진방향
> (ii) 중소기업기술 보호에 대한 기반구축 및 추진방안
> (iii) 해외진출 중소기업의 기술보호지원에 관한 사항
> (vi) 중소기업기술 보호를 위한 연구개발에 관한 사항
> (v) 중소기업기술 보호를 위한 전문인력의 양성에 관한 사항
> (vi) 중소기업기술 보호에 대한 홍보 및 교육에 관한 사항
> (vii) 중소기업기술 보호를 위한 국제협력에 관한 사항
> (viii) 그 밖에 중소기업기술 보호를 위하여 필요한 사항

2) 중소기업기술을 보호하기 위한 기반조성

중소기업기술을 보호하기 위한 기반조성의 절차와 방법은 다음과 같다.

구 분	내 용
중소기업기술 보호지원 전담기관 지정(제14조)	중소벤처기업부장관은 중소기업기술의 보호지원에 관한 업무를 전담하는 기관을 지정할 수 있다.
보안기술 개발의 촉진 및 보급(제15조)	중소벤처기업부장관은 중소기업을 위한 보안기술의 개발을 촉진하고 이를 중소기업에 효과적으로 보급하기 위하여 보안기술 수준의 조사 및 보안기술의 연구개발, 보안기술의 평가 및 실용화, 보안기술의 보급·확산, 그 밖에 보안기술 개발을 위하여 필요한 사업을 수행할 수 있다.
기술보호 전문인력의 양성(제16조)	중소벤처기업부장관은 기술보호 전문인력의 양성과 자질향상을 위하여 대학·연구기관 또는 그 밖의 기관이나 단체를 기술보호 전문인력 양성기관으로 지정하여 교육훈련을 실시할 수 있다.

기술보호관제서비스의 제공(제18조)	중소벤처기업부장관은 중소기업이 보유한 기술의 유출방지 및 정보통신망 이용촉진 및 정보보호 등에 관한 법률 제2조 제1항 제1호에 따른 정보통신망을 통한 외부의 침입 등을 예방하기 위하여 중소기업을 대상으로 한 기술보호관제서비스를 제공할 수 있다. 중소벤처기업부장관은 기술보호관제서비스를 관련기관 또는 단체에 위탁할 수 있으며, 그 사업수행에 필요한 경비의 전부 또는 일부를 지원할 수 있다.
보안시스템의 구축 지원(제19조)	중소벤처기업부장관은 중소기업의 보안환경에 대한 정밀진단을 통하여 중소기업에 적합한 보안시스템의 설계와 구축을 지원할 수 있다.

3) 비밀유지의무

중소기업기술의 보호 및 관리 현황에 대한 실태조사업무를 수행하는 자, 침해신고의 접수·기술보호 진단 및 자문 등의 업무를 수행하는 자, 중소기업기술 개발사업자에게 고용되어 보안기술의 연구개발업무를 수행하는 자, 기술보호관제서비스 업무를 수행하는 자, 중소기업기술 분쟁조정·중재 업무를 수행하는 자, 중소벤처기업부장관의 권한의 일부를 위임·위탁받아 업무를 수행하는 자 등 해당 업무에 종사하고 있거나 종사하였던 자는 그 직무상 알게 된 비밀을 타인에게 누설하거나 직무상 목적 외에 이를 사용하여서는 아니 된다(제32조). 이 비밀유지의무를 위반한 경우에는 3년 이하의 징역 또는 3천만 원 이하의 벌금에 처한다(제34조).

(9) 대외무역법

대외무역법은 수출진흥과 수입조정 등을 기조로 하는 관리무역체제를 대외개방정책과 경제 및 무역의 국제화에 부응하는 체제로 전환하기 위하여, 당시 무역거래법상의 각종 규제를 완화하고 수출입절차의 간소화를 기하여 무역업계의 비용을 절감하도록 하고, 무역업체 수의 증가와 선진국의 수입규제 등 대외무역의 여건변화에 적절히 대응하도록 하여 수출입질서의 유지와 공정무역의 구현 등 선진무역제도를 도입하며, 수입개방에 따른 국내산업의 피해를 신속히 구제하기 위한 제도와 절차를 마련하기 위한 것으로 1986년 12월 31일 제정(법률 제3895호, 시행 1987.7.1.)되었다. 따라서 동법은 대외무역을 진흥하고 공정한 거래질서를 확립하여 국제수지의 균형과 통상의 확대를 도모함으로써 국민경제를 발전시키는 데이바지함을 목적으로 한다(제1조).

동법은 기본적으로 무역의 진흥을 위해 필요하다고 인정되는 경우에 물품 등의 수출과 수입을 지속적으로 증대하기 위한 조치를 지원토록 하고 있으며, 우리나라 또는 우리나라의 무역상대국의 전쟁·사변 또는 천재지변이 있거나 교역상대국이 우리나라의 권익을 인정하지 아니할 경우, 교역상대국이 부당하거나 차별적인 부담 또는 제한을 가할 경우, 국제평화와 안전유지 등의 의무를 이행하기 위해 필요한 경우 인간의 생명·건강·안전 및 동물과 식물의 생명 및 건강, 환경보전 또는 국내 자원보호를 위해 필요한 경우에는 물품의 수출입을 제한하거나 금지하고 있다. 또한, 국제평화 및 안전유지와 국가안보를 위해 전략물자(무기 또는 무기 제조개발에 이용가능한 민수용 물품 등)를 지정하고, 수출입을 통제하고 있다.

(10) 특허법

특허법은 1952년 4월 13일 제정(법률 제238호, 시행 1952.4.13.)되었으며, 동법은 발명을 보호·장려하고 그 이용을 도모함으로써 기술의 발전을 촉진하여 산업 발전에 이바지함을 목적으로 한다(제1조).

특허법은 특허의 출원보정, 분할출원, 변경출원, 우선권 등에 관해 지정된 절차를 통해 법적으로 보호하고 있으며, 권리가 침해된 경우에 구제수단으로 침해금지청구권, 신용회복청구권 등을 보장하며, 손해액 추정, 형사처벌 등에 관한 조항 등을 규정하고 있다.

(11) 형법

형법은 범죄와 형벌 또는 보안처분을 규정한 법률이므로 산업기술의 부정유출행위도 간접적으로 규제하고 있다. 즉, 산업기술의 불법유출을 시도하는 경우에 행하여지는 행위의 많은 부분이 업무상 배임 및 횡령, 업무상 비밀누설, 절도, 장물취득 등 형법에서 규율하고 있는 범죄행위로 처벌될 수 있다.

1) 횡령죄와 배임죄

회사의 사무를 처리하는 자가 기업의 중요한 정보를 유출하는 행위는 그 임무를 위배하는 행위가 되므로 업무상 배임죄가 성립할 수 있다. 또한 영업비밀의 비밀관리성이 인정되지 않더라도 그 자료가 불특정 다수에게 공개되지 않았으며, 사용자가 상당한 시간과 노력, 비용을 들여 제작한 영업상 정보반출행위는 업무상 배임죄가 성립될 수 있다.

형법에 따르면 타인의 재물을 보관하는 자가 그 재물을 횡령하거나 그 반환을 거부한 때에는 5년 이하의 징역 또는 1천 5백만 원 이하의 벌금에 처한다(제355조 제1항). 타인의 사무를 처리하는 자가 그 임무에 위배하는 행위로써 재산상의 이익을 취득하거나 제3자로 하여금 이를 취득하게 하여 본인에게 손해를 가한 때에도 같다(동조 제2항). 또한 업무상의 임무에 위배하여 횡령과 배임의 죄를 범한 자에 대해서는 10년 이하의 징역 또는 3천만 원 이하의 벌금에 처한다(제356조).

2) 절도죄

추상적인 정보, 아이디어 등과 같은 것은 절도의 객체가 되는 재물이라고 볼 수는 없지만 그 설계도, 내부계획서 같은 자료는 절도의 객체가 되는 재물로 인정할 수 있으므로 이를 절취하게 되면 절도죄가 성립된다. 또한 영업비밀에 해당되지 않는다고 하더라도 회사가 가지고 있는 자료는 회사의 재산으로 볼 수 있기 때문에 이를 절취하여 회사외부로 유출시키는 행위는 절도죄에 해당될 수 있다.

형법에 따르면 타인의 재물을 절취한 경우에는 6년 이하의 징역 또는 1천만 원 이하의 벌금에 처한다(제329조).

3. 산업기술보호지침

(1) 산업보안관리체계

1) 보유자산의 분류

산업기술의 유출 및 침해를 예방하기 위한 첫 번째 과정은 조직에서 보유하고 있는 산업기술을 구체적으로 규정하고 분류하는 기준을 정립하는 것이다. 국제 정보보호 표준규격(ISO·IEC 27001)에 따른 자산분류기준은 다음과 같다.

자산의 종류	세부 내용
정보자산	금융정보, 세일즈·마케팅정보, 업무관련 정보, 조직정보, 개인정보, DB 등 기업이 보유·관리하고 있는 모든 종류의 정보(문서파일, 데이터파일, 데이터베이스 내의 데이터 등)
문서자산	정책·지침, 업무관련 문서, 인사기록, 송장 등 대상기관이 보유·관리하고 있는 모든 출력문서(보고서, 계약서, 매뉴얼, 각종 대장 등)
소프트웨어자산	운영프로그램, 애플리케이션 프로그램, 통신프로그램 등 정보시스템에서 사용하는 프로그램
물리적 자산	서버, 하드디스크 등 대상기관의 업무에 활용되는 하드웨어
인력자산	내부직원, 퇴직자, 제3자(외주업체, 컨설턴트 등), 아웃소싱 직원, 고객 등 대상기관에 속해 있는 모든 인원
대외기관 제공 서비스	정보서비스, 통신서비스, 전원, 수도, 사무실 등 대외기관으로부터 제공받는 서비스

2) 각 자산의 위험도출 및 대책

산업기술의 형태와 분류를 규정하고, 해당 조직에서 보유하고 모든 자산에 대한 중요도 및 위험도 평가를 실시하여야 한다. 위험도평가는 조직이 보유한 자산에 대해 침해가 발생하였을 경우 피해수준을 객관적으로 평가하는 것을 말하는데, 자산에 대한 위험도평가는 자산관리책임자의 책임 하에 이루어진다. 위험도평가 결과 위험성이 높게 평가된 자산에 대해서는 적절한 조치와 통제가 이루어져야 한다.

3) 산업기술의 유출방지 및 보호를 위한 세부규정의 수립

대상기관의 장은 산업기술의 유출방지 및 보호를 위해 산업기술의 유출방지 및 보호를 위한 세부규정을 마련하고, 대상기관이 지켜야 할 산업기술보호의 원칙을 수립하여야 한다. 이때 그 규정은 조직의 특성을 고려하여 가장 적합한 방식으로 수립하는 것이 효과적이고, 정확하고 세밀하여야 하며, 임직원이 이해하기 쉬울 뿐만 아니라 실천가능하여야 한다. 또한 주기적인 규정관리로 보완이 필요한 사항을 추가로 제정하거나 기존 규정을 개정하는 한편, 경영진의 승인 하에 기업

내 모든 임직원에게 공지될 수 있도록 하여야 한다.

산업기술의 유출방지를 위한 규정과 원칙에는 다음 사항이 포함되어야 한다.

구 분	내 용
목적	기관의 임직원이 관리하는 기술자산의 관리에 관한 사항을 정하여 기술자산의 보안유지 및 효율적인 활동을 도모하기 위한 규정임을 명시한다.
정의	산업기술유출방지를 위한 규정의 용어를 정의한다.
적용대상 및 범위	적용대상과 범위를 지정하여 접근권한 등을 제한한다.
기술자산 관리조직	효과적으로 기술자산을 관리하기 위한 관리조직을 구성한다.
분류기준	보유한 기술자산의 중요도 및 위험도에 따라 관리하는 등급을 상이하게 설정하며, 최소 3등급(극비, 비밀, 대외비 또는 1급, 2급, 대외비) 이상으로 분류기준을 정한다.
분류절차	분류기준에 따른 분류를 위한 절차와 확정 및 통보를 위한 절차를 정한다.
기술자산의 중요도 및 위험도 평가와 등급변경	위험도와 중요도는 대내외적 상황에 따라 변경될 수 있으므로 주기적으로 보유한 기술자산의 중요도 및 위험도를 평가하고, 결과에 따라 등급을 변경한다.
기술자산의 중요도 및 위험도에 따른 조치	기술자산의 등급에 따른 조치를 규정한다.
기술자산 관리위반 시 조치	기술자산을 관리하는 자, 접근권한이 있는 자 및 접근이 제한된 자 등에 대한 관리위반 시에 조치사항을 명시한다.
기술자산 유출사고발생 시 처리	기술자산유출사고가 발생한 경우 사고일시 및 장소, 사고자 인적 사항, 사고내용 등을 대상기관의 장에게 보고하고 필요한 조치를 취한다. 산업기술의 유출 및 침해가 발생할 경우 국가정보원, 경찰청 등에 관련사실을 신고할 의무가 있으므로 필요한 연락체계의 구축에 대하여 규정한다.

4) 전담조직의 구성 및 운영

보유하고 있는 산업기술을 보호하기 위한 중요한 조치는 그 산업기술에 대한 보호업무를 수행할 수 있는 전담조직을 구성하는 것이다. 산업기술보호 전담조직은 각 조직에서 개별적으로 시행 중인 산업기술보호활동에 대한 현황을 파악하고, 미흡분야를 식별하여 보완할 수 있도록 함으로써 보유한 전체 산업기술에 대하여 보안역량이 갖추어질 수 있도록 하는 것에 목적을 두고 있다. 또한 산업기술보호 전담조직은 체계적으로 산업기술에 대한 보호활동이 이루어질 수 있도록 관련규정과 지침을 마련하여야 하며, 산업기술보호활동이 개별적인 업무요소로 국한되지 않도록 각 조직에서 수행하는 산업기술보호활동에 필요한 업무를 세분화하여 조직 전체적으로 보호활동이 수행될 수 있도록 하여야 한다.

한편, 각 부서의 장은 산업기술관리책임자로서 부서 내 산업기술의 보호 및 유출예방활동업무를 수행하며, 산업기술보호에 필요한 심의·결정 및 규정의 제·개정 등을 위한 위원회를 설치·운영하여야 한다. 작은 규모의 조직에서는 규모의 한계에서 발생하는 현실적인 문제로 전담조직을 운영하기 어렵기 때문에 조직 내에서 산업기술유출방지 및 보호에 필요한 업무에 대한 제반 지식과 능력을 갖추고 있거나, 관련업무를 수행하고 있는 담당자로 하여금 그 업무를 수행하게 하여야 한다. 또한 각 조직에서는 기업의 경영진 아래 산업기술유출방지 및 보호의 총괄책임자를 임명하여 관리하도록 하여야 하며, 총괄책임자 아래에 산업기술관리책임자를 지정·임명하여 각 부서의 사업기술유출예방업무를 수행하게 하여야 한다. 그리고 이러한 보호활동이 원활하게 이루어질 수 있도록 총무, 인사, 법무, 시설, IT 등 기업의 각 부서에서 지원이 효율적으로 이루어지도록 체계화하여야 한다.

또한 산업기술관리책임자(각 부서장) 아래에는 산업기술관리자, 산업기술보호책임자, 산업기술관리담당자를 둘 수 있으며, 이들에 대한 임명권한은 산업기술관리책임자에게 부여한다. 산업통상자원부의 산업기술보호지침 및 매뉴얼에 따른 산업기술보호를 위한 전담조직의 역할과 책임은 다음과 같다.

구　분	역할 및 책임
산업기술보호위원회	• 산업기술보호 규정의 제·개정, 주요 정책과 상벌 등의 심의 • 특허 등의 산업기술보호방법 결정 • 핵심 비밀취급자와 퇴직자의 관리정책, 비밀보호와 관련된 　임직원들의 우대정책, 기타 비밀보호에 관한 주요정책 결정
산업기술관리책임자	• 조직 전체의 산업기술관리에 대한 총괄적인 조정·통제업무 • 산업기술관리지침 작성, 계획 작성 • 산업기술보호의 총괄조정, 지도교육, 감사업무 • 사고의 조사보고, 응급조치 • 산업기술보호를 위한 상담센터 운영
산업기술관리자	• 부서 내 산업기술 관련문서의 생산, 보관, 관리 • 소속직원에 대한 산업기술의 유지교육, 직원관리 • 산업기술의 수·발신의 통제, 산업기술의 안전관리, 보호조치 • 소관 퇴직자의 관리, 자체점검, 소관 장비관리, 기타 주요 사항
산업기술보호책임자	• 산업기술관리자를 보조하는 총괄 실무담당 • 산업기술의 취급과 관리를 위한 실무책임자 • 소관 장비 및 시설관리의 실무책임, 보안조치보호의 실행
산업기술관리담당자	• 산업기술관련 문서의 수발, 대장정리, 출입자관리, 각종 장비· 　문서·메모리 카드 등의 관리 • 산업기술관리자·산업기술보호책임자의 보조

산업통상자원부의 산업기술보호지침 및 매뉴얼에 따른 산업기술보호를 위한 지원조직의 구성은 다음과 같다.

구　분	산업기술유출 예방관련 업무	산업기술유출 대응업무
총무부서	• 보호조직 예산편성 • 유관기관과의 협조체계 구축 • 유사업종 전문컨설팅업체 등 자문 　기관을 활용한 보안관리방안 강구	• 사고발생 시 사고종합 • 피해조사·사고조사 주관 • 피해에 따른 조직운영방안 모색 　및 경영진에게 보고
인사부서	• 임직원에 대한 지속적인 교육· 　면담을 통한 개인별 신상확인 • 임직원의 충성심 유발을 위한 행동	• 기술유출자에 대한 색출 • 퇴직자의 근황 조사 • 기술유출자에 대한 징계

		• 기술유출자에 대한 고용계약서 확인 및 법무담당자에게 이관
법무부서	• 각종 지침의 법률적합성 확인 • 법률조언 • 각종 계약체결 시 산업기술유출 대비 법률조언	• 소송가능성 판단 • 소송에 필요한 서류 등 증거준비
시설장비 관리부서	• H·W, S·W, 외주관리 등에 대한 구매정책의 수립 및 실행 • 설비운영 및 운영현황 파악 • 유지보수 및 방재관리 • 전산장비 내 자료삭제 후 개인별 지급	• 사고발생 시 대응지원 및 결과분석을 통한 예방체계 수립
IT 관리부서	• 임직원에 대한 시스템접근 권한 부여 • 정보자산관리 • 침입탐지·방지시스템 운영	• 사고에 대한 증거확보 • 기술유출자에 대한 보안서약서 확인, 법무담당자에게 이관

(2) 분야별 보안관리

1) 인력관리

산업기술유출사고는 내부자에 의한 사고가 많은 부분을 차지한다. 기업내부자는 외부에서 침해를 시도하는 조직이나 인원에 비해서 기업 내부의 비밀과 자료에 접근하기 쉽고, 이러한 내부자들이 비밀과 기술을 탈취하기를 원하는 경쟁세력이나 조직과의 이해관계가 일치하게 되면 산업기술유출사고로 이어질 수 있다. 따라서 내부 인력관리를 위한 노력이 중요시되며, 인력관리는 인력의 채용 시부터 퇴직 시까지 철저하게 유지되어야 한다.

가. 비밀누출방지

산업기술보호를 위해 인력관리에 적용하여야 할 사항은 다음과 같다.

(ⅰ) 모든 임직원을 대상으로 보안서약서(보안준수관련 서약, 비밀유지서약 등)을 작성하고 보관한다.

(ⅱ) 경력직 채용예정 인력의 경우, 채용예정 인력으로 하여금 지원자의 약력, 전문자격, 신원 등 산업기술유출과 관련한 증명을 확인하여야 하며, 이때 과도한 개인

및 신용, 금융정보 요구 등으로 인해 관련법률에 저촉되는 일이 없도록 하여야 한다. 지원자의 정보를 필요로 할 경우 해당 직무의 중요도에 따라 공공기관에서 관리 중인 개인정보에 대한 접근이 필요하며 심사가 이루어진다는 것과, 채용 이외 목적으로 개인정보를 사용하지 않는다는 것을 설명 및 통지하여야 하며, 지원자가 개인정보제공동의서를 작성하고 제출하도록 하여야 한다.

(ⅲ) 기업의 경영에 필요한 제3자(각종 컨설턴트, 협력 및 아웃소싱, 외부전문가, 파견, 외국인 근로자 등)에 대한 관리규정을 수립하여 운영하여야 하며, 제3자에 대해서도 임직원과 동일하게 보안서약서를 작성하여 제출하게 하여야 한다.

(ⅳ) 관련법률과 규정에 저촉되지 않는 선에서 모든 임직원과 퇴직자의 동향을 파악·관리한다.

또한, 조직에서는 임직원에 대해 산업기술 및 관련비밀을 외부에 유출하지 않도록 계속해서 주지시켜야 하며, 보직변경, 파견, 출장, 퇴사 등 절차 시 비밀이 유출되지 않도록 노력하여야 한다. 뿐만 아니라 정기적인 교육을 통한 예방활동과 사후관리로 산업기술과 관련비밀의 유출을 방지할 수 있도록 하여야 한다.

나. 교육의 강화

산업기술을 보유하거나 연구·개발 중인 대상기관의 장은 주요 산업기술과 비밀, 관리·운용상의 비밀 등의 중요성과 유출 시 산업기술의 유출방지 및 보호에 관한 법률에 의한 형사처벌 또는 민사상 손해배상책임을 지게 될 수 있음을 정기적인 교육을 통해 인지시켜야 한다.

임직원을 대상으로 한 교육 및 훈련은 다양한 방법과 자료를 통해 이루어질 수 있다. 즉, (ⅰ) 중요시스템 사용자 자격부여 프로그램, 보안관련 자격취득 코스, (ⅱ) 보안전문가 초빙교육 및 모의훈련, (ⅲ) 보안사고의 예방활동 및 사고조치의 우수자 선발 및 포상 등이 있다.

다. 임원퇴사 시의 대책

임직원의 퇴사에는 개인사정, 이직, 명예퇴직, 전직 등 여러 가지 사유가 존재하지만, 산업기술유출방지 측면에서 가장 경계하여야 할 퇴직자유형은 재직 시 각종 불만이나 원한 또는 근무 시 과실, 고의로 인한 징계자 등이 대상이 된다. 이들은 근무 시에 있었던 불만족과 불이익으로 인해 퇴직과 동시에 기업에 피해를 입히려는 의사를 가질 수 있으므로 적절한 사후관리를 통해 기업에 대한 피해가 발생하지 않도록 예방하여야 한다. 따라서 다음의 조치가 필요하다.

(i) 퇴직자 발생 시 퇴직 후 기업이 보유하고 있는 산업기술과 관련비밀에 대한 비밀 유지책임이 보안서약서나 고용계약, 관련규정 등으로 명확히 규정되어 있는지 확인한다.
(ii) 퇴직 시까지 활용하던 기업 내 주요 자산(장비 및 비품, 문서, 저장매체, 법인카드 등)과 정보접근권한을 회수 및 반납하였는지 확인한다.
(iii) 기업시설 출입 시에 필요한 출입통제시스템 상 인증삭제 및 출입카드 등이 회수되었는지 확인한다.

2) 시설보호

산업기술을 보유하고 있거나 연구·개발 중인 대상기관의 장은 산업기술과 관련비밀을 보호하기 위하여 해당 기술이 보관되는 시설에서의 보호를 수행하여야 한다. 이러한 시설보호에는 해당 기술을 관련 없는 사람이 접근하거나 열람할 수 없도록 접근통제와 출입기록 유지, 도·감청 방지 및 재해대비 시설과 장비운용 등을 포함한다.

가. 시설통제

산업기술보호를 위한 시설통제에는 다음 사항이 포함된다.

(i) 비인가자 출입통제
(ii) 상황 발생 시 화상정보 및 로그저장
(iii) 심야시간 방범시스템 및 경비원 운영
(iv) 도·감청 방지 및 전자파 차단

한편, 시설보호를 위해 가장 보편적으로 사용하는 방법은 접근통제와 권한통제이다. 접근통제와 권한통제는 해당 시설과 자료에 접근할 수 있는 권한을 차등적으로 부여하여 접근권한보유자의 가용성을 보장하고, 미권한자의 접근을 막아 비밀성과 무결성을 보장할 수 있게 하여야 한다. 이러한 접근통제와 권한통제로 인하여 산업기술을 보유하고 있거나 연구·개발 중인 대상기관에서 핵심구역에 대해 외부인뿐만 아니라 내부인 중에서도 권한을 보유한 인원만 접근할 수 있게 된다.

　　또한 원활하고 효율적인 보호수행을 위하여 시설 내 구역은 공용·일반·설비·특수구역 등으로 구분하고, 각 구역별로 필요한 통제수단을 설정하면 시설운영에 있어서 효율과 보안을 강화할 수 있게 된다. 이때 보호가 가장 필요한 특수구역이나 설비구역에 대해서는 법적 허용한도 내에서 최대한 철저하고 구체적인 보호수단을 적용하는 것이 좋다.

　나. 시설통제수단
시설보호를 위해 주로 시행하는 통제수단은 다음과 같다.

보호체계	통제수단
출입통제체계	ID카드, RFID, 차량번호판 인식시스템, 경비원운영, 외부인출입 시 인솔책임자운영, 차량블랙박스의 전원분리, 출입관리기록부의 작성, 출입문 일원화 등
전산장비 반·출입 통제체계	문형 금속탐지기, 휴대용 금속탐지기, X-Ray검색기, 휴대폰카메라 촬영금지 스티커부착, 노트북 및 휴대용 저장매체 휴대통제 등
화상감시체계	CCTV운영 및 음영구역 최소화, 동작감지카메라, 촬영자료의 보관 및 백업서버 운용, 24시간 화상감시 근무자배치 등
방범 및 경보체계	울타리감지기, 열선·적외선감지기, 유리파손감지기, 경보기, 원격차단장치, 화재감지기, 경보수신장치, 경비원운영 등

　다. 특수구역의 보호
　　보호가 필요한 구역 중 특수구역은 산업기술 관련 비밀, 관련 연구·개발 진행상황 및 자료 등을 보관하고 연구·개발이 직접적으로 수행되는 핵심적인 구역으로서, 다른 구역에 비해 강화된 출입 및 접근 권한의 통제를 필요로 한다.

　　특수구역 출입 시에는 지문·홍채·정맥 인식 등 보안성이 강한 생체인증시스템을 활용하고, 네트워크를 통한 침입에 대비하기 위한 독립망 사용, 도·감청 방해를 위한 초음파방해장치, 전파방해장치, 도·감청 방지유리 등을 사용하여야 하며, 재난에 대비하여 독립적인 전력공급이 가능한 비상발전기, UPS, 화재진화용 소화설비 등을 갖추어 안전하게 보호하여야 한다.

라. 재해로부터의 보호

산업기술보호를 위해서는 외부에서의 악의적인 접근과 침입, 내부자에 의한 악성행위 등의 인적 속성의 위협뿐만 아니라, 동일본 대지진, 후쿠시마 원전사고, 쓰나미, 경주지진, 동해안 대규모 산불 등과 같은 자연재해에 의한 피해에도 대비하여야 한다. 이러한 재해에 대비하여 화재경보 및 소화설비, 예비전원, 백업센터 운용, BCM 전략 수립 등 재해에 대비한 조치를 갖출 필요가 있다.

3) 정보시스템의 관리

정보시스템은 IT기술의 발달에 따라 정부기관, 기업, 일반조직체 등에서 보유하고 있는 각종 정보와 업무를 컴퓨터를 통해서 관리하는 일련의 시스템을 통칭한다. 정보시스템에는 기본시스템 구성에 필요한 PC, 서버, 라우터, 허브, 리피터 등의 하드웨어 장비와 기업과 조직에서 보유하고 있는 정보를 체계적으로 관리·저장하기 위한 데이터베이스, 사용자 간의 정보공유를 위한 네트워크, 사용자가 수월한 작업을 할 수 있도록 지원하는 응용프로그램, 이러한 정보시스템을 보호하기 위한 방화벽, 침입감지시스템 등으로 구성되어 있다.

정보시스템은 현대에 들어 기업과 조직에서의 경영과 업무를 위한 핵심적인 체계로서 사용자가 편리하게 업무를 수행하고 자료를 저장 및 공유·열람할 수 있도록 지원한다. 하지만 이러한 시스템은 해킹을 통한 인가되지 않은 접근, 불법침입, 크래킹 등에 취약하므로 별도의 보호규정을 수립하고 NAT, DLP, UTM 등의 보안솔루션을 운영하여 철저히 관리할 필요가 있다. 정보시스템의 보호를 위해 기본적으로 수행하여야 하는 주요 대책은 다음과 같다.

가. 개인PC의 보호대책

개인PC의 보호대책으로는 다음의 것들이 요구된다.

(i) CMOS, 윈도우, 화면보호기 암호를 각각 설정하여 3중으로 구성한다.
(ii) 패스워드는 9자리 이상으로 영문·숫자·특수문자를 혼용해서 설정하고, 주기적으로 변경하며, 사용한 패스워드는 2개월 이상 다시 사용을 금한다.
(iii) 3회 이상 접촉실패 시에는 잠금기능을 적용한다.
(iv) 화면보호기 대기시간은 5분 이내로 설정하고, 화면보호기 암호를 통해 해제할 수

있도록 한다.
(v) 불법소프트웨어의 사용을 금한다.
(vi) 공유폴더를 제거한다.
(vii) 방화벽을 설정하고, 백신을 설치하며, 주기적으로 백신검사를 수행한다.
(viii) 저장매체 통제체계를 통해 허가되지 않은 휴대용저장매체의 사용을 금한다.
(ix) PC 주변에 접근암호를 포스트잇 등으로 부착하여 보관하는 것을 금한다.
(x) 불용처리 등으로 인해 외부반출하는 경우에는 HDD 포맷 등 보안조치를 한 후 이를 확인한다.

나. 노트북의 보호대책

노트북에 대한 보호대책으로는 다음의 것들이 요구된다.

(i) 인가되지 않은 개인용 노트북은 사용을 금지한다.
(ii) 노트북 하드디스크 내에 중요정보의 저장을 금지한다.
(iii) 작업 중 장시간 이석(離席)이 필요할 경우 노트북을 시건장치가 있는 보관함에 보관하거나 무단반출이 어렵도록 잠금장치를 설치한다.
(iv) 노트북 외부반출 시에는 부서장의 승인 및 보안부서의 확인절차를 거친 후에 반출한다.
(v) 핵심구역에서 작업에 사용되는 노트북은 무선네트워크를 차단하거나 무선LAN카드를 제거한다.

다. 이동식저장매체의 보호대책

이동식저장매체(CD, DVD, USB, SD카드 등)에 대한 보호대책으로는 다음의 것들이 요구된다.

(i) 보유 중인 이동식저장매체는 모두 관리번호를 부여하고, 기록부상 등재·관리한다.
(ii) 이동식저장매체의 관리기록부를 통해 사용 및 반·출입 기록을 관리한다.
(iii) 사용하지 않는 이동식저장매체는 시건장치가 달린 보관함에 보관한다.
(iv) 사용이 끝난 저장매체는 포맷 등 절차를 통해 초기화하여 잔여자료가 남지 않도록 조치한다.
(v) 이동식저장매체의 외부반출 시에는 부서장 승인 및 보안부서의 확인절차를 거친 후에 반출한다.

라. 이메일의 보호대책

이메일에 대한 보호대책으로는 다음의 것들이 요구된다.

(i) 외부발송 이메일의 크기를 일정 규모 이하로 제한하고, 이를 초과할 경우에는 해당 부서장의 승인을 받게 한다.

(ii) 파일첨부 메일의 수·발신 시에는 메일시스템에 해당 로그를 기록한다.

(iii) 이메일 전송 시에는 PGP, S/MIME 등 암호화 프로토콜을 반드시 적용한다.

(iv) 송신자가 확인되지 않은(불분명한) 이메일 열람을 금하며, 피싱메일 등 악성코드가 포함된 메일가능성을 고려하여 미리 검사를 수행하거나 보안부서에 신고하게 한다.

마. 카메라, 카메라폰 및 스마트폰의 보호대책

카메라, 카메라폰 및 스마트폰에 대한 보호대책으로는 다음의 것들이 요구된다.

(i) 출입 전에 카메라, 카매라폰 및 스마트폰의 소지를 엄격히 제한한다.

(ii) 카메라폰 또는 스마트폰을 소지한 채로 출입하는 때에는 카메라 렌즈부에 촬영금지 스티커를 부착한다.

(iii) 핵심구역 출입 시에는 카메라, 카메라폰 및 스마트폰의 소지를 금지하고 전원을 차단하게 한 후 출입통제 책임자에게 보관조치한다.

(iv) 내부근무 인원의 경우에는 카메라폰 또는 스마트폰 내에 업무관련 자료, 업무상 비밀 등의 보관을 철저히 금한다.

바. 기타 보호대책

이외에 산업시설과 관련된 추가적인 보호대책으로는 다음의 것들을 들 수 있다.

(i) 정기적 보안점검 및 감사를 통해 정보시스템의 무결성을 확보한다.

(ii) 보안관제센터를 운영하여 네트워크상 불법침입, 악성코드의 존재 여부 등을 감시한다.

---

4) 사고의 대응 및 복구

가. 사고의 대응 및 복구계획

(가) 침해예방계획 : 침해예방계획은 평시에 산업기술의 유출 및 침해를 예방하기 위한 준수사항들로 구성하고, 모든 임직원을 계획의 대상으로 한다. 침해예방계획의 현실화를 위해서는 모든 임직원이 각자에게 해당되는 사항들을 수시로 확인하고 준수하여야 한다.

(나) 사고조치계획 : 사고조치계획은 산업기술이 유출 및 침해되었을 경우를 대비하여 발생되는 위협과 피해를 예상하여 각 부서 및 기능별로 조치하여야 할 사항들을 규정하고, 사고발생 시에는 해당 조치계획에 따라 신속하게 대응하도록 하여야 한다. 사고조치계획에는 기능별 조치사항, 보고체계, 연락체계 등을 규정하여 사고조치 및 대응이 하나의 프로세스로 운영될 수 있도록 하여야 한다.

(다) 복구계획 : 복구계획은 유출 및 침해사고 발생 중 또는 발생 이후 정상적인 업무재개와 피해최소화를 위해 복구하여야 할 사항들과 조치들을 규정하고, 피해최소화를 위해 조치하여야 할 사항들과 사고처리 후 우선적으로 복구하여야 할 사항들, 사후 검토사항 등을 확인할 수 있도록 한다.

나. 복구훈련

사고의 대응은 하나의 프로세스로서 동작하여야 하며, 신속하고 체계적인 대응을 위해서는 계획의 수립과 함께 수립된 계획이 현실성이 있는가, 계획실행상 미비점이 없는가 등을 검토하고 보완하여야 한다. 이러한 계획의 보완과정은 실제 사고발생을 가정한 대응 및 복구훈련으로 이루어져야 하며, 훈련을 통하여 계획의 미비점을 보완함과 동시에 임직원의 사고대응능력을 향상시키고 숙달할 수 있도록 하여야 한다. 복구훈련은 수시 및 주기적으로 이루어져야 하며, 각 부서장의 관리 하에 이루어지는 부서별 훈련과 경영진의 관리 하에 이루어지는 전체훈련으로 구성된다.

이러한 복구훈련에는 테이블탑(Table-top), 드릴(Drill), 엑스사이저(Exercise) 훈련 등이 있다. 테이블탑과 드릴훈련은 메시지 위주의 CPX(Command Post eXercise)

훈련이며, 엑스사이저훈련은 실제 행동이 이루어지는 FTX(Field Training eXercise) 훈련형식이다.

(가) 테이블탑훈련 : 테이블탑(Table-top)훈련은 대표이사, 이사진 등의 경영진만 참여하여 메시지 위주로 시행하는 메시지 훈련으로서, 부여된 메시지상황에 대한 조치를 구두 혹은 문서로 시행하며, 조치에 따른 영향도 미리 산정하여 시나리오를 작성한 후에 메시지로 부여한다.

(나) 드릴훈련 : 드릴(Drill)훈련은 메시지를 이용해서 훈련하는 점은 테이블탑훈련과 동일하지만, 경영진의 의사결정과 상황파악 및 훈련참가자들의 원활한 상황 공유와 인식을 위해 추가적으로 모형 등을 이용해 상황을 모사한다.

(다) 엑스사이저훈련 : 엑스사이저(Exercise)훈련은 메시지뿐만 아니라 실제 훈련참가자들의 이동, 상황조치 모사 등 실제 행동으로서 조치하는 훈련이며, 발생할 수 있는 상황에 대한 임직원들의 실제 조치능력의 향상과 현장행동의 숙달을 위해 수행된다.

(3) 유출 및 침해사고 시의 조치사항

1) 기술유출상황조사

기술유출상황조사는 조직에서 보유하고 있는 산업기술과 관련비밀이 유출되었다는 첩보가 입수되었거나 유출의 징후가 포착되었을 시에 즉각적으로 실시하는 초동조치이다. 기술 또는 비밀유출 시에 해당 기업 또는 조직의 보안부서와 경영진은 즉각 사고대응팀을 구성하여 기술유출 상황에 대한 조사를 수행하여야 한다. 조사수행 시에는 산업기술 유출사고에서 내부자에 의한 소행이 높은 비중을 차지하고 있음을 고려하여 내부에 숨어있는 기술유출시도자 또는 유출행위자에 의한 보안누설에 대비해 내부 인원 또는 사전계약에 따른 외부조사인력은 필요최소한으로 구성하여 사고발생에 따른 대응을 지원하게 하여야 한다. 즉, 조사를 전문적으로 수행할 수 있는 조사전문가나 보안컨설턴트로 조사인원을 한정하는 한편, 신속하고 일관된 조사를 위하여 경영진 중 고위경영자에 의해 지휘가 행하여지도록 하여야 한다.

또한 기술유출시도자나 유출행위자가 자신의 행위로 인해 발생된 증거를 인 멸하거나 유출행위를 중단하여 사고대응을 어렵게 할 것을 대비하여 상황파악 및 조사진행은 비밀리에 진행한다. 따라서 기술유출상황조사에 있어서는 우선적으로 (ⅰ) 유출된 기술의 형태, (ⅱ) 유출된 기술의 규모, (ⅲ) 기술유출의 주체, (ⅳ) 유 출경로 등 초동조치(기술유출 현황조사)를 통해 파악된 기술 및 비밀유출 상황에 따 라 사고대응팀을 구성하고, 적절한 사고대응 계획과 방침을 수립하여야 한다.

2) 사고대응팀의 구성

사고대응팀은 신속하고 체계적인 사고대응을 통해 현재 발생하고 있는 유출 및 침해사고에 대한 증거수집과 피해 최소화, 유출행위자 및 유출시도자에 대한 대응 및 2차 피해방지 등을 수행한다. 사고대응팀은 증거수집을 위하여 사전에 계 약을 통해 고용된 조사전문가, 보안컨설턴트, 기술적·물리적 보안전문가 등으로 구성된 조사팀과 법률전문가나 법무담당자, 시설담당자, 예산·회계담당자, 인사담 당자 등 사고처리 전반에 있어 지원을 담당하는 자들을 지원팀으로 구성하되 그 인원은 최소인력으로 하며, 경영진 중 고위경영자가 이를 지휘하도록 하여야 한다.

또한 사고처리 시에 발생한 사고에 대한 언론대응이 필요하거나 사고조사 내 용을 공개할 필요가 있는 때에는 기업홍보부서 또는 대외협력부서를 통해 언론대 응 창구를 일원화하고, 문어체 대신 구어체를 사용하여야 하며, 제3자가 보았을 때 동조를 얻을 수 있는 내용으로 하되 세부 기술적 부분을 포함한 중요정보는 제 외하여야 한다. 그리고 지정된 언론창구담당자 외에 다른 임직원의 사고관련 언론 접촉 금지 및 인터넷게시 금지 등의 조치를 취하여 2차적인 문제가 발생하지 않 도록 하여야 한다.

3) 유출 및 침해사고의 대응

기술유출 및 비밀유출 사고발생 시의 주요 대응방법으로는 상호협의에 의한 해결, 산업기술 침해행위에 대한 금지청구권의 행사, 산업기술의 침해 신고, 분쟁 조정의 신청, 소송 또는 법적인 대응 등이 있으며, 대응방법은 기술유출상황조사, 피해정도, 기업의 경영진방침 등 기업의 전체적인 상황을 고려하여 신중하게 결정 하여야 한다.

이때 대응방법은 사고대응팀에서 자체적으로 결정하는 사항은 아니며, 사고대응팀에서 조사한 사항과 분야별 전문가들의 권고를 통해 사고대응팀을 지휘하는 고위경영자와 기업의 경영진 등 최고책임자들의 판단에 따라 결정하여야 한다.

가. 상호협의에 의한 해결

상호협의에 의한 해결은 협상이라고 할 수 있으며, 기술 및 비밀유출 시에 가장 원만하고 평화롭게 해결할 수 있는 방법으로서 무엇보다 적극적으로 시도하여야 할 대응방법이다. 기술 및 비밀유출 사고의 당사자인 기업은 유출로 인한 대외적인 이미지 손상과 신용도하락 등 2차적 피해를 피할 수 있고, 유출행위자 및 시도자 역시 유출사실이 공개되지 않기 때문에 윤리적·도덕적 비난과 함께 형사·민사상 처벌과 손해배상을 최소화하거나 피할 수 있으며, 상호협의 하에 유출된 기술과 비밀을 반환받을 수 있어서 계속 비밀성을 유지할 수 있게 된다. 따라서 상호협의를 통한 해결에 있어서 기업의 경영진과 담당자는 유출행위자 및 시도자와 접촉하여 향후 기술과 비밀이 공개될 위험이 없음을 파악하고, 유출기술과 비밀자료를 회수한 후에 유출자에게 접근했던 자료를 공개하지 않는다는 내용이 명시된 문서를 받는 등 적절한 조치를 강구하여야 한다.

나. 산업기술침해행위에 대한 금지청구권의 행사

대상기관은 산업기술침해행위를 하거나 하려는 자에 대하여 영업상 이익이 침해되거나 침해될 우려가 있는 경우에는 법원에 그 행위의 금지 또는 예방을 청구할 수 있다. 청구 시에는 침해행위를 조성한 물건의 폐기, 침해행위에 제공된 설비의 제거, 부정취득·사용·공개행위의 중지, 완성제품의 배포·판매의 중지, 침해행위의 금지 또는 예방을 위해 필요한 조치 등을 포함하여 청구한다(산업기술보호법 제14조의2). 이러한 금지청구권은 침해행위자를 안 날부터 3년간 금지청구권을 행사하지 아니하거나 침해행위가 시작된 날로부터 10년이 지나면 시효 완성으로 소멸된다.

다. 산업기술침해의 신고

국가핵심기술 및 국가 연구개발사업으로 개발한 사업기술을 보유한 대상 기관의 장은 동법 산업기술의 유출 및 침해행위가 발생할 우려가 있거나 발생한 때에는 즉시 산업통산자원부장관 및 정보수사기관의 장에게 그 사실을 신고하여야 하고, 필요한 조치를 요청할 수 있다(산업기술보호법 제15조). 이때 침해행위에 대한 신고는 의무사항이므로 사고발생 시 절차에 따라 반드시 신고하여야 한다. 산업기술유출사고 발생 시 신고의무 및 내용은 아래와 같다.

구 분	내 용
신고의무자	• 국가핵심기술 및 국가 연구개발사업으로 개발한 산업기술을 보유한 대상기관의 장
신고의 시기 및 신고처	• 유출 및 침해의 우려가 있는 경우 : 2곳 (산업통상자원부와 정보수사기관(국정원 또는 경찰청)) • 유출 및 침해사고가 발생한 경우 : 2곳 (산업통상자원부와 정보수사기관(국정원, 경찰청 또는 검찰청))
신고의 방법	• 산업기술침해 신고서(산업기술보호법 시행규칙 참조)
조치요청사항	• 대상기관의 장은 산업통상자원부장관 및 정보수사기관의 장에게 필요한 조치 요청 가능
미신고 시 제재	• 1천만 원 이하의 과태료(산업기술보호법 제39조 제1항 제2호)

라. 산업기술분쟁의 조정

산업기술에 대해 유출에 관한 다툼이 발생할 경우에 분쟁이 발생하게 되는데, 이를 법원과 심판을 통해 해결할 경우 소요비용과 시간이 크게 증가하여 적절한 조치를 취할 시기를 놓치거나 2차적인 문제를 야기할 수 있다. 따라서 산업통상자원부에서는 조정위원회를 설치하여 분쟁조정제도를 운영하고 있는데, 이는 산업기술 유출에 관한 다툼이 발생할 경우에 당사자를 분쟁해결절차에 직접 참가시켜 상호 간의 합의를 유도하기 위한 제도이다.

분쟁조정은 산업기술유출과 관련된 분쟁발생 시에 조정을 원하는 경우로서 조정신청서를 산업통상자원부 산하 분쟁조정위원회에 제출함으로써 조정이 시작된다. 분쟁조정의 신청대상은 산업기술보호법 제2조에서 정의하는 산업기술에 대한 유출, 침해, 탈취 등에 관한 사항이며, 분쟁조정을 신청할 경우 조정위원회에서는 전담조정부를 구성하여 상호간의 합의를 유도한다.

분쟁조정제도는 쟁송능력이 부족한 영세권리자들이 편리하게 이용할 수 있으며, 조정과정에서 발생하는 비용도 적어 활용도가 높다. 조정위원회는 분쟁당사자의 자료요구와 분쟁당사자 또는 참고인의 의견진술을 청취할 경우 비공개로 하여야 하며, 제출된 자료 및 청취된 의견에 대해서는 비밀을 유지하여야 한다. 분쟁조정은 신청일로부터 3개월 이내에 결정하여야 하며, 합의에 도달하여 조정조서를 작성하면 재판상 화해가 성립되어 확정판결과 동일한 효력을 가진다(산업기술보호법 제23조 – 제32조 참조).

마. 소송 및 법적인 대응

산업기술유출사고로 피해를 입은 기업은 기술유출 조사내용을 근거로 직접 민·형사상 조치를 취할 수 있다. 산업기술보호법에서는 유출행위자 및 시도자에 대한 형사적 처벌만을 규정하고 있지만, 부정경쟁방지법에서는 영업비밀침해행위의 금지·예방 청구, 침해행위의 금지 또는 예방을 위해 필요한 조치의 청구, 손해배상청구, 신용회복 청구, 전직금지청구 등 민사적 구제수단과 영업비밀을 침해한 자에 대한 형사처벌을 동시에 규정하고 있다.

한편, 산업기술보호법 및 부정경쟁방지법 외에도 발생한 유출사고와 관련된 법률을 적용하여 소송과 법적 대응을 실시할 수 있다. 소송 및 법적 대응은 법률전문가의 조력 하에 조치하거나, 기업에서 직접 보유하고 있는 법무부서나 담당자 또는 사전계약에 따라 선임된 변호사를 통해 진행되는 것이 일반적이다.

4) 재발방지활동

산업기술 및 관련비밀의 유출·침해사고 이후 사고를 처리하고 나서 그대로 종결시키는 경우에는 해당 사고를 종결시키는 것으로 정상업무 재개로 이어질 수 있지만, 재차 유사사고가 발생할 수 있는 가능성을 상존시켜 기업의 업무수행능력의 장애로 이루어질 수 있다. 따라서 사고대응 및 조치와 함께 중요한 것은 유사사고의 재발을 막기 위한 재발방지활동으로서 사고재발을 막기 위해 사고가 일어날 수 있었던 원인과 취약점을 식별하고 개선하려는 노력이 필요하다. 이러한 재발방지활동은 후속조치라고도 불리며, 사고발생 및 대응과정을 시간대별로 정리하고 분석하며, 사고처리과정에서의 대응담당자들의 의견과 조치사항, 경영진의 판단과 조치 미비점 등을 포함하여 취약점의 개선, 대응체계의 구축·보완, 보안정책 및 프로세스 반영으로 이어질 수 있게 하여야 한다.

또한 기업 전반에 대한 보안감사와 점검을 실시하고, 이를 토대로 또 다른 취약점이 있는가를 확인하고 보완하여야 하며, 임직원을 대상으로 발생사고를 사례로 한 보안교육을 실시하여 보안의식을 고취하는 한편, 보안준수의 생활화를 도모하여야 한다.

(4) 기술계약의 유형과 보호방안

1) 기술계약의 유형

기술계약은 인수·합병, 합작투자(조인트벤처) 등 소유권이전 형식의 계약과 라이센스계약, 위·수탁계약 등 대여형계약으로 분류할 수 있다.

유 형	내 용
인수·합병	당사자 일방이 기술소유권을 이전하는 계약과 둘 이상의 회사를 하나로 합병하는 것을 목적으로 하는 계약이다.
합작투자 (조인트벤처)	2인 이상의 사업자 간에 단일한 특정의 일을 하게 하는 출자계약 또는 공동계약으로서, 유망기술에 대해 투자금이 부족할 경우에 공동의 목적을 가진 2인 이상의 사업자가 단합하여 해당 기술을 수행하기 위한 방법으로 이용된다.
라이선스계약	기술제공자가 상대방인 기술도입자에게 특정기술에 대해 실시권을 허락하는 계약이다.
위·수탁계약	위탁자가 수탁자에게 특정기술을 제공하고 상대방에게 자기의 기관으로 당해 기술을 실시하게 하는 계약이다.

2) 기술계약의 유형별 유출방지 및 보호방법

가. 인수·합병 또는 합작투자

소유권이전계약에 속하는 인수·합병, 합작투자 시의 기술유출방지 및 보호방법의 적용시기는 계약에 착수하는 시기와 계약서작성 시, 계약체결 시로 구분할 수 있다.

(가) 인수·합병 또는 합작투자의 계약착수 시 : 인수·합병 또는 합작투자를 검토하고 계약을 준비하는 단계로, 해당 기술계약을 준비하는 당사자 기업은 계약 이

전에 먼저 상대 기업의 보안체계를 점검하고, 산업기술과 관련비밀의 비밀성과 무결성이 잘 유지되고 있는가를 점검하여야 한다. 상대 기업의 보안체계가 미비한 상태에서 인수·합병 또는 합작투자를 진행할 경우에는 상대 기업이 가진 보안취약성과 비밀유지의무의 이행능력 부족으로 인해 피해를 받을 수 있다. 따라서 계약 이전에 이러한 문제들을 점검하고 확인한 후, 인수·합병 또는 합작투자 계약서를 작성하여야 한다. 또한 계약사항 이행 후 설립된 신설기업이나 존속기업에 대한 보호조치를 사전에 수립하고 준비하여야 한다.

인수·합병 또는 합작투자 시 준비하여야 할 주요 사항은 다음과 같다.

구 분	내 용
인수·합병 또는 합작투자 비밀유지전략의 수립	기관과 조직에서 보유하고 있는 산업기술의 이전이 필요하거나 요구되는 경우, 산업기술을 보유하고 있는 기업의 경영진과 기관의 장은 해당 이전 사항에 대해 임원회의나 주요 직위자회의 등을 통해 기술이전의 필요성을 검토하고, 이전 시에 발생할 수 있는 피해에 대한 시나리오와 피해의 최소화방안 및 조치, 비밀유지전략 등을 수립한다. 이때 회의과정에 있어 책임소재를 명확히 하여 문제발생에 대비하여야 하며, 기술이전에 대한 전문 공인중개기관을 통하지 않고 직접 계약을 추진할 경우에는 상대 기업과의 기술이전 계약체결 이전 기술이전 과정 및 결과, 기술이전에 대한 비밀유지계약을 사전에 체결하여 기술이전계약 이전 검토단계에서 발생할 수 있는 유출사고의 위험을 최소화하여야 한다.
인수·합병 또는 합작투자기업의 보안체계의 점검	기술이전 계약 시 발생하는 기술 및 비밀유출사고의 대부분은 기술이전계약을 검토하는 단계에서 발생한다. 따라서 기술계약 검토 시에 먼저 상대 기업이 비밀유지의무의 이행능력이 있는가 여부를 확인하여야 한다. 즉, 상대 기업에서 운영 중인 보안체계의 적절성과 효율성, 관련규정의 제정 및 보안정책 이행 여부, 중요 시스템의 보호 여부 등 보안유지능력을 전반적으로 종합평가하고 검토하여야 한다.
인수·합병 및 합작투자 후 존속·신설기업에 대한 보호조치의 준비	인수·합병 및 합작투자의 경우에 계약을 이행함으로써 소멸하는 기업이 생기고 존속하는 기업이 생기게 되며, 합작으로 인해 신설되는 기업이 나타난다. 따라서 산업기술이전 이후에 나타난 존속기업과 신설기업에 대해서도 기술유출에 대비한 보호조치가 이루어져야 하며, 이러한 보호조치에 필요한 계획과 정책들은 사전에 수립하여 기술이전과 동시에 즉각 운영될 수 있도록 준비하여야 한다. 또한 주기적인 점검과 평가를 통해 미비점과 취약점을 식별·보완하여야 한다.

이러한 전략은 상대 기업에 대한 탐색단계의 전략수행의 일환으로 이루어지며, 평가 시에는 다음의 주요 항목을 고려하여 수행하여야 한다.

(i) 보유자산의 분류와 통제를 적절한가?
(ii) 산업기술보호를 위한 세부규정이 마련되어 있고, 적합하게 유지·관리·이행되고 있는가?
(iii) 산업기술보호에 필요한 조직과 체계가 구성되어 있는가?
(iv) 산업기술을 보호하기 위한 침해방지대책이 마련되어 있는가?
(v) 중요 정보시스템에 대한 보호는 적절하게 이루어지고 있는가?
(vi) 사고발생에 대비한 계획과 계획의 실효성을 위한 조치들이 이루어지고 있는가?
(vii) 사고 후 복구대책들이 마련되어 있고, 주기적으로 검토되고 있는가?

평가결과 상대 기업에서 갖추고 있는 보안체계가 미흡한 경우에는 취약점과 보완이 필요사항을 통보하여 일정기간 내 적절한 조치를 취할 수 있도록 요구하며, 사후보완이 이루어져 보안체계상 문제점이 없다고 평가되었을 경우에 산업기술계약체결을 위한 진행을 이어가도록 한다. 만일 보안체계에 대하여 적절한 조치를 요구하였음에도 불구하고 보완이 이루어지지 않거나, 기업 경영진에서 정하고 있는 기간을 초과하거나, 조치가 불완전하게 이루어졌을 경우에는 해당 기업과의 산업기술계약 진행 여부를 재검토하여야 한다.

(나) 인수·합병 또는 합작투자의 계약서작성 시 : 계약서는 해당 계약이 성립되었음을 증명하는 중요한 증빙서류로서 계약의 실효성을 유지하고, 문제발생 시에 처리의 기준이 되는 중요한 문서이다. 따라서 산업기술이전과 관련된 계약서에는 산업기술유출에 대비한 각종 조항을 반드시 포함시켜야 한다. 계약서작성담당자는 이러한 사항을 유의하여 계약서상 산업기술관련 자료의 보존방법, 이용제한, 제3자 제공금지, 비밀유지의무의 기간과 범위·대상, 유출사고발생 시의 연대책임의무 등의 문구를 준비하여 사전에 기업경영진의 확인을 받아서 계약서상 반영될 수 있도록 처리하여야 한다.

(다) 인수·합병 또는 합작투자의 계약체결 시 : 인수·합병 또는 합작투자의 계약은 계약당사자가 계약서상 서명·날인을 하면서 체결되는데, 이때 상대 기업과 계

약서를 체결하는 것과는 별도로 인수·합병 또는 합작투자의 설립을 주도하였거나 또는 주도하게 될 주요 임직원에 대한 산업기술보호에 관한 비밀유지서약서를 받아야 한다. 또한 계약사항의 이행 후에는 설립된 신설기업이나 존속기업에 대한 보호조치를 즉각 시행하여야 한다.

나. 라이선스계약

라이선스계약 시의 주요 보호방법으로는 라이선스계약의 비밀유지전략의 수립, 라이선스계약기업의 보안체계 점검, 계약서작성 시의 주요 사항의 명시 등이 있다.

(가) 비밀유지전략의 수립 : 라이선스계약은 기술제공자가 상대방인 기술도입자에게 특정기술에 대하여 실시권을 허락하는 기술대여형계약으로서, 계약전반에 걸쳐 기술자체가 이전되는 결과가 발생할 수 있으므로 산업기술의 유출에 유의하여야 한다. 따라서 기술제공기업은 임원회의, 주요 직위자회의 등을 통해 기술이전 시에 발생할 수 있는 피해의 최소화 및 비밀유지를 위한 전략을 수립하여야 한다.

(나) 라이선스계약기업의 보안체계 점검 : 라이선스계약체결을 통하여 기술을 이전하기에 앞서 계약체결 이전에 상대 기업이 보유하고 있는 보안체계의 구축과 운영상황, 관련규정 및 정책의 운영상황, 침해사고의 발생 여부 등 비밀유지의무를 이행할 능력이 있는가를 확인하며, 산업기술의 유출방지 및 보호를 위한 충분한 조치를 취하기 전까지는 계약에 따라 기술을 이전하여서는 아니 된다. 또한 기술제공기업은 상대 기업의 비밀유지의사 및 비밀유지능력을 철저히 평가하여야 한다.

(다) 라이선스계약서 작성 시의 주요 명시사항 : 기술제공기업은 라이선스계약서에 다음 사항을 명시하여 계약 시에 반영되도록 조치하여야 한다.

다. 위·수탁계약

위·수탁 계약은 기술집약적 공정은 국내 혹은 지식재산권 보호가 가능한 국가에 두고, 노동집약적 공정의 생산에 필요한 사항만을 이전하는 것을 전제로 하며, 인수·합병, 합작투자, 라이선스계약과 마찬가지로 비밀유지전략수립, 수탁기업의 보안체계 점검, 위·수탁계약서 작성 시의 주요 사항의 명시 등의 조치를 하여야 한다.

(가) 비밀유지전략의 수립 : 위·수탁계약은 하청위탁자가 하청수탁자에게 특정기술을 제공하고 상대방에게 자기의 기관으로서 당해 기술을 실시하게 하는 계약으로서, 수탁자가 위탁자에 비해 기술수준이 낮은 경우가 대부분이다. 따라서 기술수준이 낮은 수탁자의 입장에서는 위탁자로부터 받은 기술이 높은 가치를 지니게 되므로, 생산공정과 제조설비, 기술교육 시의 내용 등 전 범위에 걸쳐 기술유출을 기도할 요인들이 상존하므로 체계적인 대응을 필요로 한다.

위·수탁계약상 기술기본보호전략은 다음과 같다.

구 분	유출 및 침해 대응방안(예시)
전략의 수립	• 노동집약적 공정을 해외에서, 기술집약적 공정은 국내 혹은 지식재산권 보호가 가능한 국가에 두는 것을 원칙으로 하고, 생산에 필요한 것만 현지에 이전
기술지도	• 제품생산에 필요한 범위만큼만 지도
생산공정 관련 유의사항	• 중요한 제조공정 등은 본사로부터 파견된 특정직원만 관여 • 외부매체 제한조항, 자사의 중요한 노하우의 보호의무조항, 위반행위에 대한 처벌조항 등을 계약서에 삽입 • 본사에서 핵심부품을 모듈화하여 수출하고 해외에서 조립 • 순정품에 대한 위조방지대책을 강구
제조설비에 대한 산업기술보호조치	• 핵심제조공정이 포함된 도면이나 서류의 블랙박스화를 추진 • 해외에 도면을 제공하는 경우에는 제조도면상에 기재된 시험방법, 소재정보 등 개발노하우를 삭제하고 제공 • CAD·CAM 데이터는 현지 컴퓨터로 읽을 수 없도록 암호화
설비의 유지·보수 관련	• 유지보수를 직접 수행하고, 부득이하게 현지인을 고용할 경우에는 출입지역을 한정함 • 설비의 판매계약에 제조설비의 정기적인 유지보수 조항을 삽입

(나) 수탁기업의 보안체계 점검 : 위·수탁계약 시에는 수탁기업에서의 산업기술의 유출은 해당 수탁기업의 악의적인 목적에 의한 유출사고 이외에도 해당 수탁기업이 갖추고 있는 보안체계상 취약점, 관련규정의 미비, 수탁기업 임직원의 보안인식 저조 등 전반적인 산업기술보호능력 부족으로 인해 사고로 이어지는 경우도 많다. 따라서 위탁기업은 수탁기업의 비밀유지의사 및 의무이행능력을 보다 철저하게 확인하고 평가하여야 하며, 평가결과 확인된 취약점과 미비사항에 대한 시정을 요구한 후, 시정이 제대로 이루어지지 않거나 미비할 경우에는 해당 수탁기업과의 계약 여부를 재검토하고, 시정이 완료된 이후에 계약을 체결하여야 한다.

(다) 위·수탁 계약서 작성 시의 명시사항 : 위탁기업은 위·수탁계약서에 다음 사항을 명시하여 계약 시에 반영되도록 조치하여야 한다.

(i) 위탁생산을 위한 지도방법
(ii) 외부판매 제한조항
(iii) 자사의 중요한 노하우의 보호의무조항
(iv) 계약종료 후 비밀유지 및 관련물품과 설비의 반환
(v) 계약의 유효기간, 계약의 변경·해지·종료
(vi) 계약위반에 대한 처벌조항 및 벌칙(손해배상의 청구, 범위 등)

제 2 절 물리적 보안

1. 일반경비

(1) 물리적 보안과 경비

1) 물리적 보안

물리적 보안은 도난, 파괴, 화재, 사고 등 다양한 위협으로부터 자산 및 인원을 보호하고. 향후 위협에 대하여 물리적으로 예방 및 대응을 하는 보안조치를 말

한다. 물리적 보안은 경비원 운용, 물리적 접근의 통제시스템, 기계경비시스템 등 물리적으로 존재하는 수단을 이용하는 방법으로서, 해킹, 악성코드유포, 피싱, 파밍 등 전자화된 데이터로 발생하는 사고에 대해 조치를 하는 기술적 보안에 대비되는 개념이다.

물리적 보안의 가장 주된 수단은 사람으로서, 사람이 주체가 되어 물리적 보안업무를 수행하는 인력·기계경비업무가 대표적인 물리적 보안수단이 되고 있다.

2) 경비

경비는 물리적 보안의 주축으로서, 물리적 보호대상의 생명과 신체, 재산에 대한 예방활동과 사고발생 시의 대응과 조치활동으로 이루어진 대표적인 보호조치방법이다.

경비는 경찰 등이 주로 수행하며, 그 대상과 방법에 따라 국민의 안전과 생명, 재산을 지키는 공경비와 민간경비원에 의해 계약된 대상의 안전과 생명, 재산을 지키는 민간경비로 구분된다. 또한 경비는 수단에 따라 인력경비와 기계경비로 구분되며, 인력경비는 민간경비원, 특수경비원 등 실제 사람이 순찰을 돌고 경비활동을 하는 형식으로 사람에 의해 수행되는 경비이다. 기계경비는 CCTV, 감지기, 경보장비, 경보수신장치 및 자동시스템을 통해 기계를 주로 활용하여 경비활동을 하는 형식으로서 시스템에 의해 수행되는 경비이다.

우리나라에서 공경비는 국가기관의 주도로 국민의 안전보장과 국가중요시설의 안전을 위해 이루어지고 있으며, 민간경비는 인력경비가 많은 비중을 차지하고 있으나 기술의 발전에 따라 기계경비의 비중이 점차 높아지고 있는 추세이다.

(2) 민간경비업무

1) 민간경비업무의 종류

민간경비는 민간주도로 이루어지는 경비활동으로서 공경비가 가지고 있는 경찰력의 한계로 수행하지 못하는 분야에 대해 여러 업무를 수행하는 것으로 오늘날 높은 비중을 차지하고 있다. 민간경비에서 수행하는 업무의 종류는 다음과 같다.

종 류	내 용
시설경비업무	경비를 필요로 하는 시설 및 장소에서의 도난·화재, 그 밖의 혼잡 등으로 인해 발생할 수 있는 위험을 방지하는 업무이다.
호송경비업무	운반 중에 있는 현금·유가증권·귀금속·상품, 그 밖의 물건에 대하여 도난·화재 등으로 발생할 수 있는 위험을 방지하는 업무이다.
신변보호업무	사람의 생명·신체에 대한 위해의 발생을 방지하고 신변을 보호하는 업무이다.
기계경비업무	경비대상시설에 설치한 CCTV, 감지기, 경보장치 등 기기에 의하여 감지·송신된 정보를 그 경비대상시설 외의 장소에 설치·운영 중인 관제시설의 기기로 수신하여 도난·화재 등으로 발생할 수 있는 위험을 방지하는 업무이다.
특수경비업무	공항, 원자력발전소, 항만시설 등 대통령령으로 정하는 국가중요시설의 경비 및 도난·화재, 그 밖의 발생할 수 있는 위험을 방지하는 업무이다.

2) 민간경비의 운영형태

민간경비의 운영형태는 크게 경비를 해당 기관·기업·조직 등에서 직접 인력을 고용하여 자체적으로 경비업무를 수행하는 자체경비와, 경비업법상 허가를 받은 경비업자와의 용역계약에 의해 경비업무를 위탁하여 수행하는 용역경비가 있다.

한편, 은행, 항만시설, 발전소 등 해당 시설 내에서 경찰력에 준하여 경비업무가 필요한 시설에서는 청원주의 소요 제기에 따라 지방경찰청장의 승인 하에 청원주가 소요경비를 부담하여 배치·운영하는 청원경찰제도도 존재한다. 민간경비의 운영형태와 특징은 다음과 같다.

가. 자체경비

자체경비는 경비업무를 필요로 하는 기관·기업·조직의 장이 자체적으로 인력을 고용하여 경비업무를 수행하는 형태로서, 경비인력의 직접고용에 따라 용역경비에 비해 높은 급여로 충성심이 높고 이직자가 적다는 장점을 가지지만, 높은 경비비용을 필요로 하는 단점이 있다.

나. 용역경비

용역경비는 경비업법상 허가를 받은 경비업자와의 용역계약을 통해 위탁 경비업무를 수행하는 형태로서, 자체경비 대비 탄력적인 경비인력의 고용운영으로 비용을 절감할 수 있지만, 낮은 급여로 인해 경비인력의 교체가 잦고 충성도가 낮아 근무충실도가 떨어지는 단점이 있다.

다. 청원경찰

청원경찰은 은행, 항만시설 등 경찰력에 준한 경비업무를 필요로 하는 시설의 장이 제반 경비를 부담하는 것을 조건으로 지방경찰청장의 승인 하에 청원경찰을 배치하여 경비업무를 수행하는 형태로서, 청원경찰은 기본적으로 민간인신분이나 경비업무에 속하는 시설 내에서는 경찰관의 직무와 권한을 대행한다.

3) 민간경비의 법적 지위

민간경비원은 사인(私人)으로서 공경비와 다르게 경비업무 중에 체포권 등과 같은 특별한 권한이 부여되지 않고, 경비의뢰자의 관리권 내에서 경비업무를 수행하여야 하며, 적법한 관리권 내에서 업무를 수행하지 않을 경우에는 민간인과 동일하게 처벌될 수 있다. 경비업법과 청원경찰법상 경비원의 직무와 의무에 관한 사항은 다음과 같다.

구 분		내 용
경비업법	경비업자의 의무 (제7조)	① 경비업자는 경비대상 시설의 소유자 또는 관리자(이하 "시설주"라 한다)의 관리권의 범위 안에서 경비업무를 수행하여야 하며, 다른 사람의 자유와 권리를 침해하거나 그의 정당한 활동에 간섭하여서는 아니 된다. ② 경비업자는 경비업무를 성실하게 수행하여야 하고, 도급을 의뢰받은 경비업무가 위법 또는 부당한 것일 때에는 이를 거부하여야 한다.
	특수경비원의 의무 (제15조)	② 특수경비원은 소속 상사의 허가 또는 정당한 사유 없이 경비구역을 벗어나서는 아니 된다. ③ 특수경비원은 파업·태업, 그 밖에 경비업무의 정상적인 운영을 저해하는 일체의 쟁의행위를 하여서는 아니 된다.
	경비원의 명부와	① 경비업자는 행정안전부령이 정하는 바에 따라 경비원의 명부를 작성·비치하여야 한다. 다만, 집단민원 현장에 배치되는 일반

	배치허가 등(제18조)	경비원의 명부는 그 경비원이 배치되는 장소에도 작성·비치하 여야 한다. ② 경비업자가 경비원을 배치하거나 배치를 폐지한 경우에는 행정 안전부령이 정하는 바에 따라 관할 경찰관서장에게 신고하여야 한다.
	감독 (제24조)	① 경찰청장 또는 지방경찰청장은 경비업무의 적정한 수행을 위하 여 경비업자 및 경비지도사를 지도·감독하며 필요한 명령을 할 수 있다. ② 지방경찰청장 또는 관할 경찰관서장은 소속 경찰공무원으로 하 여금 관할구역 안에 있는 경비업자의 주사무소 및 출장소와 경 비원 배치장소에 출입하여 근무상황 및 교육훈련상황 등을 감 독하며 필요한 명령을 하게 할 수 있다.
	손해배상 등 (제26조)	① 경비업자는 경비원이 업무수행 중 고의 또는 과실로 경비대상 에 손해가 발생하는 것을 방지하지 못한 때에는 그 손해를 배 상하여야 한다. ② 경비업자는 경비원이 업무수행 중 고의 또는 과실로 제3자에게 손해를 입힌 경우에는 이를 배상하여야 한다.
청원 경찰법	청원경찰의 직무 (제3조)	청원경찰은 청원경찰의 배치결정을 받은 자와 배치된 기관·시설 또는 사업장 등의 구역을 관할하는 경찰서장의 감독을 받아 그 경 비구역만의 경비를 목적으로 필요한 범위에서 경찰관 직무집행법 에 따른 경찰관의 직무를 수행한다.
	직권남용 금지 등 (제10조)	① 청원경찰이 직무를 수행할 때 직권을 남용하여 국민에게 해를 끼친 경우에는 6개월 이하의 징역이나 금고에 처한다. ② 청원경찰 업무에 종사하는 사람은 형법이나 그 밖의 법령에 따 른 벌칙을 적용할 때에는 공무원으로 본다.

(3) 시설경비

1) 시설경비의 개념

시설경비는 시설을 대상으로 발생가능한 위협 및 사고로부터 재산 및 생명을 보호하기 위해 특정구역을 경계, 순찰, 예방하는 일련의 활동이다.

2) 시설경비의 업무범위

시설경비의 업무범위는 다음과 같다.

(i) 건물, 내부구역 등 시설물의 보호
(ii) 출입인원 및 차량의 검색 및 통제
(iii) 시설 내 반·출입 물품의 검색 및 통제
(iv) 화재 등 재난사고의 예방 및 비상상황에의 대처
(v) 시설 내 질서유지, 행사지원 등 부가서비스
(vi) 유관기관(경찰, 소방 등)과 연락체계의 구축 및 운영

3) 시설경비의 근무방법

시설경비의 근무방법은 다음과 같다.

(i) 시설 내 순찰 및 초소근무
(ii) 비상상황의 대응 및 지원체계의 운영
(iii) 24시간 당직 및 상황근무
(iv) 시설 내·외부 관련 보안시스템의 운영 및 관리
(v) 대기 및 지원

(4) 특수경비

1) 특수경비의 개념

특수경비는 공항, 원자력발전소, 항만시설 등 대통령령으로 정하는 국가중요시설의 경비 및 도난·화재, 그 밖의 발생할 수 있는 위험을 방지하는 경비업무로서, 국가보안시설근무지침에 따라 시스템과 체계를 구비하여 운영하도록 하고 있다. 특수경비는 관할 경찰서장, 공항경찰대장 등 국가중요시설의 경비책임자와 시설주의 감독을 받으며, 경비업무의 수행을 위해 필요하다고 인정되는 때는 시설주의 신청에 의해 무기를 휴대할 수 있다. 이 무기는 해당 경찰관서에서 시설에 대여하는 개념으로 운영된다. 또한 특수경비는 직무를 수행할 때에는 시설주와 관할 경찰관서장, 소속 상사의 직무상 명령에 복종해야 하고, 상사의 허가 또는 정당한 사유 없이 경비구역을 벗어날 수는 없다.

특수경비원은 일반 민간경비원과 다르게 보다 강화된 자격요건을 통해 고용·운영토록 하고 있으며, 민간경비교육 24시간과는 다르게 특수경비교육(88시간)을

이수하여야 하며, 노동쟁의권의 일부가 제한받는다.

2) 특수경비의 대상

특수경비의 대상은 공항, 원자력발전소, 항만시설 등 대통령령으로 정하는 국가중요시설이다. 국가중요시설이란 공공기관, 공항·항만, 주요 산업시설 등, 적에 의하여 점령 또는 파괴되거나 기능이 마비될 경우 국가안보와 국민생활에 심각한 영향을 주게 되는 시설이다(경비업법 시행령 제2조). 국가중요시설의 지정기준과 주요 대상은 다음과 같다.

분 류	기 준	주요 시설
가급	적에 의하여 점령 또는 파괴되거나, 기능마비 시에 국민생활에 결정적인 영향을 미칠 수 있는 시설	청와대, 국회의사당, 대법원, 원자력발전소, 대규모 산업시설, 국제공항, 항만시설 등
나급	적에 의하여 점령 또는 파괴되거나, 기능마비 시에 국민생활에 중대한 영향을 미칠 수 있는 시설	대검찰청, 경찰청, 일정 용량의 발전소, 국내공항 등
다급	적에 의하여 점령 또는 파괴되거나, 기능마비 시에 국민생활에 상당한 영향을 미칠 수 있는 시설	중앙행정기관청사, 송신시설 등

2. 기계경비시스템

(1) 기계경비시스템의 의의

1) 기계경비시스템의 개념

기계경비시스템은 경비업법으로 규정되어 있는 기계경비업무를 수행하기 위한 감지 및 감시시스템, 출입통제시스템 등으로 이루어진 체계를 의미하며, 인력을 이용해서 이루어지는 경비활동을 지원하기 위해 감시, 경보, 통제 등 자동화기능을 지원한다.

기계경비시스템의 주요 기능과 관련장비는 다음과 같다.

구 분	주요 기능	관련 장비
감지시스템	• 시설물 내 무단접근의 감지 • 상황실 자동경보의 발령	• 감지기 • 경보장치
감시시스템	• 출입인원, 차량, 기자재 등의 감시 • 영상재생 및 녹화, 보관	• CCTV 카메라, 모니터 등 • DVR, 케이블, 통신라인 등
출입통제 시스템	• 인원 및 차량, 물품의 반·출입 통제 • 물품 및 위험물의 검색	• 출입카드, 지문인식장치 • 금속탐지기

2) 기계경비시스템의 장·단점

기계경비시스템은 IT기술의 발달과 경비장비의 자동화로 인해 24시간 자동감시가 가능하며, 보호를 위해 투입하는 인력이 관제시설에 배치되는 인력과 상황발생 시에 출동인력을 최소화하여 운영하는 것을 가능하게 하며, 인력경비에 필요한 비용을 절감할 수 있다는 장점이 있다. 그러나 기계장비의 오류로 인해 발생하는 감지기의 오작동, 통신장애 등의 문제로 인해 오경보가 일어날 확률이 크고, 문제가 발생한 현장까지의 출동시간이 상주경비인 인력경비에 비해 길어 즉각적인 대응이 어렵다는 단점을 가진다.

3) 기계경비시스템의 주요 용어

기계경비시스템은 과학적 기반을 통해 개발된 체계로서 시스템의 구축과 운영을 위한 기본 원리와 주요 용어에 대해 알아야 할 필요성이 있다.

기계경비시스템에서 주로 사용되는 용어는 다음과 같다.

구 분	용 어	설 명
기본 용어	저항	• 도체에서 전류의 흐름을 방해하는 정도를 나타내는 물리량 • 저항(R) = 전압(V) ÷ 전류(I), 전류(I) = 전압(V) ÷ 저항(R)
	전파	• 전파는 전자기파의 일종으로 진동수 3Khz~3Thz의 전자파
	파장과 주파수	• 파장은 파동의 한번의 주기가 가지는 길이 • 주파수는 전파가 이동할 때의 1초 동안의 진동횟수 • 전파의 파장은 주파수에 반비례함

CCTV 용어	음파와 초음파	• 음파는 사람이 소리를 들을 수 있는 가청 주파수 대역 • 초음파는 사람이 들을 수 있는 가청 주파수를 넘은 대역
	화소	• 화면(디스플레이)을 구성하는 기본이 되는 단위
	화각	• 렌즈를 통해서 카메라가 이미지를 담을 수 있는 각도 • 광각렌즈(초점은 짧고, 화각은 넓다) : 넓은 범위의 촬영 • 망원렌즈(초점은 길고, 화각은 좁다) : 먼 곳의 촬영
	해상도	• 스크린에 표현된 이미지의 섬세함 정도
	주사	• 화면에 표시할 내용을 처음부터 끝까지 순서대로 출력하는 영상 표시
	초점거리	• 광학의 주요점에서 초점까지의 거리
	구경비	• 카메라 조리개의 지름과 초점거리의 비율
	신호 대 잡음비	• 아날로그 및 디지털통신 시에 신호에서의 잡음 성분의 비율

4) 기계경비시스템의 효과

기계경비시스템은 물리학적 여러 효과와 원리를 기반으로 하고 있으며, 특히 침해를 감지하기 위한 감지기에서 여러 효과가 작용된다.

기계경비시스템에서 주로 활용되는 효과는 다음과 같다.

효　과	내　용
도플러효과	어떤 파동의 파동원과 관찰자의 상대 속도에 따라 진동수와 파장이 바뀌는 효과를 말한다.
초전효과	온도변화에 따라서 전기가 발생하는 효과를 말한다.
압전효과	압력이나 진동에 따라서 전기가 발생하는 효과를 말한다.
광기전력효과	빛을 받아서 전기가 발생하는 효과를 말한다.

(2) 기계경비업

1) 기계경비업의 개념

기계경비업은 경비업법에서 정의하고 있는 바에 따라 "경비대상시설에 설치한 기기에 의하여 감지·송신된 정보를 그 경비대상시설 외의 장소에 설치한 관제시설의 기기로 수신하여 도난·화재 등 위험발생을 방지하는 업무"(법 제2조 제1호 라목)를 말한다. 이것은 전통적인 경비개념인 인력경비를 대체하는 개념으로서 우리나라에서는 그 비중도가 높아지고 있다.

2) 기계경비업무의 절차

기계경비업무의 수행을 위한 주요 기본절차는 사전준비, 관제 및 대응, 조치사항 기록 순으로 이루어진다. 그 주요 내용은 다음과 같다.

기본절차	내 용
사전준비	• 경비대상시설물에 CCTV, 감지기, 경보설비, 통제시스템 등 기계경비시스템을 구축한다. • 경비대상시설물에서 전송되는 신호를 처리하고 상황을 관제할 수 있는 관제센터를 구축한다. • 경비대상시설물과 관제센터 간 정보공유 및 관제를 위한 통신망을 구축한다.
관제 및 대응	• 관제센터에서는 경비대상시설물에서 경보신호 및 침입탐지신호가 전송될 경우 또는 침입으로 판단되는 상황이 발생했을 경우에 상황을 통제하고 인근 대응요원에게 출동을 지시한다. • 출동지시를 받은 대응요원은 경비대상시설물에 신속히 출동하여 상황을 파악하고, 인근 경찰서에 지원을 요청한다.
조치사항 기록	• 관제센터에서는 경보발령 이후부터 상황종결 시까지의 모든 조치사항을 타임테이블 형태로 기록하여 보고서형태로 정리하고 유지한다.

(3) CCTV

1) CCTV의 개념

CCTV(Closed-Circuit Television)는 특정목적을 위해 특정인만 볼 수 있도록 카메라와 모니터를 통신망으로 연결하여 운영하는 개별 폐쇄회로 TV를 말한다. CCTV는 일반적으로 촬상부, 전송부, 수상부로 구성되며, CCTV의 사양에 따라 녹화장치나 조작부를 추가하여 운용한다. CCTV장비 간 연결은 단거리의 경우에는 동축케이블이 주로 사용되며, 장거리의 경우에는 광케이블이 주로 사용된다.

CCTV의 일반 구성요소별 내용은 다음과 같다.

구성요소	내 용
촬상부	카메라와 렌즈, 해당 부품을 고정하는 브라켓 등 주변기기
전송부	촬영한 영상을 전송하는 케이블, 무선통신기기 등 전송기기
수상부	전송된 영상을 수신하여 재생하는 모니터 등의 재생기기

2) CCTV의 구성

CCTV의 구성을 그림으로 나타내면 다음과 같다.

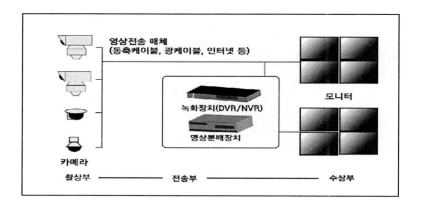

* 출처 : 산업보안실무위원회 편저, 「ISE 국가공인 산업보안관리사」, 118면.

가. 카메라

카메라는 투영된 사물의 형태와 움직임을 전기적 신호로 변환하는 장치로서, 사람의 망막에 해당하는 카메라의 촬상소자에 상이 맺히면 전기적인 신호로 변환되는 원리를 따른다. 촬상소자는 고체촬상소자(CCD), MOS, 촬상관 등으로 구분되는데, CCTV에는 주로 고체촬상소자(CCD)가 사용된다.

나. 렌즈

렌즈는 카메라의 앞부분에 장착되어 투영된 사물의 상을 촬상소자로 보내는 역할을 하는 부품을 말한다. 렌즈의 용도에 따라 일반 촬영을 위한 고정초점렌즈, 멀리 있는 사물과 가까이 있는 사물을 촬영하는 가변초점렌즈, 넓은 시야를 촬영하는 광각렌즈 등으로 구분된다. 일반적으로 고정되어 일반감시를 하는 용도로는 고정초점렌즈가 활용되며, 감시의 필요성이 높은 경우 또는 출입자 확인을 위해 필요한 경우 등의 상황에서는 가변초점렌즈를 활용한다. 그리고 넓은 지역에 대한 광범위한 감시 시에는 광각렌즈를 사용한다.

다. 영상전송매체

영상전송매체란 카메라에서 촬영된 영상신호를 수신하여 영상출력용 모니터와 녹화장치 등으로 전송하기 위한 전송망을 말하며, 크게 유선통신망과 무선통신망으로 구분된다. 유선통신망에는 단거리용으로 사용하는 동축케이블과 장거리용 광케이블, ISDN회선, 공중회선, 전용회선 등이 설치·운영되며, 무선통신망으로는 VHF, UHF, 위성망, 이동통신망 등이 있다.

라. 모니터

모니터는 카메라에서 전송매체를 통해서 수신된 영상신호를 출력하는 장치이다.

마. 녹화장치

카메라를 통해 촬영되고 영상전송매체를 통해 전송된 영상은 모니터를 이용하여 실시간 출력할 뿐만 아니라 녹화장치를 통해 추후 확인될 수 있도록 저장될 수 있다. 영상녹화방식은 크게 비디오테이프에 저장하게 되는 아날로그식의 VTR(Video Tape Recorder)과 디지털방식의 DVR(Digital Video Recorder)과 NVR(Network Video Recorder)로 구분된다. 최근에는 VTR에 비해 고화질이고, 하드디스크와 서버 등에 촬영내용을 저장하여 더 큰 용량의 촬영내용을 저장할 수 있는 DVR·NVR이 주로 활용되고 있다.

바. 기타 장치

이외에 CCTV의 장치로 다음의 것들이 있다.

장 치	용 도
카메라 하우징	실내·외 온·습도 영향의 보호 및 은폐 등 카메라 보호를 위한 케이스
영상 분할기	CCTV 영상을 통합 관리하도록 모니터에 복수의 화면을 출력하는 장치
영상 배분기	CCTV 영상을 복수의 화면에서 동시 감시하도록 화면에 분배하는 장치
리피터	거리상의 문제로 케이블의 감쇄현상 등 원거리 CCTV의 화질저하를 방지하는 신호증폭 장치
Motion Detection (동작감지)	영상에서 촬영되는 움직임 및 영상의 변화를 감지하여 경보신호, 메시지 등을 출력하는 기능

3) CCTV의 구축

CCTV는 시설물 및 사람 등 특정 피사체를 대상으로 감시의 기능을 수행하기 때문에 관련법규를 준수하여 카메라의 물리적인 설치위치, 감시범위, 사각지대 등을 고려하여 설치하여야 하며, 설치과정에서 전자장비에 민감한 영향을 줄 수 있는 온도와 습도, 전자기파 등 자연·기계적 영향을 고려하여야 한다.

CCTV 체계구축 시에는 다음의 사항을 고려하여야 한다.

(i) CCTV의 운용목적 및 주변환경에 부합되는 CCTV 종류 등을 선정한다.
(ii) 감시대상의 범위와 CCTV 카메라 렌즈 화소정밀도에 따라서 카메라의 위치와 거리, 화각 등을 결정한다.
(iii) 태양빛, 가로등, 건물 내 조명, 직사광선 등으로 인해 카메라의 역광이 발생하지 않는 위치를 확보한다.
(iv) 영상신호의 신호 대 잡음비에 영향을 주는 전자기력이 미치는 곳은 피하여 설치한다.
(v) CCTV의 전자부품의 보호를 위해서 습기가 있는 곳은 피하여 설치한다.

(vi) 녹화기 및 모니터가 외부에 노출되어 개인정보가 유출되지 않도록 통제구역 등에 설치한다.
(vii) 사람의 접근이 적은 통제구역 등은 Motion Detection 기능이 포함된 CCTV를 사용한다.
(viii) 설치거리가 1Km 이상인 경우는 장거리 전송 및 노이즈 차폐가 가능한 광케이블을 사용한다.
(ix) CCTV 모니터는 직사광선을 피해서, 경비원의 눈높이보다 약간 낮게 설치한다.

4) CCTV운영의 법적 기준

CCTV의 무분별한 설치와 운영은 개인정보의 침해를 초래할 위험이 크므로 개인정보 보호법에 따라 CCTV를 설치·운영하여야 한다.

개인정보 보호법에 따르면 CCTV는 (i) 법령에서 구체적으로 허용하고 있는 경우, (ii) 범죄의 예방 및 수사를 위하여 필요한 경우, (iii) 시설안전 및 화재예방을 위하여 필요한 경우, (iv) 교통단속을 위하여 필요한 경우, (v) 교통정보의 수집·분석 및 제공을 위하여 필요한 경우에 설치할 수 있다. 또한 CCTV를 운용하는 경우에는 다음의 사항을 준수하여야 한다(개인정보 보호법 제25조).

(i) 불특정 다수가 이용하는 목욕실, 화장실, 발한실(發汗室), 탈의실 등 개인의 사생활을 현저히 침해할 우려가 있는 장소에는 영상정보처리기기를 설치·운영할 수 없다. 다만, 교도소, 정신보건시설 등 법령에 근거하여 사람을 구금하거나 보호하는 시설로서 대통령령으로 정하는 시설은 예외로 한다.
(ii) 영상정보처리기기를 설치·운영하려는 자는 공청회·설명회의 개최 등 대통령령으로 정하는 절차를 거쳐 관계 전문가 및 이해관계인의 의견을 수렴하여야 한다.
(iii) 영상정보처리기기를 설치·운영하는 자는 정보주체가 쉽게 인식할 수 있도록 설치 목적 및 장소, 촬영범위 및 시간, 관리책임자 성명 및 연락처 사항이 포함된 안내판을 설치하는 등 필요한 조치를 하여야 한다. 다만 관련법에 따른 군사시설, 국가중요시설 및 대통령령으로 정하는 시설은 예외로 한다.
(iv) 영상정보처리기기 운영자는 영상정보처리기기의 설치 목적과 다른 목적으로 영상정보처리기기를 임의로 조작하거나 다른 곳을 비춰서는 아니 되며, 녹음기능은 사용할 수 없다.
(v) 영상정보처리기기 운영자는 개인정보가 분실·도난·유출·위조·변조 또는 훼손되

지 아니하도록 안전성 확보에 필요한 조치(제29조)를 하여야 한다.
(ⅵ) 영상정보처리기기 운영자는 영상정보처리기기 운영·관리방침을 마련하여야 한다.
(ⅶ) 영상정보처리기기 운영자는 영상정보처리기기의 설치·운영에 관한 사무를 위탁
할 수 있다. 다만, 공공기관이 영상정보처리기기 설치·운영에 관한 사무를 위탁
하는 경우에는 대통령령으로 정하는 절차 및 요건에 따라야 한다.

(4) 출입통제시스템

1) 출입통제시스템의 개념

출입통제시스템은 도난방지와 중요 시설물의 보호, 내부자료의 유출방지 등
을 위한 목적으로 운영되며, 출입자에 대한 인식과 인증을 통해 허가된 사람만이
권한 내의 장소와 시간에 출입할 수 있도록 통제함에 그 목적이 있다.

2) 출입통제시스템의 구성

출입통제시스템은 크게 출입자를 인식하고 인가하는 인식시스템과, 이러한
시스템이 설치되어 있는 시스템제어 도어락, 인식시스템에서 확인된 출입자가 인
가된 사용자일 경우 도어락을 해제하는 컨트롤러, 인식시스템에서의 작동과 인증
현황, 컨트롤러 작동현황 등을 관리하고 저장하는 관리서버 등으로 구성된다.
출입통제시스템을 그림으로 나타내면 다음과 같다.

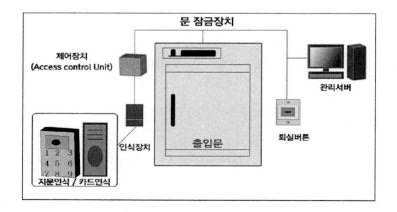

* 출처 : 산업보안실무위원회 편저, 「ISE 국가공인 산업보안관리사」, 124면.

3) 출입통제시스템의 인증유형

출입통제시스템을 위한 인증은 크게 지식기반, 소지기반, 생체기반으로 구분할 수 있으며, 인증유형별 특징은 아래와 같다.

가. 지식기반인증

지식기반인증(비밀번호)은 가장 많이 사용되는 인증방법이면서, 가장 안전하지 않은 인증방법이다. 지식기반인증(비밀번호 등)은 다른 인증유형에 비하여 사용소모가 적고, 비밀번호발급 등의 인증구현이 쉽다는 장점이 있다. 반면에 구성이 쉬운 비밀번호를 사용할 경우에는 유추로 인한 유출이 쉽고, 공용비밀번호가 유출될 경우에는 발생한 사고에 대한 책임입증이 어렵다는 단점이 있다.

비밀번호는 무차별 대입공격이나, 레인보우 테이블공격, 사전 대입공격 등에 취약하기 때문에 비밀번호 구성 시의 길이와 복잡도에 따라 안전도가 결정된다. 하지만 시설도어락 등에 사용되는 비밀번호는 컴퓨터시스템에 사용되는 비밀번호와 달리 숫자로만 구성되거나 시스템상 길이가 제한되어 공격에 더 취약한 단점을 가진다. 따라서 컴퓨터시스템에 사용되는 비밀번호는 안전을 위해 최소 9자리 이상에 숫자, 영문자, 특수문자 등을 조합해서 사용하는 방법이 요구된다. 따라서 비밀번호는 주기적으로 변경하고 같은 비밀번호를 장시간 사용하지 않도록 조치되어야 한다.

나. 소지기반인증

소지기반인증(플라스틱 카드)은 지식기반인증과 함께 출입증 등의 형태로 많이 사용되는 인증방법으로서 마그네틱이나 IC칩, RFID가 포함된 카드를 이용하여 출입 시에 태깅을 통한 도어락 해제나 카드표면에 개인사진을 부착하여 신분증 역할을 겸하는 용도로 많이 활용되고 있다.

소지기반인증(카드키 등)은 지식기반인증에 비해 보안성이 높고, 인증유출 시에 지식기반인증에 비하여 책임입증이 쉽다는 장점이 있다. 반면에 인증매체가 분실 또는 도난될 경우에는 도용의 위험이 있고, 인증매체의 복제를 통한 비인가자 출입 및 사고의 우려가 있다는 단점이 있다. 따라서 이러한 소지기반인증의 약점을 고려하여 지식기반인증이나 생체기반인증을 포함하여 2가지 이상의 인증을 같이 하도록 하는 다중인증(multi-factor) 방식의 사용 비중이 높아지고 있다. 소지 기반인증에서 주로 사용하는 카드 인증방식은 크게 마그네틱, 스마트, RFID 방식으로 구분할 수 있다.

(가) 마그네틱카드 : 플라스틱카드에 정보가 저장된 자성이 있는 마그네틱 띠를 부착하여 운영하며, 마그네틱을 인식할 수 있는 카드리더기를 통해 해당 정보를 인식하고 인증한다. 마그네틱방식은 구현비용이 저렴하지만, 많은 정보를 기록하지 못하며 위·변조에 대한 위험이 높아, IC칩을 사용하는 스마트카드식으로 변화하고 있다.

* 출처 : 산업보안실무위원회 편저, 「ISE 국가공인 산업보안관리사」, 125면.

(나) 스마트카드 : 플라스틱카드에 IC칩을 내장하는 스마트카드방식과 RF칩을 내장하는 RFID카드방식은 단순한 정보의 저장 외에도 간단한 연산도 가능하며, 마그네틱카드에 비하여 보안성이 높다. IC칩을 내장하여 사용하는 스마트카드는 주로 접촉식으로서 IC칩을 내장하여 외부에 노출된 금박단자를 통해 전원입력과 데이터 송·수신 역할을 수행할 수 있다.

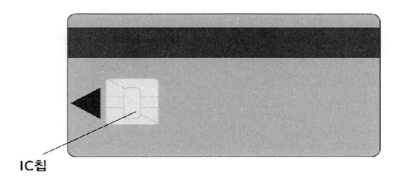

IC칩

* 출처 : 산업보안실무위원회 편저, 「ISE 국가공인 산업보안관리사」, 126면.

　(다) RFID카드 : RFID는 마이크로칩을 내장한 카드 및 태그 등에 저장된 데이터를 무선주파수를 이용해 먼 거리에서 정보를 인식하는 기술이다. RFID에 출입자의 신원이 포함된 정보를 저장하여 출입통제 시 사용자 인증용도로 사용이 가능하며, 무선주파수를 이용하는 특성으로 직원 및 방문자의 출입통제부터 위치추적, 물품관리 및 도난방지 등으로도 활용할 수 있다. RFID방식은 비접촉식으로서 외부로 드러난 단자가 없지만, 카드내부에 RF칩과 코일안테나가 설치되어 리더기와 전자기유도를 사용하여 통신을 수행한다.

RF안테나

1948 - 4937

RF칩

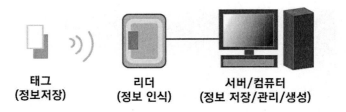

태그
(정보저장)

리더
(정보 인식)

서버/컴퓨터
(정보 저장/관리/생성)

* 출처 : 산업보안실무위원회 편저, 「ISE 국가공인 산업보안관리사」, 127면.

다. 생체기반인증

생체기반인증(지문, 홍채 등)은 인간에게 있는 하나 이상의 고유한 신체적·행동적 특성에 기반을 두어 사용자를 인식하는 기술로서, 생체인식에 활용되는 인간의 신체특성은 지문, 홍채, 얼굴, 정맥 등이 있으며, 행동특성으로는 서명시의 필체, 목소리 등이 있다. 생체기반인증(지문, 홍채인식 등)은 지식기반 및 소지기반인증에 비하여 보안성이 높고, 비밀번호를 암기하거나, 매체를 소지하여야 하는 등의 불편함이 없다는 장점이 있다. 반면에 생체인증을 위한 시스템구현의 비용이 높고, 인체의 자연노화, 부상, 장애 등으로 인한 인증오류 가능성이 높다는 단점이 있다.

(가) 지문인식 : 지문인식은 생체기반인증 기술 중 가장 많이 사용되고 있는 기술이다. 지문의 종류에는 궁상문, 갑종제상문, 을종제상문, 와상문이 있으며, 지문은 태어날 때의 모양 그대로 평생동안 불변하고 모든 사람이 다른 지문을 가지고 있는 특성이 있다. 또한 생체인식기술 중 가장 구현이 간편하고 비용이 저렴하다는 특징이 있다. 이러한 지문인식을 위해서는 크게 홀로그램, 프리즘 등을 이용한 광학인식방식과 열, 압력, 전기장, 초음파 등을 통한 비광학방식이 있다.

지문은 가장 보편적으로 활용되는 생체기반인증기술이지만, 지문에 묻은 이물질, 사고로 인한 변형 등으로 인한 인식오류에 약하다.

(나) 홍채인식 : 홍채인식은 사람의 눈에 존재하는 홍채에 적외선을 투사하여

홍채패턴을 식별·인식하는 기술로서 생체기반인증기술 중 가장 정확도와 인식률이 높다.

사람의 홍채는 266개의 고유패턴을 가지고 있기에 지문보다 훨씬 복잡하고 정교하며, 일란성 쌍둥이조차 서로 다른 패턴들을 보유하고 있어서 통계적으로 DNA분석보다 정확하다고 알려져 있다. 그러나 눈에 적외선을 투사하여 식별하는 부분에서 다른 생체인증에 비하여 거부감이 높고, 시스템의 구축비용이 높다는 단점을 가진다.

(다) 손바닥인식 : 손바닥인식기술은 카메라를 이용하여 사람의 손에 있는 손가락길이, 손바닥문양 차이 등 손의 기하학적 모양의 차이를 3차원으로 촬영하여 인식하는 기술이다. 그러나 손바닥인식은 적은 특징으로 빠른 처리가 가능하지만 다른 인증에 비하여 정확도가 떨어지는 문제점을 가진다.

(라) 얼굴인식 : 얼굴인식은 인증을 필요로 하는 사용자의 얼굴형태를 가지고 인증을 수행하는 기술로서, 다른 생체인식 방식보다 자연스럽고 거부감이 적다는 장점이 있지만, 사용자얼굴의 노화나 사고로 인한 얼굴형태의 변화, 인식시스템이 있는 장소의 조명각도와 인식 시의 얼굴각도 등으로 인해 인식률이 떨어진다는 단점을 가진다.

(마) 음성인식 : 음성인식기술은 사람의 목소리, 음성 속에서 생겨나는 각자의 독특한 패턴을 인식하는 기술이다. 사람의 음성은 음성의 경로, 비강과 구강의 모양, 습관 등을 통해 음성학적 특성을 가지게 되며, 사람에게는 친숙한 인식방법으로서 거부가 없이 손쉽게 인증기기를 이용할 수 있다는 장점이 있다. 그러나 인증시스템 주변의 잡음과 감기, 인후염 등의 질병과 피로도, 발음, 어휘구사능력의 저하 등의 문제로 정확도가 떨어질 수 있는 단점을 가진다.

(바) 필체인식 : 필체인식은 사람마다 고유의 글쓰기 습관과 자세로 인하여 발생하는 필체 역할을 이용한 기술로서, 글을 쓸 때 사용하는 압력과 속도를 분석하여 인증을 처리한다. 필체인식기술은 사전에 인가자의 사인을 받아 등록하여 비교하는 형식으로 이루어지며, 사용이 쉽고 인증속도가 빠르지만, 필체모사를 통한

변조의 위험과 수전증, 장애 등이 있을 경우에 인증오류가 발생하는 단점을 가진다.

4) 통제방법

가. 도어락

도어락은 물리적으로 사람의 접근을 통제하는 보편화된 통제 방법으로서, 사용자인증 후에 출입통제시스템에서 인가된 사용자만이 접근할 수 있도록 사용된다. 도어락은 통상 문에 설치되어 잠금장치 등으로 활용되며, 출입통제시스템을 통해 원격으로 잠금과 해제가 가능하다. 도어락에는 크게 스트라이크, 데드볼트, 전기정방식이 활용된다.

(가) 스트라이크방식 : 스트라이크(strike)방식은 도어락을 설치하여야 하는 문과 문틀, 프레임 등에 스트라이크라고 불리는 요철막대가 솔레노이드의 작동에 의해 요철부위에 결합되거나 해제되어 문의 개폐를 통제할 수 있는 방식이다.

(나) 데드볼트방식 : 데드볼트(dead bolt)방식은 도어락을 설치하여야 하는 문과 문틀, 프레임 등에 구멍을 만들고, 솔레노이드의 작동에 의해 그 구멍에 볼트를 결합하거나 해제하여 문의 개폐를 통제할 수 있는 방식이다.

(다) 전기정방식 : 전기정(EM-lock)방식은 방화문 등 단방향으로 열리는 출입문에 주로 활용되며, 전기를 통해 발생한 자력을 통제하는 장치를 문과 문틀, 프레임 등에 설치하여 문의 개폐를 통제할 수 있는 방식이다.

나. 스피드게이트

스피드게이트는 사전에 출입통제시스템상 인가된 인력의 출입이 잦고, 동시에 출입이 많은 건물로비의 출입구, 엘리베이터 입구 등에 설치되어 운영되며, RF방식의 카드나 얼굴인식 등을 통해 빠르게 인증 및 인가 처리하여 효율적인 출입통제가 가능하게 한다. 스피드게이트는 소수의 경비인력만으로 출입통제를 할 수 있다는 장점이 있다.

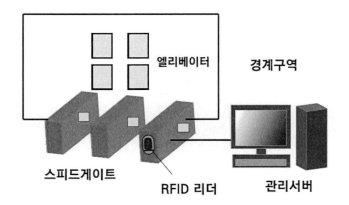

엘리베이터   경계구역

스피드게이트   RFID 리더   관리서버

* 출처 : 산업보안실무위원회 편저, 「ISE 국가공인 산업보안관리사」, 132면.

(5) 침입감지시스템

1) 침입감지시스템의 개념

침입감지시스템은 보호대상으로 지정되어 있는 시설물, 구역 등에 인가되지 않은 접근이나 침입이 발생되었을 경우에는 이를 감지하여 경보를 발생시켜 경비 주체에게 상황을 인식시켜 주는 것을 목적으로 하는 시스템이다. 침입감지시스템은 CCTV와 더불어 기계경비방식의 경비서비스의 중요 장비로 운영된다.

2) 침입감지시스템의 구성

침입감지시스템은 크게 보호대상에 설치하는 감지기(센서)와 주장치(컨트롤러), 전달된 신호를 바탕으로 경비업무를 수행하는 곳에 필요한 경보수신장치(경보장치), 감지기와 주장치와 경보수신장치 간의 원격통제 및 신호전달이 가능하도록 구축되는 통신망으로 구성된다.

가. 감지기

감지기(센서)는 경비대상에서 발생한 침입행위 등을 감지하여 주장치로 신호를 보내는 기능을 수행한다. 감지기의 종류에는 크게 자석감지기, 적외선감지기, 열선감지기, 유리파손감지기 등이 있으며, 보호대상에 필요한 경비특성에 따라 감지기를 설치·운영한다. 감지기는 용도에 따라 크게 방범용감지기와 울타리감지기로 구분할 수 있다.

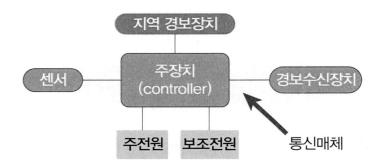

(가) 방범용감지기

가) 자석감지기 : 전기정방식을 사용하여 가장 간단하면서 보편화된 감지기로서, 전원이 필요없고, 구조가 간단하며 신뢰도가 높다. 주로 출입문, 창문 등의 개폐 여부를 감지하며, 사용자의 과실로 인해 오작동이 발생할 수 있다.

나) 적외선감지기 : 적외선감지기는 2개 1조로 적외선을 발생시키는 송신기와 이를 수신하는 수신기로 구성되어 있으며, 송신기와 수신기 사이에 신호를 단절시키는 요소가 발생할 경우에는 경보신호를 발생시킨다. 주로 시설과 구역의 외부에 설치·운영되므로 안개, 비 등 기후의 영향을 받아 오작동이 발생할 수 있다.

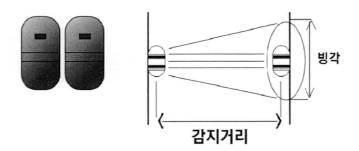

* 출처: 산업보안실무위원회 편저, 「ISE 국가공인 산업보안관리사」, 136면.

　다) 열선감지기 : 열선감지기는 초전효과를 이용한 감지기로 물체가 방사하는 원적외선 에너지의 변화를 검출하고, 이것을 전기적인 신호로 변환하여 감지하는 방식으로서 경비구역 내 침입자가 방사하는 온도를 감시하고, 변화를 관찰하여 침입을 감지한다. 열선감지기는 주위 환경에서의 온도변화에 민감하여 통상 실내에 설치·운영되며 태양빛, 난방기, 에어컨에 의한 공기대류 등으로 인해 오작동이 발생할 수 있다.

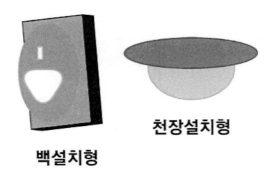

천장설치형

백설치형

* 출처 : 산업보안실무위원회 편저, 「ISE 국가공인 산업보안관리사」, 137면.

　라) 마이크로웨이브감지기 : 마이크로웨이브(MW)감지기는 도플러효과를 이용한 감지기로 송신기와 수신기 사이에 형성된 마이크로웨이브 빔을 단절시키는 요소가 발생할 경우에 경보신호를 발생시킨다.

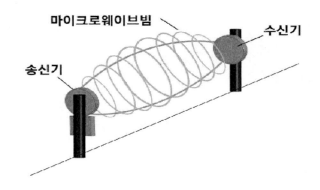

* 출처 : 산업보안실무위원회 편저, 「ISE 국가공인 산업보안관리사」, 138면.

또한 마이크로웨이브감지기 중에는 송신기가 발생한 마이크로웨이브를 수신기가 수신 후 송시된 에너지와 비교하여, 에너지변화를 기준으로 경보신호를 발생시키고 하는데, 이러한 감지기를 마이크로웨이브 레이더감지기라고 한다.

마) 유리파손감지기 : 유리파손감지기는 압전효과를 이용한 감지기로 유리가 파손될 때 발생하는 진동과 유리에 가해지는 압력 등을 전기에너지로 전환하여 경보신호를 발생시킨다. 유리파손감지기는 시설 또는 구역에 설치된 유리에 설치되어 침입을 감지하는 용도뿐만 아니라, 박물관, 미술관 등에 전시된 개별 보호가 필요한 전시물을 보호하기 위해 설치된 유리에 설치되어 도난 여부를 감지하기 위해서도 운영된다.

바) 진동감지기 : 진동감지기는 침입행위와 이동 시에 벽, 울타리, 바닥 등에서 발생하는 진동을 감지하여 경보신호를 발생시킨다.

사) 셔터감지기 : 셔터감지기는 셔터와 같은 대형문의 개폐 여부를 감지하기 위해 사용되며, 셔터에 설치되어 있는 두 개의 자석이 떨어지면서 발생하는 자력의 변화를 감지하는 자석감지방식과 적외선을 통해 적외선 신호의 변화를 감지하는 적외선감지방식이 있다. 셔터감지기는 통상 셔터를 통해 보호를 필요로 하는 은행, 현금보관소, 백화점, 대형 마트 등에 사용된다.

(나) 울타리감지기

가) **장력감지기** : 장력감지기는 울타리의 지주와 지주 사이에 적정한 장력으로 와이어를 가설하고, 가설된 와이어의 장력변화를 감지할 수 있는 센서를 통해 경보신호를 발생시킨다. 여기서 장력감지는 침입자가 발생하여 울타리를 돌파하기 위해 와이어를 밀거나 당길 때 발생하는 장력변화를 감지하는 것을 말한다. 장력감지기는 다른 감지기에 비해 적은 비용으로 구축할 수 있으나 일교차에 따라 발생하는 와이어의 장력변화로 오작동이 일어날 수 있다.

나) **광케이블감지기** : 광케이블감지기는 울타리에 광신호가 흐르고 있는 케이블을 설치하여, 케이블에 충격 등 외력이 작용할 경우 케이블 내부 광신호의 변화를 측정하여 침입 여부를 감지하여 경보를 발생시킨다. 광케이블감지기는 다른 감지기에 비해 온도, 기후 등의 영향을 적게 받고 수명이 긴 장점이 있지만, 구축비용이 높은 것이 단점이다.

다) **광망감지기** : 광망감지기는 광케이블감지기와 다르게, 설치되어 있는 광케이블 망에 적외선 레이저를 입사시켜 침입을 감지하여 경보신호를 발생시킨다. 광망감지기는 침입자가 발생하여 케이블을 절단하거나 잡아당길 때, 케이블 내부의 레이저 반사광으로부터 침입을 감지한다. 광망감지기는 케이블을 일종의 그물 형식으로 설치되어 감지하기 때문에 침입발생 시에 정확한 위치탐지가 가능하다.

라) **전계감지기** : 전계감지기는 울타리에 감지 전선을 가설하고 전류를 통해 전선에 전기장을 형성시킨 후, 해당 전선에 접촉된 요소에 의한 전류량변화를 측정하여 경보를 발생시키는 방식이다. 전계감지기는 일반적으로 비, 눈, 바람 등 기후의 영향에 강하지만 낙뢰 등에 약한 특징을 가진다.

마) **정전용량감지기** : 정전용량감지기는 전계감지기와 유사한 특성을 가지며, 가설된 감지 전선에 접촉된 요소로 인해 발생하는 정전용량의 변화를 전류량으로 측정하여 경보를 발생시키는 방식이다. 정전용량감지기는 전계감지기와 동일하게 기후의 영향에 강하지만, 전류에 영향을 주는 낙뢰 등에 약하다.

바) **지진동감지기** : 지진동감지기는 침입자의 몸무게, 보행습관, 차량의 진입

등으로 발생할 수 있는 지면의 진동을 감지할 수 있는 감지기를 땅속에 매설하여 진동발생의 변화를 전류량의 변화로 변환하여 측정 및 경보를 발생시키는 방식이다.

사) 압력감지기 : 압력감지기는 땅속에 액체를 채운 가소성관을 매설하여 침입 자의 몸무게, 보생습관, 차량의 진입 등으로 인해 압력이 발생할 경우에 그 압력 의 변화를 경보로 발생시키는 방식이다.

아) 분극케이블감지기 : 분극케이블감지기는 영구자석과 같이 영구 전기장을 발 생시키는 물질(electret material)을 이용해 동축케이블을 제작하고, 울타리에 고정 한 후 케이블에 침입자 등이 접촉하여 발생하는 자기장의 변화를 통해 경보신호 를 발생시키는 방식이다.

나. 주장치

주장치(콘트롤러)는 각종 감지기의 작용을 통제하는 제어부, 감지기에서 감지 된 상황을 경보하는 출력부, 경비개시 및 해제 등 주장치의 기능을 설정하는 조작 부, 시스템에 전원을 공급하는 전원부로 구성된다. 주장치에는 출력부를 통해 발 생시킨 경보신호를 외부로 전송하기 위한 통신 장치를 포함하며, 유·무선, 경비용 으로 구축된 통신망 등을 통해 신호를 전송한다.

주장치는 정전 등의 문제로 시스템이 무력화되어 보호대상에 대한 경비업무 가 중단되지 않도록 자체 보조전원(배터리, 보조전력망, UPS 등)을 설치하여 운영하 도록 한다.

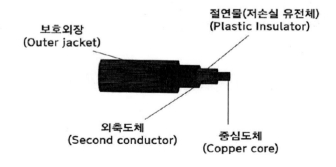

* 출처 : 산업보안실무위원회 편저, 「ISE 국가공인 산업보안관리사」, 141면.

다. 경보수신장치

경보수신장치(경보장치)는 주장치에서부터 전달된 신호를 수신받아 보호대상에 접근중인 침입자에게 경고하여 추가적인 침해행동을 중단토록 경고하고 보호대상시설 또는 구역에 배치되어 있는 근무자, 기계경비에서의 관제시설에 배치되어 있는 근무자 등이 상황을 인식하여 대응할 수 있도록 하는 장치이다. 경보수신장치는 보통 경광등, 경보음, 경보 출력모니터 등을 통해 경보를 전파한다.

제 3 절 기술적 보안

1. 정보보호

(1) 정보보호의 의의

1) 정보보호의 개념

정보보호란 자산과 인원에 관련된 정보에 대하여 접근, 사용, 공개, 변경, 손상, 파괴 등 발생할 수 있는 다양한 위협으로부터 보호를 수행하고, 향후 발생할 수 있는 위협에 대해 여러 수단으로 취약점을 사전에 식별, 제거하여 위험을 예방하기 위한 일련의 행위라고 할 수 있다.

정보자산의 취약점은 정보자산이 주로 보관되고 관리, 송·수신되는 PC, 데이터베이스, 전자문서, 네트워크상에서의 취약점으로 구분할 수 있다. 즉, PC의 경우는 악성코드 감염, 해킹시도, 패스워드의 관리소홀로 인한 정보유출 등이 있으며, 데이터베이스의 경우는 해킹시도, 악성코드 감염 및 관리권한의 미흡으로 인한 정보유출 등이 문제된다. 또한 전자문서의 경우는 저장된 문서의 비암호화 등 접근통제의 미흡, 이동식 저장매체의 관리미흡으로 인한 도난·분실 등을 통한 정보유출 등이 문제되며, 네트워크의 경우는 네트워크 구성에 사용되는 하드웨어장비, 소프트웨어상 취약점, 해킹시도 등으로 인한 정보유출 등이 문제된다.

2) 정보보호의 목표

기관과 기업, 조직 내에서 보유하고 있는 정보자산을 보호하기 위해서는 CIA (confidentiality, integrity, availability)로 구분되는 요소가 보장되어야 한다. CIA는 각각 정보의 기밀성, 무결성, 가용성을 말하며, 이 3가지 요소는 정보보호를 위한 주된 목표로 관리되어야 한다.

가. 기밀성

기밀성(confidentiality)의 보장은 인가되지 않은 접근, 사용 또는 저장, 수행, 전송 중 노출로부터 정보가 보호되어야 한다는 원칙이다. 기밀성의 보장을 위해 정보의 암호화, 접근통제, 사용자인증 등의 보호기술을 적용하게 된다. 기밀성과 무결성은 상호의존적인 요소로서, 정보의 무결성이 보장되지 않으면 기밀성은 유지될 수 없다는 특징을 가진다.

나. 무결성

무결성(integrity)의 보장은 허가된 사용자에 의하여 허가받은 권한으로만 정보가 수정되어야 한다는 원칙이다. 무결성의 보장을 위해 해시함수, 공개키방식, MAC 등의 보호기술을 적용하게 된다. 무결성은 기밀성과 상호의존적인 요소로서 기밀성 없이 무결성은 유지될 수 없는 특징을 가진다.

다. 가용성

가용성(availability)의 보장은 정보에 대해 정당한 권한과 접근이 허용된 사용자가 필요로 할 때 시기적절하게 정보가 제공되어 활용될 수 있어야 한다는 원칙이다. 가용성은 정보를 시스템의 이중화구축이나 백업 데이터베이스설계 등의 기술을 사용하여 보장하게 된다. 이러한 가용성은 기밀성과 무결성에 모두 의존적이므로, 기밀성과 무결성 없이 가용성은 유지될 수 없는 특징을 가진다.

3) 정보보호의 정책

정보자산의 보호를 위한 정책의 기본목표는 기밀성·무결성·가용성의 보장이다. 이러한 요소들을 보장하기 위해 정책수립 시에는 관리적·물리적·기술적 방안들을 통해 수립될 수 있도록 하여야 하며, 이를 바탕으로 정보보호정책과 관련된 표준, 지침, 절차가 수립되어 정책운영의 기준이 될 수 있도록 하여야 한다.

정보보호를 위한 정책, 표준, 지침, 절차의 주요 내용은 다음과 같다. 즉, 정책(policy)은 기관, 기업, 조직의 정보보호활동에 대한 목표를 제시하며, 정보보호를 위해 가져야 할 주된 기준의 역할을 수행한다. 표준(standard)은 정책을 통해 정해진 중요 사항들에 부합되도록 필수적으로 준용할 사양과 양식 등을 규정한다. 지침(guidelines)은 정보보호활동에 필요한 세부 정보를 설명, 권고 및 모범사례를 제시하는 것으로, 정보보호활동에 참여하는 이들에게 참고할 수 있는 사항을 제시한다. 절차(procedure)는 정책수행을 위해 필요한 구체적 사항 및 세부적인 절차를 설명한다.

(2) 정보보호의 관리

1) 정보보호통제의 유형

정보보호관리를 위한 첫 번째 방법은 정보보호와 관련된 각종 기법과 기술들을 통제형태에 따른 유형별로 분류하는 것이며, 이러한 통제형태에 따른 유형은 크게 예방통제, 탐지통제, 교정통제로 분류된다.

가. 예방통제

예방통제는 보호되어야 하는 정보자산에 대해 손실이나 피해가 발생하지 않도록 사전에 관련된 위협과 취약점을 식별하여 대처하는 통제방식으로서, 식별된 취약점을 제거하고 보완하며 위협을 감소시키거나 회피 또는 제거하여 처리한다. 예방통제는 접근통제절차의 수립, 방화벽구축, 백도어제거, 바이러스백신 업데이트, 시스템·네트워크·웹상 취약점의 제거, 각종 보안솔루션 등을 통해 구현할 수 있다.

나. 탐지통제

탐지통제는 예방통제를 통해 방지되지 못한 위협의 발생을 탐지하여 대처하기 위한 통제방식으로서, 시스템·데이터베이스 등에 대한 인가되지 않은 접근, 비정상적인 트래픽의 증가, 비정상적인 네트워크패킷의 변화, 허용되지 않은 비인가

프로그램의 설치 등 악성행위에 대해 로그기록이나 침입탐지시스템 등을 통해 위협을 탐지하여 처리한다.

다. 교정통제

교정통제는 예방통제를 통해 사전에 예방되지 않고 탐지통제를 통해 식별된 위협과 취약점에 대응하거나 위험을 감소시키는 통제방식으로서, 동일한 취약점 문제로 인해 위험이 발생하는 것을 차단하고, 위협에 대한 대응을 수행한다. 교정통제는 데이터백업, 컴퓨터포렌식, 보안시스템 강화 및 보강 등을 통해 수행한다.

2) 정보보호통제의 기법

정보보호통제의 기법은 정보자산을 보호하기 위해 실제적으로 수행되는 기법들을 말한다. 정보보호통제의 기법은 크게 식별 및 인증, 접근통제, 최소권한, 직무분리 등으로 이루어진다.

가. 식별 및 인증

식별 및 인증(identification and authentication)기법에서 식별은 정보자산으로 규정되는 객체를 이용하고자 접근한 주체의 신원을 확인하고 책임이 시작되는 과정이다. 인증은 주체가 제출한 자신의 신원이 올바른지 검증하는 과정으로서, 인증의 수단은 사용자가 알고 있는 것으로 구분되는 지식기반, 사용자가 갖고 있는 것으로 구분되는 소유기반, 사용자자신으로 구분되는 생체기반으로 구분될 수 있다. 이러한 접근주체의 인증정보는 물리적으로 설치되어 있는 인증시스템을 통해 전달받아 처리된다.

사용자인증 유형별 주요 내용은 다음과 같다.

인증유형	주요 내용
지식 기반	패스워드, 개인식별번호, 키워드 등
소유 기반	스마트카드, RF카드, 신분증, 여권 등
생체 기반	지문, 음성, 홍채, 얼굴·손 모양, 필체 등

나. 접근통제

접근통제(access control)기법은 정보자산에 대해 허가된 사용자의 접근을 관리하기 위한 조치로서, 크게 강제적 접근통제(MAC), 임의적 접근통제(DAC), 비임의적 접근통제(NDAC)로 구분할 수 있다.

(가) 강제적 접근통제 : 강제적 접근통제(mandatory access control: MAC)는 운영시스템에서 보유중인 보안레이블에 따라 정보에 대한 사용자의 보안레이블 수준의 비교를 통해 접근을 통제하는 기법이다. 사용자는 자신과 동일하거나 낮은 보안분류레벨에 부여된 정보에 접근이 가능하며, 자신보다 높은 수준의 레벨에는 접근이 불가능하다.

강제적 접근통제는 접근규칙이 운영시스템의 보안레벨에 따라 수립되기 때문에 Rule-Based 접근통제라고도 하며, 운영시스템 관리자에 의해 중앙집중식 관리가 가능하다는 특징을 가진다. 이 기법은 통상 정부와 군대 등 중앙집중관리가 필요한 기관에서 많이 사용되지만, 시스템성능에 있어서 제약을 받고, 그 구현이 어렵다는 단점이 있다.

(나) 임의적 접근통제(discretionary access control: DAC) : 임의적 접근통제는 정보를 보유하고 있는 소유자가 정보에 접근하는 사용자를 정의하여 접근을 통제하는 기법으로서, 정보에 대한 접근통제목록(access control list: ACL)을 구현하여 객체의 소유자가 객체에 접근하는 주체를 정의하여 접근을 통제하는 기법이다.

임의적 접근통제에서의 접근통제목록(ACL)은 사용자에게 부여된 ID를 통해 구현되며, 사용자 ID를 사용하는 방식인 윈도우, 리눅스, 유닉스 등 상용운영체제에서 활용된다. 이러한 임의적 접근통제방식은 강제적 접근통제방식과 달리 중앙집중식 관리가 아니기 때문에 하나의 사용자마다 각각의 권한을 설정하여 관리하여야 한다.

(다) 비임의적 접근통제(non-discretionary access control: NDAC) : 비임의적 접근통제는 조직에서 사용자가 수행하는 역할과 직무를 기반으로 접근을 통제하는 기법으로서, 사용자의 신원이나 신분이 아닌 조직 내에서 설정되어 있는 역할과 직무를 통하여 접근통제를 수행한다. 비임의적 접근통제는 인사이동이나 인원변

동이 심한 대형 조직이나 기업 등에서 주로 활용되고, 조직기능 변화에 따른 효율적 관리가 쉬우며, 접근규칙이 역할과 직무에 의해 수립되므로 Rule-Based접근통제로 분류된다.

　비임의적 접근통제의 구현을 위해서는 최소권한의 원칙과 직무분리의 원칙이 적용된다.

- **최소권한(least privilege)의 원칙**

　이 원칙은 사용자에게 최소한의 필요권한만을 부여하여 권한남용으로 인한 문제를 예방하고, 정보유출을 차단하는 접근통제기법이다. 필요 이상으로 사용자에게 권한을 부여하게 될 경우에는 사용자에게 필요한 정보 외에 이득이 될 수 있는 정보로의 접근이 가능해져 정보유출이 용이해지게 되는 것과 권한관리상 업무과다 등을 핑계로 시스템이나 데이터베이스의 사용자에게 관리자급의 권한까지 부여하여 불필요한 권한을 행사하는 것을 막기 위한 것이다.

- **직무분리(separation of duties)의 원칙**

　이 원칙은 조직 내에서 부여되어 있는 직무와 역할에 따라 정보에 접근할 수 있는 사용자를 분리하는 통제기법으로서 부여되어 있는 직무를 수행하기 위해 필요한 정보에만 접근이 가능토록 통제하여 정보의 유출과 부정사용 위험을 감소시키며, 업무의 실행, 승인, 변경 등의 직무를 한 사람이 독점하는 것을 방지하기 위해 적용된다.

---

(3) 암호학

1) 암호의 개념

　암호는 고대 로마에서 카이사르 암호와 같이 인류 역사에 있어 오랜 시간동안 존재해 온 비밀보호기법이다. 암호는 정보를 전달하거나 보관할 때 정보가 유출되지 않고 비밀이 유지될 수 있도록 적용되며, 송신자는 일반적인 평문을 암호화키를 이용해 암호화하고, 수신자는 복호화키를 이용하여 암호문을 복호화하여 평문으로 수신하는 과정이 기본적인 암호사용의 형태이다.

평문 → 암호화(encryption) → 암호문(ciphertext) → 복호화(decryption) → 평문
    ↑   ↑
   키(key)   키(key)

2) 암호알고리즘

암호를 운영하기 위한 알고리즘은 크게 대칭키 암호방식과 비대칭키(공개키) 암호방식으로 구분된다. 대칭키 암호방식은 암호화와 복호화가 동일한 키로 이루어지는 방식이며, 비대칭키(공개키) 암호방식은 암호화와 복호화에 사용되는 키가 구분되어 있는 방식이다.

가. 대칭키 암호알고리즘

대칭키 암호알고리즘(symmetric key algorithms)은 하나의 암호키를 가지고 암호화와 복호화를 모두 수행하는 암호방식으로, 사전에 수신자의 비밀키를 송신자에게 공유하여 송신자가 공유받은 비밀키를 통해 평문을 암호화하고 송신하게 되면 수신자는 동일한 비밀키를 이용하여 복호화를 통해 평문을 얻게 되는 구조를 가진다.

<송신자>	<수신자>
평문 → 암호화 → 암호문	암호문 → 복호화 → 평문
↑	↑
비밀키	비밀키

대칭키 암호알고리즘의 주요 특징은 다음과 같다.

(i) 암호화를 사용하는 모든 사용자에게 사전에 비밀키를 공유하여야 한다.
(ii) 사용하는 비밀키를 사용자들에게 별도의 수단으로 전달하여야 한다
(iii) 참여하는 사용자 수의 증가에 비례하여 비밀키의 개수도 증가한다.
(iv) 인증기능(전자서명)을 지원하지 않으므로 부인방지가 불가능하다.
(v) 비대칭키(공개키) 암호방식에 비하여 암호화 속도가 빠르다.
(vi) 비대칭키(공개키) 암호방식에 비하여 대량 데이터암호화에 사용된다.
(vii) 일반데이터 암호화에 주로 사용된다.

대칭키 암호화에 활용되는 주요 알고리즘은 다음과 같다.

(가) DES(data encryption standard) : DES는 1975년 미국의 IBM사에서 개발하여 1979년 미국의 NBS(National Bureau of Standards·현 NIST)에서 국가표준암호알고리즘으로 지정한 알고리즘으로서, 64비트의 평문을 46비트의 암호문으로 만드는 암호시스템으로 64비트의 키를 사용한다. 64비트의 키 중 56비트가 실제의 키, 8비트는 거사용비트로 사용되며, 선형공격(linear cryptanalysis)과 차분공격(differential cryptanalysis)에 취약하다. 이것은 오늘날 AES등장으로 대체되었다.

(나) AES(advanced encryption standard) : AES는 2000년 DES를 대체하였으며, 128, 192, 256비트의 암호화 키를 지원한다. AES는 NIST주관으로 두 차례의 학술대회를 통해 선정된 5가지 알고리즘 중 Rijndael알고리즘을 채택하여 AES라는 이름으로 표준으로 선정되었다. AES는 미국 정부가 채택하여 기밀문서를 암호화하는 용도로 사용되었으며, 현재까지 가장 강한 대칭키 알고리즘으로 평가받고 있다.

(다) SEED : SEED는 1999년 KISA에서 개발한 대칭키 알고리즘으로서, DES와 가까운 구조를 가지고 있다. 128비트 평문을 암호화하며 128비트 키를 사용한다. 2000년대 128비트 키 암호화 구조의 위험성이 대두되어 2004년 ARIA의 개발로 대체되었다.

(라) ARIA : ARIA는 KISA에서 개발한 SEED가 여러 문제점으로 인해 사용이 제한되자 KISA가 국가정보원과 함께 개발한 암호화 알고리즘으로서, 2004년 국가표준으로 지정된 이후 2010년 국제표준으로 지정되었다. 통상 국내용으로 활용되고 있으며, 평문 128비트를 128, 192, 256비트 크기의 키로 암호화한다. 대한민국 공공기관에 납품되는 모든 정보관련 소프트웨어는 필수적으로 ARIA 또는 SEED 알고리즘을 탑재토록 하고 있다.

(마) 기타 : 이외에도 3DES, Blowfish, IDEA, RC4·RC5·RC6 등이 있다.

나. 비대칭키 암호알고리즘

비대칭키(공개키) 암호알고리즘(asymmetric key algorithms) 암호화에 참여하는 모든 송신자는 공개되어 있는 수신자의 공개키를 이용하여 평문을 암호화하고, 수신자는 수신받은 암호문을 자신의 개인키를 통해 복호화를 수행하는 구조를 가진다. 암호화에 사용되는 키와 복호화에 사용되는 키가 다르기 때문에 비대칭키 암호알고리즘이라고 하며, 암호화 키가 공개되기 때문에 공개키 암호알고리즘이라고 한다.

<송신자>	<수신자>
평문 ➔ 암호화 ➔ 암호문	암호문 ➔ 복호화 ➔ 평문
↑	↑
수신자의 공개키	수신자의 개인키

비대칭키(공개키) 암호알고리즘의 주요 특징은 다음과 같다.

(i) 암호화 참여 시에 공개된 키를 사용하기 때문에 키의 전달이 간편하다.
(ii) 대칭키 암호방식에 비하여 암호화 속도가 느리다.
(iii) 대칭키 암호방식에 비하여 소량 데이터의 암호화에 사용된다.
(iv) 대칭키 암호알고리즘에 있어서 필요한 키 전달용도로 활용된다.
(v) 무결성, 인증, 부인방지기능을 제공한다.
(vi) 전자서명의 수단으로 활용된다.

비대칭키(공개키) 암호화에 활용되는 주요 알고리즘은 다음과 같다.

(가) RSA : RSA는 1978년 미국의 MIT에서 개발된 알고리즘으로서, 전 세계적으로 가장 많이 사용되는 암호화알고리즘이다. 전 세계 대부분의 인터넷뱅킹에서 RSA방식의 RSA-2048암호화를 사용하고 있다. RSA는 소인수분해의 어려움에 기초를 두고 있으며, 페르마의 소정리가 중추적인 원리로 작용한다.

(나) 타원곡선암호(ECC) : ECC는 1985년에 등장한 암호화 알고리즘으로서, 기존의 비대칭키(공개키) 알고리즘을 타원곡선이라는 이산대수 문제에 적용해 구현하였다. 인수분해의 어려움을 이용한 RSA의 대안으로서 워싱턴대학의 수학교수인 코브리츠(N. Koblitz)와 IBM연구소의 밀러(V. Miller)가 독립적으로 고안해 낸 방식

이다. 기존의 비대칭 암호화알고리즘은 RSA와 El-Gamal에 비해 짧은 키를 사용하면서도 비슷한 수준의 기밀성을 제공하고, 암호화와 복호화 속도가 빠른 것이 특징이다. ECC는 오늘날 스마트카드(IC칩) 등에서 주로 사용되며, 블록체인 방식에서의 주된 알고리즘으로 활용되고 있다.

(다) 기타 : 이외에도 El-Gamal, Rabin, Schnorr, Diffie-Hellman, DSA 등이 있다.

3) 암호화의 구현

정보자산의 보호가 필요한 분야는 크게 정보가 송·수신되는 전송구간과 정보가 저장되어 보관되는 데이터베이스 등 저장매체와 관련된 분야이다. 따라서 정보자산의 보호를 위한 암호화 기술은 전송구간과 저장공간에서 구현된다.

가. 데이터전송 시의 암호화

데이터전송 시의 암호화는 데이터 전송구간에 속하는 암호화로서, 기본적으로 OSI-7계층 분류에 따라 구분한다.

통신구간별 주요 암호화방식은 다음과 같다.

암호화방식		특징
통신망 구간에서의 암호화	IPSec VPN	• OSI 3 계층에서 구현, NAT 통과가 어려움 • 서버부하가 낮고, 데이터의 처리속도가 빠름 • 사용자 PC에 별도의 클라이언트 SW설치를 요함
	SSL VPN	• OSI 4~7 계층에서 구현, NAT 통과가 쉬움 • 서버부하가 높고, 데이터의 처리속도가 느림 • 사용자 PC에 별도의 SW없이 브라우저 접속 후 사용
	SSH VPN	• OSI 4~7 계층에서 구현, NAT 통과가 쉬움 • 서버부하가 높고, SSH관련 별도의 SW설치를 요함
웹 서버와 클라이언트 간의 암호화	SSL	• OSI 4~7 계층에서 구현 • 사용자 PC에 별도의 SW없이 브라우저 접속 후 사용 (개발비용 낮음)

		• 데이터의 암호화는 대칭키 암호화 사용, 대칭키의 비밀키는 비대칭키 암호화로 전달
	응용 프로그램	• 웹 서버 및 사용자 PC에 별도의 SW를 설치하여 사용 (개발비용 높음) • 데이터의 부분의 암호화를 지원
이메일 전송 시의 암호화	PGP	• 비대칭 암호화방식을 사용, 이메일의 기밀성, 부인방지, 압축 등 지원 • 공인인증서 방식을 지원하지 않으므로 별도의 키 교환과정이 필요함, 별도의 SW설치를 요함
	S·MIME	• 표준보안메일규약으로 송·수신자를 인증, 부인방지, 메시지의 기밀성, 무결성을 보증함 • 비대칭 암호화방식을 사용하며, 공인인증서를 지원함
	첨부 문서 암호화	• 문서SW 및 암호화 응용SW를 이용하여 개별 암호화 • 암호키의 안전한 전송방법 마련이 요구됨

나. 데이터저장 시의 암호화

데이터저장 시의 암호화는 암호화를 수행하는 주체인 운영체제, 응용프로그램, 데이터베이스 등으로 암호화방식을 구분하며, 크게 서버 암호화와 PC 및 저장매체의 암호화로 분류할 수 있다.

서버분야의 암호화와 PC 및 저장매체의 암호화 방식은 다음과 같다.

암호화 방식		특징
서버 암호화	운영체제 암호화	• 운영체제의 파일시스템 레벨에서 암·복호화를 수행함 • 성능은 빠르지만 기존 데이터베이스와 호환성 검증을 요함
	데이터 베이스 암호화	• 데이터의 암호화주체가 DB서버로, DB에 부하발생 가능 • 암호화주체에 따라서 아래와 같이 구분 　- DB서버 암호화 : DB서버에 암·복호화 모듈을 설치 　- DBMS자체 암호화 : DBMS 자체적으로 암·복호화를 수행 　- DBMS 암호화기능 호출 : 응용프로그램(웹 서버)이 DBMS의 암·복호화 API 호출
	응용	• 데이터의 암호화주체가 응용프로그램으로 암·복호화 모듈을

	프로그램 암호화	애플리케이션 서버에 설치하여 운영 • DB서버에 영향은 없지만, 응용SW의 대규모 수정작업이 요구됨
PC· 저장매체 암호화	운영체제 암호화	• 운영체제의 파일시스템 레벨의 암·복호화 기능, 복사 등으로 운영체제를 벗어나면 암호화 해제

	응용
	프로그램
	암호화
		• MS-Word 등의 문서SW의 자체 암·복호화 기능
		  - 특정파일만 지원, 문서별로 사용자의 수기적용 필요
		• DRM을 사용한 문서파일의 암·복호화 기능
		  - 다양한 문서를 지원, DRM SW에 의해 자동암호화 처리

4) 암호의 응용

암호화기술은 정보자산의 보호를 위해 다양한 방법으로 활용되고 있으며, 크게 일 방향 암호방식이라 불리는 해시함수, 전송된 데이터가 변조되지 않았음을 인증하기 위한 전자서명, 인증·암호화·전자서명을 동시에 제공하는 PKI 등이 활용되고 있다.

가. 일 방향 암호방식

일 방향 암호방식(one-way hash function)은 해시함수라고도 하며, 전송하려는 정보에 대해 암호화는 가능하지만 복호화는 지원하지 않는 암호방식으로서, 입력되는 평문 값의 길이와 상관없이 항상 고정된 값을 출력한다. 해시함수를 통한 암호화과정에서 원본데이터는 소실되게 되어 복호화를 통한 정보유출이 불가능해지며, 이를 통해 전송정보의 무결성의 유지를 위해 활용된다.

일 방향 암호방식의 주요 특징은 다음과 같다.

(i) 일 방향으로만 암호화가 가능하며, 복호화는 불가능하다.
(ii) 입력 값의 크기와 상관없이 고정된 해시 값을 출력한다.
(iii) 일반적 암호화 알고리즘 키를 필요로 하지만, 해시함수는 키가 없다.
(iv) 정보의 무결성 검증, 전자 서명 등에 사용된다.

일 방향 암호방식의 암호화과정은 다음과 같다.

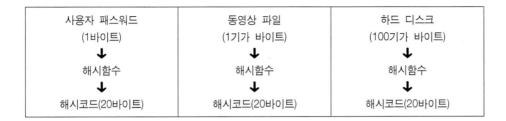

사용자 패스워드 (1바이트) ↓ 해시함수 ↓ 해시코드(20바이트)	동영상 파일 (1기가 바이트) ↓ 해시함수 ↓ 해시코드(20바이트)	하드 디스크 (100기가 바이트) ↓ 해시함수 ↓ 해시코드(20바이트)

일 방향 암호방식에서 사용되는 주요 해시함수는 다음과 같다.

(가) SHA(Secure Hash Algorithm) : SHA는 1993년 미국 NSA의 손을 거쳐 미국 NIST에서 표준으로 제작한 해시암호 알고리즘으로서, SHA－0을 시작으로 SHA－3까지 개발되었다. 최초 SHA－0에서 SHA－1로 개량한 이후 중국에 의해 해독가능성이 제시되고, 해시충돌이 발생하여 여러 개발을 거쳐 SHA－3으로 대체되었다. SHA는 파일 값이 1바이트만 바뀌어도 전체 값이 바뀌는 눈사태 효과를 특징으로 하고 있다.

(나) MD5(Message Digest Algorrithm 5) : MD5는 SHA의 개발 이전에 사용하던 해시암호 알고리즘으로서 임의의 길이를 가진 평문데이터를 입력받아 128비트의 해시 값을 출력하는 알고리즘이다. MD5는 패스워드 암호화에 많이 활용되었으나, 해시 값 충돌 등의 문제가 확인되면서 SHA로 대체되었다.

나. 전자서명

전자서명(digital signature)은 해시함수의 특징을 활용하여 무결성 확보를 통해 사용자 도용을 방지하고, 사용자 행위에 대한 부인방지를 목적으로 한다. 전자서명은 개인을 인증할 때 사용되는 서명이나 인감날인 등을 전자적으로 처리하기 위한 기술로 활용된다.

전자서명의 주요 특징은 다음과 같다.

(i) 지정된 송신자로부터 해당 정보가 전송되었음을 수신자에게 보장한다.
(ii) 서명이 포함된 메시지는 전공과정 중에 변조되지 않았음을 보장한다.
(iii) 전자서명을 통해 사용자인증과 부인방지를 제공한다.
(iv) 기밀성을 제공하지 않아 별도의 암호화처리가 필요하다.

전자서명의 암호화과정은 다음과 같다

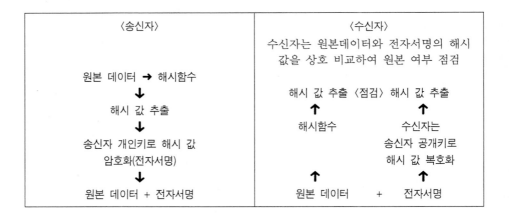

〈송신자〉	〈수신자〉
	수신자는 원본데이터와 전자서명의 해시 값을 상호 비교하여 원본 여부 점검
원본 데이터 ➡ 해시함수	해시 값 추출 〈점검〉 해시 값 추출
⬇	⬆ ⬆
해시 값 추출	해시함수 수신자는
⬇	송신자 공개키로
송신자 개인키로 해시 값 암호화(전자서명)	해시 값 복호화
⬇	⬆ ⬆
원본 데이터 + 전자서명	원본 데이터 + 전자서명

다. 공개키 기반구조

공개키 기반구조(public key infrastructure : PKI)는 비대칭키(공개키) 암호화방식을 기반으로 하며, 사용자인증, 데이터암호화, 전자서명을 통합하여 제공한다. 공개키 기반구조는 인증기관에서 발급한 인증서를 통해서 신뢰할 수 있는 한 쌍의 공개키와 개인키를 사용자에게 발급하며, 이를 통해 인터넷 뱅킹, 전자계좌 관리, 인터넷쇼핑몰, 공공기관 서비스이용 등 전자상거래에서 활용할 수 있도록 한다.

공개키 기반구조의 주요 특징은 다음과 같다.

(i) 인증기관에서 발급하는 인증서에는 해당 기관의 개인키로 전자서명 처리하여 무결성이 보장된 사용자의 공개키를 포함한다.
(ii) 기밀성, 무결성, 인증, 부인방지를 제공한다.

2. 시스템보안

(1) 운영체제의 의의

1) 운영체제의 개념

컴퓨터는 주된 연산처리를 위한 CPU, 연산을 위한 공간을 제공하는 각종 메모리, 저장공간, 관련된 프로그램 등 다양한 하드웨어와 소프트웨어로 구성되어 있다. 이러한 다양한 요소들을 사용자가 하나하나 직접 제어하는데 제한이 있으며, 그에 따라 사용자가 컴퓨터를 효율적으로 사용할 수 있도록 구성된 여러 프로그램의 연결체인 운영체제가 사용자의 작업을 보조하게 된다. 사용자는 운영체제를 통해 다음의 이점을 얻을 수 있으며, 이는 운영체제를 사용하는 목적으로 볼 수 있다.

(i) 응답시간(turnaround time) 단축
(ii) 처리능력(throughput) 향상
(iii) 신뢰도(reliability) 향상
(iv) 사용가능도(availability) 향상

운영체제의 주요 기능은 다음과 같다.

사용자 서비스	(i) 프로그램 생성(program creation) (ii) 프로그램 수행(program execution) (iii) 입·출력 동작(I·O operation) (iv) 파일시스템 동작(file system manipulation) (v) 통신(communication) (vi) 오류탐지(error detection)
시스템 서비스	(i) 자원할당(resource allocation) (ii) 계정관리(accounting) (iii) 보호(protection)

2) 운영체제의 구조

일반적으로 운영체제의 구조는 커널모드(kernel−mode)와 유저모드(user−mode)의 이중 연산모드(dual−mode operation)의 구조로 운영된다. 사용자와 운영체제는 기본적으로 컴퓨터 내의 자원을 공유하기 때문에 사용자가 직접 중요 자원인 메모리와 하드웨어를 제어하게 될 경우에 오류가 발생할 수 있다. 따라서 이중 연산모드를 통해 사용자와 운영체제는 사용자 프로그램의 잘못된 실행으로 인한 악

영향이 발생하지 않도록 하므로 안전성을 얻을 수 있다.

사용자가 컴퓨터를 사용하면 필요한 자원사용은 사용자프로그램에서 시스템 콜(system call)을 통해 요청하게 되며, 시스템 콜이 발생할 경우에 사용자프로그램은 해당 순간 사용자모드에서 커널모드로 전환하여 필요한 자원을 소모하는 작업을 수행하게 된다. 작업이 완료되면 프로그램은 다시 사용자모드로 복귀한다.

(2) 윈도우 운영체제

상용화되어 널리 사용중인 운영체제에는 크게 윈도우, 유닉스, 리눅스 등이 있으며. 이 중 윈도우는 가장 흔하게 일반인들이 접하여 사용할 수 있는 운영체제이다.

1) 윈도우의 개요

윈도우는 마이크로소프트사가 개발한 컴퓨터 운영체제로 1981년 개발된 MS-DOS의 GUI 환경과 멀티테스킹 환경을 제공하기 위해 출시되었다. 윈도우 운영체제는 GUI 기능 등 사용자 편의성을 극대화한 기능을 탑재하여 PC에서 가장 많이 활용하게 되었으며, 정부, 공공기관, 기업, 일반 조직 등 조직의 규모와 기능을 망라하고 가장 많이 사용되는 운영체제가 되었다. 현재 일반 PC OS 중 78% 이상의 점유율을 차지하고 있다.

2) 윈도우의 특징

윈도우는 MS-DOS 등에서처럼 복잡한 명령어 입력을 통해 프로그램을 실행하지 않고 마우스 클릭을 통해 아이콘을 실행하여 바로 프로그램을 실행할 수 있으며, 시각인지성을 높인 GUI기능의 제공이 가장 큰 특징으로, 복수의 작업을 동시에 실행하는 멀티테스킹기능, 음악, 동영상 등 멀티미디어관련 기능이 강화되었다.

윈도우 운영체제의 주요 특징은 다음과 같다.

가. GUI

명령어 프롬포트 창을 통해 세부명령어의 입력 없이 단순히 아이콘을 클릭하여 프로그램을 실행시키게 하며, 복잡한 명령어와 텍스트 대신 직관적인 그래픽 화면을 제공하여 사용자가 편리하게 컴퓨터 상황을 인식할 수 있게 해주는 기능이다(graphic user interface).

나. 멀티 태스킹

일반적으로 컴퓨터는 확장된 규모의 계산기로서 주어진 한 가지 작업만을 수행하는 것이 기본기능이지만, 윈도우 운영체제는 적절한 자원분리와 작업스케줄 관리로 복수의 작업을 동시에 실행하는 것이 가능해졌으며, 프로그램 간 빠른 전환을 지원한다(multi tasking).

다. 플러그 앤 플레이

컴퓨터에 새로운 하드웨어를 설치·운영하려면 그에 맞는 드라이버를 컴퓨터에 별도로 설치하여 하드웨어가 인식 및 작동될 수 있도록 하여야 하는데, 윈도우 운영체제는 사용자의 설치작업 없이 장착된 하드웨어 장치를 자동인식하여 필요한 드라이버를 자동적으로 설치한다(Plug & Play).

라. 객체연결 삽입

특정프로그램에서 작성된 데이터는 동일한 프로그램이나 같은 계열 또는 같은 회사에서 제작한 프로그램에서만 공유가 가능하여 여러 프로그램의 집합체인 운영체제에서 다양한 작업을 수행하는데 있어 제한이 발생하지만, 윈도우 운영체제는 설치되어 있는 프로그램 간 데이터를 손쉽게 공유할 수 있도록 지원한다(object linking & embedding).

3) 윈도우의 구조

가. 윈도우 아키텍처

윈도우는 기본적으로 이중연산모드로 운영되지만, 커널의 기존 역할 중 일부를 여러 가지 관리자(manager)에게 부여하고, 커널이 전적으로 컴퓨터자원을 관리하지 않고 최소한의 역할만 수행하는 마이크로 커널(micro kernel)구조를 사용한다.

사용자모드에서는 크게 Win32, POSIX, OS·2, Server service, Security 등의 기능을 지원하고, 커널모드에서는 입·출력, 보안 참조, 로컬프로시저 호출, 가상

메모리, PnP, 전원, GUI 등 각각의 세부관리기능을 지원한다.
　사용자모드에서의 주요 기능은 다음과 같다.

장 치	기 능
Win32	화면 디스플레이, 키보드·마우스 등 사용자 인터페이스와 응용프로그램 실행기능을 수행한다.
POSIX	유닉스호환을 위한 운영체제용 인터페이스기능을 수행한다.
OS·2	OS·2(IBM·마이크로소프트 공동개발 운영체제) 호환을 위한 운영체제용 인터페이스기능을 수행한다.
Workstation service	네트워크상 파일 및 프린터 연결을 위한 클라이언트기능을 수행한다.
Server service	네트워크상 파일 및 프린터 연결을 위한 서버기능을 수행한다.
Security	사용자계정 로그인 및 자원액세스 관리기능을 수행한다.

　커널모드의 주요 기능은 다음과 같다.

장 치	기 능
입·출력관리자 (I·O manager)	시스템에서의 데이터 입·출력 제어, 장치드라이버 간 정보 공유기능을 수행한다.
보안참조관리자 (security reference monitor)	시스템자원 및 자원사용에 대한 허가·관리기능을 수행한다.
로컬프로시저 호출관리자 (LPC manager)	시스템프로세스 간 통신 시에 필요한 매개체기능을 수행한다.
가상메모리관리자 (virtual memory manager)	프로그램 실행에 필요한 가상메모리 할당 및 페이징 제어기능을 수행한다.
프로세스관리자 (process manager)	프로그램의 실행에 필요한 스레드생성 및 관리기능을 수행한다.
PnP 관리자 (PnP manager)	하드웨어 자동인식에 필요한 Plug & Play관리 및 부팅 시 장치감지 및 자동설치기능을 수행한다.

전원관리자 (power manager)	전원관리, 온·오프, 대기·절전모드 등 전원관리기능을 수행한다.
GDI (graphic device interface)	선 및 곡선 그리기, 글꼴 랜더링 관리기능을 수행한다.
객체관리자 (object manager)	시스템의 물리적, 논리적 자원관리기능을 수행한다.
커널모드 드라이버 (kernel mode driver)	하드웨어장치 간 상호작용 관리기능을 수행한다.
하드웨어 추상화 계층 (HAL)	하드웨어와 운영체제 소프트웨어 사이의 추상화 계층기능을 수행한다.

나. 윈도우 파일시스템

윈도우 파일시스템(file system)은 파일의 생성, 수정, 삭제 등 파일에 대한 관리와 접근 제어기능을 수행하는 파일보관체계를 말한다. 윈도우는 FAT, FAT32, NTFS, exFAT, ReFS 등의 파일시스템을 제공한다. 윈도우 파일시스템별 주요 특징은 다음과 같다.

파일시스템	특 징
FAT (File Allocation Table)	(i) 최초 MS-DOS 운영체제의 파일시스템으로 도입되었다. (ii) 구조가 간단하며 최대 2GB까지 파일을 지원한다.
FAT32 (File Allocation Table 32bit)	(i) 윈도우 95에서 2GB 이상 파일을 지원하기 위해 개발되었으며, 최대 4GB파일을 지원한다. (ii) 지원용량 등 일부 기능이 개선되었으나 보안기능은 지원하지 않는다.
NTFS (New Technology File System)	(i) 윈도우 NT 3.1에서부터 적용되었으며, 최대 16TB파일을 지원한다. (ii) 접근제어, 암호화기능 지원 등으로 보안성이 강화되었다. (iii) 손상파일 복구기능지원 등으로 안전성이 강화되었다.
exFAT (extended File Allocation Table(FAT64))	(i) 윈도우 CE 6.0에서 최대 127PB 이상 파일을 지원하기 위해 개발되었다. (ii) 접근제어 등 보안기능을 지원한다.

ReFS (Resilient File System)	(i) 윈도우 서버 2012에 최초 적용되었으며, NTFS에 대한 차세대 파일시스템으로 개발되었다. (ii) NTFS 대비 가용성, 확장성, 오류수정, 파일복구 등 기능이 강화되었다.

(3) 유닉스 · 리눅스 운영체제

1) 유닉스 · 리눅스의 개요

유닉스는 1969년 AT&T 연구소에서 어셈블리어 기반으로 최초 개발되었으며, 1973년에 다른 기계에 적용성이 높은 C언어로 재개발되었다. C언어는 프로그래밍 소프트웨어 중 가장 활용도가 높고, 널리 활성화된 소프트웨어로 C언어 기반으로 재개발된 유닉스는 급속히 확산되어 여러 파생형으로 발전하고 있다.

리눅스는 1991년 핀란드 헬싱키대학에서 교육용 유닉스를 기반으로 최초 개발된 후에 인터넷에 개발에 필요한 코드들이 오픈소스형태로 공개되어 민간에 의해 다양한 파생형으로 발전되었으며, 윈도우 다음으로 널리 활용되는 운영체제이다.

2) 유닉스 · 리눅스의 특징

유닉스 · 리눅스 운영체제는 'Shell'이라는 프로그램을 이용하여 명령어를 입력, 대화식으로 프로그램을 실행토록 하는 구조를 가지고 있으며, 기반언어가 활용도가 높은 C언어로 개발되었기 때문에 다양한 종류의 컴퓨터장비에서 사용이 가능하고, 이식성이 높은 특징을 가지고 있다.

유닉스 · 리눅스 운영체제의 주요 특징은 다음과 같다.

운영체제	특 징
프로그래밍 인터페이스 (programming interface)	사용자가 프로그램제작 시에 사용하는 프로그래밍 언어처럼 'Shell'에 명령어를 입력하여 대화식으로 실행한다.
다중작업 & 다중사용자 (multitasking & multi-user)	여러 사용자가 하나의 시스템에서 복수의 작업을 동시에 실행한다.

계층적 파일구조 (hierarchical file structure)	계층적 트리구조를 사용하여 파일을 관리하며, 키보드·마우스 등 하드웨어장치도 파일로 인식하여 처리한다.
호환성 (portability)	활용도가 높은 C언어로 개발되어 다양한 컴퓨터장치에 이식이 가능하다.

3) 유닉스·리눅스의 구조

가. 유닉스·리눅스 아키텍처

유닉스·리눅스는 셸(Shell), 소프트웨어, 커널(Kernel), 하드웨어 등으로 구성되어 있다. 유닉스·리눅스는 윈도우와 다르게 전형적인 사용자모드와 커널모드로 구분되는 이중 연산모드를 지원하며, 커널이 유닉스·리눅스계열 운영체제의 핵심역할을 수행한다는 점에서 마이크로커널을 운영하는 윈도우와 차이를 보인다.

(가) 셸 : 셸은 사용자와 시스템 간 인터페이스를 담당하는 명령어 해석기로, 사용자가 셸에 입력하는 명령어를 인식하여 해당 프로그램 등을 실행하는 기능을 수행한다. 셸은 사용자가 유닉스·리눅스 운영체제에서 설치된 프로그램들을 사용하기 위한 핵심기능으로, 커널과 같이 주기억장치에 상주하지 않으며 파일형태로 존재한다.

(나) 커널 : 커널은 유닉스·리눅스 계열 운영체제에서 핵심적인 모드로서, 시스템 부팅 시에 주기억장치에 상주하여 하드웨어와 데이터 입·출력을 관리하며, 프로그램과 하드웨어 간 인터페이스를 제공한다. 또한 커널은 프로세스 및 메모리 관리, 파일 서브시스템, 하드웨어 장치드라이버, 프로세스 간 통신 등 주요 기능을 제공한다.

나. 유닉스·리눅스 파일시스템

유닉스·리눅스의 파일시스템은 윈도우와 다르게 단일 트리구조로 파일시스템이 구성되며, 윈도우는 설정된 각 드라이브별 파일 root디렉터리가 구성되어 파일시스템으로 나타나지만, 유닉스·리눅스는 하나의 root디렉터리를 통해 구성된다. 유닉스계열은 주로 UFS 파일시스템을, 리눅스계열은 ext 파일시스템을 사용하며, 유닉스·리눅스에서 주로 사용되는 파일시스템별 특징은 다음과 같다.

파일시스템	특 징
UFS (Unix File System)	유닉스계열 파일시스템으로서, FFS(Fast File System)의 개량 버전이다. 리눅스, 솔라리스, HP-UX 등에서 지원한다.
EXT (Extended File System)	리눅스 파일시스템으로서, 버전이 업그레이드됨에 따라 파일크기, 단편화 해소 등 성능이 향상되고 있다.
PCFS (PC File System)	유닉스에서 윈도우계열 파일시스템인 FAT16, FAT32를 지원한다.
NFS (Network File System)	네트워크상 서버디스크를 공유하기 위한 공유 파일시스템이다.

(4) 운영체제의 공격 및 보안관리

1) 운영체제의 공격과 대응방안

운영체제를 대상으로 하는 공격은 크게 운영체제의 기술적 취약점을 이용한 악성코드감염, 버퍼 오버플로우 등의 공격과 관리적 취약점을 이용한 스캐빈징, 살라미기법 등 악성행위, 패스워드 크래킹, 백도어설치, 취약한 공유폴더 등의 공격으로 구분할 수 있다.

가. 악성코드

악성코드(malicious code)는 컴퓨터시스템 사용자의 의사와 이익에 반해 시스템을 파괴하거나 내부자료를 유출하는 등의 악영향을 끼칠 수 있는 모든 소프트웨어를 지칭한다. 악성코드는 동작방식을 기준으로 바이러스(virus), 웜(worm), 트로이목마(Trojan Horse), 논리폭탄(logic bomb), 스파이웨어(spyware) 등으로 구분된다.

(가) 바이러스 : 바이러스는 컴퓨터의 정상적인 파일에 감염된 후 컴퓨터 내 다른 파일에 추가 감염되며, 독자적으로 실행되기보다 정상파일에 기생하여 추가 전파를 시도하는 특징이 있다. 감염대상 컴퓨터의 파일의 손상, 파괴 등 피해를 야기하며, 감염형태에 따라 부트바이러스, 파일바이러스, 매크로바이러스 등으로 분류할 수 있다.

(나) 웜 : 웜은 바이러스와 다르게 독자적인 파일형태로 존재하며, 피해컴퓨터의 네트워크 자원을 소모하여 다른 컴퓨터로 전파되는 특징을 가진다. 정상파일에 감염되어 존재하지 않고, 자가복제를 통해 증식하여 추가 전파를 시도한다.

(다) 트로이목마 : 트로이목마는 고대 그리스시대 트로이의 목마처럼 정상적인 프로그램으로 위장하여 대기하다 프로그램 실행 시에 악성행위를 시도한다. 통상 시스템의 백도어 등으로 활용되며, 정보유출, 시스템 및 자료의 파괴 등의 피해를 야기한다. 이것은 프로그램 형태로 존재하기 때문에 다른 파일에 기생하거나 자가복제하지 않는다.

(라) 논리폭탄 : 논리폭탄은 정상적인 프로그램으로 위장하는 트로이목마와 다르게 이미 존재하는 정상적인 프로그램의 소스코드에 삽입되어 해당 프로그램 내부에 존재하다가 정해져 있는 특정 날짜나 시간에 악성행위를 시도한다. 논리폭탄 코드가 작동하는 특정조건에서 활성화되어 파일 및 데이터의 파괴, 변조 등의 피해를 야기한다.

(마) 스파이웨어 : 스파이웨어는 다른 악성코드들처럼 해당 시스템의 파괴, 데이터 변조·파괴 등에 목적을 두지 않고 설치된 시스템에 있는 정보를 무단으로 수집하기 위해 활용된다.

악성코드로 인한 피해를 방지하기 위해서는 미연에 예방조치가 철저하게 이루어지는 것이 가장 바람직하다. 즉, 백신소프트웨어를 필수적으로 설치하고, 항상 최신버전의 백신엔진이 유지될 수 있도록 업데이트를 적용하며, 실시간 감시기능을 활성화하여 운용하여야 한다. 또한 정기적인 백신에 의한 수동검사를 적용하여야 하고, 운영체제와 설치된 응용프로그램에 대해서도 최신 보안패치의 적용 및 보안점검 등이 이루어질 수 있도록 하여야 하며, 운영체제에 설정되어 있는 사용자계정정보가 유출되지 않도록 관리하여야 한다. 한편, 관리적 측면에서도 공유폴더의 사용금지, 정기적인 보안교육의 실시, 의심스러운 이메일과 첨부파일의 열람금지, 이동식 저장매체 사용기능의 차단 등의 조치 및 정기적 보안점검과 보안감사 등의 대응이 필요하다.

나. 악성행위

악성행위는 악의적인 목적을 가진 내부 사용자나 인가되지 않은 미인가자에 의해 시도되는 행위를 말하며, 보통 시스템상 문제점이나 허점을 이용해 자신의 이득을 취득하기 위해 발생한다. 주요 악성행위에는 스캐빈징, 비동기성공격, 살라미기법, 데이터디들링, 슈퍼재핑, 제로데이어택 등이 있다.

(가) 스캐빈징 : 스캐빈징(scavenging)은 컴퓨터업무가 필요한 컴퓨터실, 전산실 등에서 작업하면서 쓰레기통에 버린 프로그램리스트, 데이터리스트, 복사본 등을 얻는 방법이다. 많은 사람들이 자신이 버리는 쓰레기가 다른 사람들의 손에 들어갈 경우에 자신을 위협할 수 있는 무기가 된다는 사실을 인식하지 못하기 때문에 이러한 일이 발생하므로, 따라서 이러한 자료들은 알아볼 수 없도록 폐기하여야 한다.

(나) 비동기성공격 : 비동기성공격(asynchronous attacks)은 컴퓨터 중앙처리장치 속도와 입·출력장치 속도가 다른 점을 이용해 다중프로그램(multi-programing)을 할 때 체크포인트(check-point)를 통해 자료를 입수하는 방법이다. 어떤 자료와 프로그램이 누출된 것 같은 의심이 생기거나 컴퓨터성능과 출력자료가 정상이 아닐 때 시스템의 로그인기록을 분석해 작업지시서와 대조하여 지시 없이 작업을 수행한 기록이 있는지 조사하여야 한다.

(다) 살라미기법 : 살라미기법(salami techniques)은 부분잠식수법이라고도 하며, 이탈리아 음식인 살라미소시지를 조금씩 얇게 썰어먹는 모습을 연상시킨다고 하여 붙은 이름으로, 어떤 일을 정상적으로 수행하면서 관심을 두지 않는 작은 이익들을 긁어모으는 수법이다. 예를 들면, 금융기관의 컴퓨터시스템에서 이자계산 시나 배당금분배 시에 단수 이하로 떨어지는 작은 수를 주워 모아 특정계좌에 모이게 하는 수법처럼, 이자계산이나 다른 거래계산 프로그램 속에 단위 수 이하의 숫자를 특정계좌에 계속 가산되도록 프로그램 루틴을 부정삽입하는 행위이다. 이것은 은행직원이나 금전취급관리·책임자, 외부인 등 전산망에 접근할 수 있는 자라면 누구나 저지를 수 있으므로 계좌 중에 아주 작은 금액이 계속적으로 입금된 사실이 있는지 검사하는 프로그램을 통해 예방하여야 한다.

(라) 데이터 디들링 : 데이터 디들링(data diddling)은 자료의 부정변개라고도 하며, 데이터를 입력하는 동안이나 변환하는 시점에서 최종적인 입력순간에 자료를 절취 또는 변경, 추가, 삭제하는 모든 행동을 말한다. 원시자료 자체를 변조·위조해 끼워 넣거나 바꿔치기 하는 수법으로 데이터보관소, 디스크 속에 엑스트라 바이트를 만들어 두었다가 데이터를 추가하며, 자료를 코드로 바꾸면서 다른 것으로 바꿔치기하는 것으로서, 원시자료 준비자, 자료운반자, 자료용역처리자 그리고 데이터접근이 가능한 내부인이 주로 저지른다. 이를 예방하게 위해서는 원시자료와 입력데이터를 대조하여 컴퓨터처리결과가 예상결과와 같은가 여부를 검토하여야 하며, 정기적으로 시스템 로그인파일과 수작업으로 작성된 관련일지를 서로 비교·검토하는 작업을 하여야 한다.

(마) 슈퍼 재핑 : 슈퍼 재핑(super zapping)은 컴퓨터시스템이 고장으로 가동이 불가능할 때에 비상용으로 쓰이는 프로그램을 슈퍼 잽으로 부른다. 슈퍼 재핑은 운영자 가장수법이라고 하며, 이러한 슈퍼 잽의 수행 시에 호텔의 만능키처럼 패스워드나 각종 보안장치기능을 상실시켜 컴퓨터의 기억장치에 수록된 모든 파일에 접근해 자료를 복사거나 위·변조시키는 것을 말한다. 이를 예방하려면 외부에서 출입해 수리를 하는 경우 입회자를 반드시 배치하여 자료반출의 내용을 확인하고, 고장내용이 수록된 파일을 복사해 가지고 나갈 경우에는 내용을 복사해 증거물을 남겨야 한다. 이 방법은 거의 직접적인 수법이므로 이를 방지하기 위해서는 입회자가 계속 지키고 확인하여야 한다.

(바) 제로데이 어택 : 제로데이 어택(zero-day attack)은 시스템의 소프트웨어와 운영체제, 일반소프트웨어 등 요소에 보안적인 결함이 발견되었을 때에 이러한 결함문제가 패치 등으로 해결되기 이전에 그 취약점을 악용하여 공격하는 수법이다. 실제 개발자들이 취약점을 미처 파악하지 못하고 대응하기 이전에 공격자는 툴, 바이러스를 개발하여 공격을 실시하므로 개발자의 빠른 대응을 필요로 한다. 만약 개발자에게 제보가 되지 않은 취약점이고, 그 취약점을 이용한 공격매개체를 파악하지 못하면 지속적으로 공격피해를 받을 수밖에 없다. 공격자들 사이에서도 이러한 취약점은 중요한 자산이기에 쉽게 공개하거나 공유하지 않는다.

다. 패스워드 크래킹

패스워드 크래킹(password cracking)은 각종 컴퓨터시스템에서 사용자인증에 사용되는 패스워드에 대해 이루어지는 공격기술과 방식들이다. 패스워드인증과 정보전송 시에 사용되는 암호화된 트래픽을 노리거나, 패스워드를 복구하여 얻어내는 공격방식들이 있다. 패스워드 크래킹은 크게 사전공격, 무차별 대입공격, 레인보우 테이블공격으로 분류될 수 있다.

(가) 사전공격 : 사전공격(dictionary attack)은 일반적으로 사람들이 자신의 패스워드를 생성할 때 편의상 일상적인 단어나 익숙한 키워드와 숫자, 특수키를 조합하여 생성한다는 점을 노린 공격방식으로서, 사전에 있는 수많은 단어들을 이용해 표적이 된 사용자계정의 패스워드구성을 추측하여 값을 얻어낸다.

(나) 무차별 대입공격 : 무차별 대입공격(brute-force attack)은 공격자가 얻어내려는 패스워드 값을 찾기 위해 조합가능한 모든 값을 무차별적으로 대입하여 공격하는 기법으로서, 공격이 있을 때에 표적이 된 사용자계정에 비정상적으로 많은 로그인시도와 접속오류 현상이 나타난다. 무차별 대입공격에서 사용자의 패스워드 길이가 길고 복잡할수록 공격자가 원하는 값을 얻어낼 때까지 소요시간이 기하급수적으로 증가하므로 피해가 발생하기 이전 징후를 감지하고 공격을 막을 수 있다.

(다) 레인보우 테이블공격 : 레인보우 테이블공격(rainbow table attack)은 패스워드가 전송과정에서 암호화를 거쳐 일정 해시 값으로 변화되는 것을 노려서 패스워드별 해시 값을 미리 생성하여 표적이 된 사용자계정의 패스워드 해시 값을 찾아 패스워드 값을 얻어내는 공격방식이다. 레인보우 테이블공격은 사전에 패스워드 해시 값을 미리 작성하는데 많은 시간이 소요되므로 다른 공격방식에 비해 공격을 위한 준비시간이 오래 걸린다.

패스워드 크래킹을 예방하기 위해서는 패스워드를 생성하는 사용자단계에서 크래킹을 막기 위한 예방조치를 필요로 한다. 즉, 패스워드를 사전에 8자 이상의 충분한 길이에 문자, 숫자, 특수문자, 대소문자 등을 조합하여 복잡도를 높여야 하며, 사전에서 추측가능한 단어를 제외하여야 한다. 또한 제3자 또는 주변인에게 자신의 패스워드와 관련된 정보나 힌트를 제공하거나 PC주변 또는 공용 PC모니터, 본체 등에 사용자계정과 패스워드를 붙여 놓거나 게시하지 않도록 유의하여야 한다. 그리고 레인보우 테이블공격을 막기 위해서는 패스워드 해시 값에는 문자열 앞뒤로 특정문자열을 추가하여 해시 값의 생성 시에 해시 값 추측이 어렵도록 조치하여야 한다. 그러나 패스워드는 시간을 들이면 결국 크래킹 당할 확률이 발생하므로 주기적으로 패스워드를 변경하는 등 보안에 유의하여야 한다.

라. 백도어

백도어(backdoor)는 공식화되지 않은 컴퓨터시스템에 접근할 수 있는 일종의 통로로서, 시스템에서 규정한 공식인증 루트를 우회하여 해당 시스템의 정보와 운영체제, 프로그램 등에 접근할 수 있게 해주는 용도로 활용된다. 통상 시스템의 설계과정에서 개발자들이 시스템의 이상 또는 기타 문제에 대응하기 위해 백도어를 포함하여 시스템을 설계하거나, 사용자의 부주의로 트로이목마 등으로 인해 백도어가 시스템상에 설치되어지기도 한다. 백도어는 일반 사용자계정으로 접속한 후 허가를 받지 않고 관리자의 권한까지 권한을 상승시켜 시스템을 장악하는 로컬 백도어 방식과, 원격으로 관리자 권한 등에 접속하게 하는 서비스와 데몬을 실행하는 원격 백도어 방식이 있다.

대표적인 백도어 공격으로는 SetUID 기능을 이용한 공격이 있다. SetUID 공격은 로컬 백도어의 개념으로, 유닉스·리눅스 운영체제에서 일반계정을 관리자계정으로 권한을 상승시켜 공격하는 공격법이다. SetUID는 유닉스·리눅스에서 파일에 대해 어떤 계정의 권한으로 어떻게 실행할 것인가를 설정하는 기능으로서, SetUID를 통해 파일에 대한 접근권한을 조작하여 권한을 획득하고 시스템을 공격하거나 정보를 탈취할 수 있다. 통상 관리자계정의 권한으로 접근가능한 파일에 일반계정이 접근권한을 가지게 될 경우에 해당 파일이 실행 중일 때에 해당 일반계정으로 관리자계정 권한획득이 가능한 점을 노려 공격에 활용되게 된다. SetUID 공격을 막기 위해서는 주기적인 SetUID 파일목록조회와 무결성검사를 통해 백도어 여부를 검사하여야 하며, 다음과 같은 검사항목을 갖추어 검사를 수행하여야 한다.

> (i) 현재 동작프로세스를 확인하여 신규 추가프로세스 여부의 검사
> (ii) 원격접속과 관련된 포트 여부 등 통신포트상태의 검사
> (iii) 운영체제 로그분석으로 계정권한변경 등 특이사항의 확인
> (iv) 해시함수를 통한 중요 파일 위·변조 여부의 검사
> (v) SetUID 권한이 부여된 파일목록에 대한 검사
> (vi) 악성코드와 백도어검사가 가능한 백신으로 백도어 여부의 검사

SetUID 공격 외에 현재 백도어를 이용한 공격은 주로 트로이목마와 같은 악성코드를 표적시스템에 심어 백도어로 활용하는 방식이 널리 사용되고 있다.

마. NetBIOS를 이용한 공격

NetBIOS(network basic input output system)는 시스템에서 파일, 프린터, 스캐너 등을 네트워크상에서 공유할 때 사용되는 통신프로토콜로 운영체제의 설정을 통해 해당 자원들의 공유를 가능하게 한다. NetBIOS 기능은 산업계 표준프로토콜로서 널리 활용되고 있으며, 네트워크 계층표현인 OSI 7계층에서 세션과 프로토콜계층의 서비스를 담당한다. 그러나 NetBIOS는 널 세션문제와 누킹문제의 취약점을 가지고 있는데, NetBIOS의 이러한 취약점은 시스템공격에 활용된다. 해당 취약점별 주요 특징은 다음과 같다.

취약점	특 징
널 세션 (null session)	널(null)은 필요한 값이 정해지지 않은 공백을 뜻하는데, NetBIOS에는 사용자계정 및 패스워드의 입력 없이 네트워크상 연결되어 있는 컴퓨터시스템에 접근가능한 널 세션이 존재한다. 이러한 널 세션을 통해 공격자는 인증 없이 네트워크에 접근하여 표적 컴퓨터시스템의 공유폴더의 내용, 사용자리스트 등의 정보수집이 가능해진다.
누킹 (nuking)	누킹은 짧은 시간동안 표적에게 과도한 부하를 일으켜 무력화를 유발하는 것을 뜻하며, NetBIOS의 파일공유용 포트인 TCP 139포트를 대상으로 대량의 패킷을 발송하여 컴퓨터시스템에 과부하를 일으켜 시스템다운을 일으킬 수 있다.

NetBIOS 취약점을 통한 공격을 막기 위해서는 운영체제의 제어판기능에 있는 '네트워크용 파일 및 프린터 공유' 기능을 해제하고, TCP·IP에서 NetBIOS기능을 사용하지 않도록 조치하여야 하며, 기본적으로 외부로부터의 미인가 접근차단을 위한 방화벽을 설치·운영하여야 한다.

바. 버퍼 오버플로우

버퍼는 프로그램의 실행에 있어 이동이 필요한 데이터를 임시적으로 저장하기 위해 사용되는 물리적인 메모리저장소의 영역이다. 버퍼 오버플로우(buffer overflow)는 프로그램의 데이터를 임시적으로 버퍼에 저장할 때 할당된 공간보다 큰 데이터로 인해 공간초과가 발생할 경우에 발생하는 오류를 뜻하며, 버퍼 오버플로우공격은 이러한 문제점을 이용해 버퍼 오버플로우를 고의적으로 일으켜 오류발생 시점에 공격자의 코드를 삽입·실행하여 시스템을 무력화하거나 권한 및 정보획득 등의 공격을 시도할 수 있다.

버퍼 오버플로우 공격을 막기 위해서는 최초 프로그램 개발 단계에서 데이터가 버퍼로 이동하기 전에 메모리 할당공간을 체크하는 함수코드를 삽입하여 오류를 사전에 예방토록 하여야 하며, 버퍼 오버플로우의 오류가 자주 발생하는 프로그램에 대하여는 보안패치 등 조치를 통해 공격에 이용되지 않도록 방지하여야 한다.

2) 운영체제의 보안관리

운영체제는 컴퓨터시스템에 있어 중추적인 역할을 수행하지만 운영체제를 노린 여러 공격방법과 기술들로 인해 철저한 보안관리의 필요성이 존재한다. 따라서 운영체제는 사용자계정관리, 패치관리, 접근제어 등 보안관리를 수행하여야 한다.

가. 윈도우 운영체제의 보안관리

윈도우 운영체제의 주요 보안관리사항은 다음과 같다.

운영체제	보안관리사항
사용자계정 관리	(i) 계정은 암호를 설정하고, 미사용 계정 및 불필요한 계정은 즉시 삭제한다. (ii) 주 공격목표인 관리자(administrator)계정은 비활성화 조치한다. (iii) 임시계정은 사용 후 즉시 삭제처리한다. (iv) 패스워드는 8자 이상에 숫자, 특수문자 등을 통해 복잡하게 설정한다. (v) 패스워드는 정기적으로 변경하여 관리한다. (vi) 로그인시도 시 패스워드오류가 수회 이상 발생 시 계정을 잠금처리한다.
패치관리	(i) 운영체제 및 소프트웨어, 하드웨어에 대한 정기적 보안패치를 실시한다. (ii) 패치는 자동업데이트 설정을 통해 신속히 최신화한다.
파일관리	(i) 접근제어가 어려운 FAT, FAT32 사용을 제한한다. (ii) NTFS를 사용하고 권한은 계정별로 별도로 설정한다. (iii) 중요 파일 및 폴더는 별도의 암호화를 적용한다. (iv) 중요 파일 및 폴더의 삭제 시에는 전문 삭제프로그램을 이용해 완전 삭제한다.
접근통제	(i) 윈도우 방화벽을 상시 활성화조치한다. (ii) 통신포트 중 필수적으로 연결이 필요한 포트만 사용토록 조치한다. (iii) 침입 감지시스템(IDS)을 지원하는 보안제품을 적용한다.

나. 유닉스·리눅스 운영체제의 보안관리

유닉스·리눅스 운영체제의 주요 보안관리사항은 다음과 같다.

운영체제	보안관리사항
사용자계정 관리	(i) 계정은 암호를 설정하고 미사용계정 및 불필요한 계정은 즉시 삭제한다. (ii) 패스워드는 8자 이상에 숫자, 특수문자 등을 통해 복잡하게 설정한다. (iii) 패스워드는 정기적으로 변경하여 관리한다. (iv) 기본암호(Default Password) 설정계정을 점검하고 암호를 변경한다. (v) 중복 Root권한 계정의 존재 여부를 검사하고, 삭제처리한다.
패치관리	(i) 운영체제 및 소프트웨어, 하드웨어에 대한 정기적 보안패치를 실시한다. (ii) 소프트웨어·하드웨어 제조사 홈페이지 또는 제조사 관리프로그램을 통해 최신 보안패치를 신속히 적용한다.
파일관리	(i) 파일 및 디렉터리 최초 생성 시에 최소권한을 부여한다. (ii) 사용자 계정별로 필요에 따라 접근권한을 세분화하여 부여한다.

| 접근통제 | (ⅰ) 대·내외 통신연결서비스의 필요성을 확인하여 설정 및 접근을 통제한다. |
| | (ⅱ) TCP Wrapper, Xinetd, iptables 등 방화벽기능을 사용한다. |

<참고>

- TCP Wrapper : 유닉스 운영체제에서 사용하는 호스트기반의 접근통제목록 관리 시스템으로 ·etc·hosts.deny에서 접속거부 설정, ·etc·hosts.allow에서 접속허용 설정, 일반적으로 hosts.deny에서 모든 접속을 차단한 후 hosts.allow에서 선별적 허용 등으로 운영한다. 접근허용 및 차단의 예시는 다음과 같다.
  − 접근허용(hosts.allow)
  − 접근차단(hosts.deny) : ALL : ALL·모든 서비스에 대한 접근을 차단

| ALL : 200.100.000.
EXCEPT : 201.000.000.000 | 200.100.000.xxx 대역에서 접근하는 모든 서비스의 접근을 허용하고, 201.000.000.000의 접속은 거부 |

- Xinetd : 리눅스 운영체제에서 사용되며, inetd의 대체로서 TCP Wrapper 대비 접근제어, DoS공격방지, 로깅기능, NAT지원 등 기능이 확장되었다. etc·xinetd.conf에 모든 서비스에 적용받는 default설정을 적용하거나·etc·xinetd.d(directory)에 특정 서비스별로 설정을 적용하여 운영한다.
- iptables : 리눅스 운영체제에서 커널 방화벽규칙을 관리하는 사용자용 유틸리티로서 iptables의 방화벽규칙을 정의하는 문법을 통해 접근을 통제한다. 규칙은 iptables 명령어를 실행하거나 etc·sysconfig·iptables를 직접 수정하여 적용한다. 설정형식과 항목별 설명은 다음과 같다.
  − 설정형식 : iptables [−t table] action chain pattern [−j target]
  − 항목별 설명

table	nat와 filter로 구분하며, 기본값은 filter로 생략 가능
action	A(신규 규칙 추가)·I(규칙을 첫부분에 삽입)·R(규칙교환)·D(규칙제거)
chain	INPUT(인바운드 패킷)·OUTPUT(아웃바운드 패킷)·FORWARD(통과 패킷)
pattern	−s(출발지)·−p(프로토콜)·−d(목적지)
target	ACCEPT(패킷허용)·DENY(패킷차단, 차단메시지 전송)·DROP(패킷무시)

3. 네트워크의 보안

(1) 네트워크의 개요

1) 네트워크의 개념

네트워크는 그물을 뜻하는 Net과 Work의 합성어로서 전자신호를 통해 통신하는 모든 통신기기가 서로 통신하기 위해 구성된 하나의 망을 말한다. 네트워크 망은 미방위청 DRAPA에서 근무하던 직원들이 컴퓨터구조상 컴퓨터 간의 통신이 가능함을 발견하고, ARPANET이라는 이름으로 서로 다른 20개의 컴퓨터 간 통신이 가능한 최초의 네트워크를 설치함으로써 시작되었다. ARPANET은 이후 40개의 컴퓨터를 연결한 네트워크로 발전하였으며, 전 세계로 연결된 지금의 네트워크로 확장되었다.

네트워크 개념을 통해 한정된 컴퓨터자원을 조직에서 공유하여 비용절감과 함께 다중화구성을 통한 정보자산에 대한 가용성을 확보하고, 거리상의 문제를 극복하여 장소에 상관없이 조직구성원들 간 원활한 의사소통과 정보공유가 가능하도록 할 수 있게 되었다. 이러한 네트워크는 보통 송·수신 정보기기, 전송매체, 메시지, 프로토콜 등으로 구성되며, 전송형식에 따라 단방향, 반이중, 전이중 방식으로 구분할 수 있고, 규모에 따라 LAN, MAN, WAN으로 구분할 수 있다.

가. 네트워크의 구성요소

네트워크의 구성요소는 다음과 같다.

네트워크	구성요소
송·수신 정보 기기	각종 컴퓨터시스템, PC, 모바일기기, 팩시밀리 등
전송매체	광케이블, 동축케이블, 무선AP 및 네트워크 등
메시지	문서, 사진, 동영상, 데이터 등
프로토콜	송신 및 수신자 간 통신에 필요한 기본규격

나. 네트워크의 연결방식

네트워크의 연결방식은 다음과 같다.

연결방식	종 류
단방향(simplex)방식	송신자와 수신자 사이에서 한쪽 방향으로만 전송이 이루어지는 방식으로, 라디오·TV 방송 전파송출, CCTV, 긴급조난신호 전파 등이 해당된다.
반이중(half-duplex)방식	통신주체 상호 간 송·수신이 가능하지만, 통신주체 중 어느 한 주체가 송신 중이면 다른 통신주체는 송신할 수 없는 동시 송·수신이 불가능한 방식으로 무전기 등이 해당된다.
전이중(full-duplex)방식	통신주체 상호 간 동시에 송·수신이 가능한 방식으로, 실시간 정보교환이 가능한 전화, 인터넷통신 등이 해당된다.

다. 네트워크의 규모

(가) LAN : 랜(local area network)은 근거리 통신망으로서, 일반적으로 전체 통신망에서 가장 하위개념에 속하는 통신망이다. 하나의 사무실 또는 건물 내에 구축되어 운영되며, 전체 통신망구성에서 가장 높은 비중을 차지한다. 광역통신망에 직접 연결되기도 하지만 통상 도시권통신망을 통해 통신이 이루어진다.

(나) MAN : 맨(metropolitan area network)은 도시권통신망으로서, 근거리통신망인 랜의 상위개념에 속한다. 이것은 도시마다 설치되어 있는 통신망을 말하며, 기지국 개념을 통해 각 지역마다 네트워크를 구축하여 핸드폰 서비스 등을 제공한다. 한 도시권에 구축된 통신망이 다른 도시권 통신망과 연결이 필요할 경우에는 광역통신망인 왠(WAN)을 통해 연결된다.

(다) WAN : 왠(wide area network)은 가장 상위에 속하는 광역통신망으로서, 수백에서 수천 킬로미터에 달하는 범위를 관할한다. 일반적으로 쉽게 접할 수 있는 WAN에는 전국에 설치된 전화선, 인터넷서비스 제공을 위해 구축된 인터넷회선, 기업이나 기관에서 본사와 자사 간을 전용선으로 연결한 인트라넷 등이 이에 해당한다.

2) 네트워크 참조모델

네트워크 참조모델은 네트워크의 주된 구성 요소인 프로토콜과 기능, 관리방법 등을 쉽게 확인하고 참고할 수 있도록 추상화한 개념적 모델을 말한다. 네트워크 참조모델을 통해 네트워크가 어떻게 구성되고 작동하는지 쉽게 확인할 수 있으며, 이를 통해 네트워크 구축 및 관리에 있어 용이하게 활용할 수 있다. 네트워크 참조모델 중 가장 중요한 모델은 OSI 7계층 참조모델과 TCP·IP 참조모델이 있다.

가. OSI 참조모델

OSI 참조모델(open systems interconnection reference model)은 국제표준화기구(ISO)에서 개발한 네트워크 참조모델로서, 컴퓨터네트워크 프로토콜 디자인과 통신에 대해 계층별로 구분하여 추상화한 모델이다. 통상 OSI 7계층이라고 불리며, 각 계층에서 표준이 개발될 수 있도록 기본적인 틀을 제공한다.

OSI 계층별 명칭과 주요 기능과 프로토콜, 전송단위는 다음과 같다.

계 층	기능(관련장비)	프로토콜	전송 단위
Application	응용프로그램 (L7-Switch)	HTTP, FTP, DNS	Data
Presentation	데이터 포맷 정의, 압축·암호화	JPEG, MPEG	Data
Session	네트워크 연결관리	SSH, TLS, NetBIOS	Data
Transport	데이터의 전송 (L4-Switch)	TCP, UDP	Segments
Network	데이터의 전송경로 설정 (Router, L3-Switch)	IP, ICMP, IGMP	Packets
Data Link	데이터의 흐름제어, 오류검출 (Bridge, L2-Switch)	MAC	Frames
Physical	데이터의 전기적 신호 (HUB, Repeater)	Eternet, RS-232C	Bits

(가) 제1계층(물리계층) : 물리계층(physical layer)은 실제 장치들을 연결하기 위해 필요한 전기적·물리적·절차적 세부사항을 정의하며, 물리적인 정보전달매개체에 대한 연결의 성립 및 종료를 수행하며, 여러 사용자 간 통신자원을 효율적으로 분배할 수 있도록 하고 사용자 장치의 디지털데이터를 필요에 맞게 신호로 변환한다.

물리계층은 네트워크상에서 제2계층인 데이터링크계층에서 전달된 프레임을 비트로 전송하는 계층으로 데이터링크 개체 간의 비트전송을 위한 물리적 연결을 설정·유지·해제하기 위한 수단을 제공한다.

(나) 제2계층(데이터링크계층) : 데이터링크계층(data link layer)은 포인트 투 포인트(point-to-point) 간 신뢰성있는 전송을 보장하기 위한 계층으로서, 네트워크 위의 계체들 간 데이터전달 및 물리계층에서 발생할 수 있는 오류를 식별하여 수정하기 위한 기능적, 절차적 수단을 제공한다.

데이터링크계층은 하드웨어장치인 네트워크카드가 제작될 때부터 물리적으로 부여된 MAC주소를 기반으로 프레임에 물리적 주소를 부여하고, 전송을 관리하며, 프레임의 수신확인, 프레임화, 동기화, 순서제어, 오류제어, 흐름제어 등을 제공한다.

(다) 제3계층(네트워크계층) : 네트워크계층(network layer)은 전송되는 데이터가 여러 노드를 거칠 때 필요한 이동경로를 찾아주는 역할을 수행하는 계층으로서, 전송이 필요한 데이터를 연결되는 다른 네트워크를 통해 전달함으로써 인터넷이 가능토록 만드는 계층이다. 즉, 다양한 길이의 데이터를 네트워크들을 통해 전달하고, 그 과정에서 필요한 기능적·절차적 수단을 제공한다.

네트워크계층은 라우팅, 패킷포워딩, 세그멘테이션, 인터네트워킹 기능 등을 수행한다. 또한 이것은 논리적 주소구조인 IP를 통해 네트워크관리자가 직접 주소를 할당하는 계층적인 구조를 가지며, 패킷의 전송을 관리한다.

(라) 제4계층(전송계층) : 전송계층(transport layer)은 양 끝단(end-to-end)의 사용자들이 신뢰성 있는 데이터전송을 할 수 있도록 기능을 제공하고, 상위계층이 데이터전달의 유효성이나 효율성을 고려하지 않도록 시퀀스 넘버기반의 오류제어

방식을 사용한다.

전송계층은 패킷들의 전송이 유효한가를 확인하고, 전송에 실패한 패킷은 재전송할 수 있도록 하며, 신뢰성 있고 효율적인 데이터전송을 지원하는 한편, 오류검출 및 복구, 흐름제어, 중복검사 등을 수행한다. TCP가 가장 잘 알려진 전송계층의 주요 프로토콜이다.

(마) 제5계층(세션계층) : 세션계층(session layer)은 양 끝단의 응용프로세스가 통신을 관리하기 위한 방법을 제공하며, 응용프로그램 간 통신관리, 통신세션(port) 확립 등을 수행한다.

세션계층은 동시 송·수신, 반이중, 전이중 방식의 통신과 함께 유휴, 종료, 재시작과정 등을 관리하며, 통신하는 사용자들을 동기화하고 오류복구명령들을 일괄적으로 관리한다. 그리고 세션계층은 TCP·IP 세션을 만들고 없애는 등 관리를 수행한다.

(바) 제6계층(표현계층) : 표현계층(presentation layer)은 데이터코드 간 번역을 담당하고 코드화체계를 통일하여 사용자시스템에 있는 응용프로그램 계층에서 인식할 수 있도록 한다.

표현계층은 수신자장치에 가장 적합한 애플리케이션을 사용하여 송신자로부터 전송된 데이터를 해석하기 위한 데이터부호화 변환기능 외에, 전송을 위한 암호화와 복호화, 인코딩과 디코딩 등을 수행한다.

(사) 제7계층(응용계층) : 응용계층(application layer)은 응용프로세스와 직접 관계하여 일반적인 응용서비스를 수행하는 계층으로 사용자가 네트워크에 접근하기 위한 인터페이스, 응용서비스를 제공한다. 일반적인 응용서비스는 관련된 응용프로세스 간 전환을 제공한다. 응용계층에서는 HTTP, FTP, SMTP, DNS 등을 사용한다.

나. TCP·IP 참조모델

TCP·IP 참조모델(transmission control protocol·internet protocol reference model)의 기반이 되는 TCP·IP는 1960년대 미국 국방성의 연구로 시작되어 1980년대

초 모델이 공개되었다. TCP·IP는 인터넷동작의 핵심이 되는 통신규약으로 데이터의 흐름관리와 데이터의 정확성을 확인하는 역할을 수행하는 TCP와 패킷을 목적지까지 전송하는 역할을 수행하는 IP로 구성된다.

TCP·IP는 애플리케이션계층, 전송계층, 인터넷계층, 네트워크 인터페이스계층으로 구성되어 있으며, OSI 7계층 모델 대비 계층적 구조가 간단하고 망 구성 시 유연성이 있다. TCP·IP 참조모델과 OSI 참조모델의 비교하면 다음과 같다.

TCP·IP 참조모델	OSI 참조모델
Application (Telnet, FTP, HTTP, SNMP)	Application
	Presentation
	Session
Transport(TCP, UDP)	Transport
Internet(IP, ICMP, IGMP)	Network
Network Interface (Ehternet, Token Ring, Token Bus)	Data Link
	Physical

(가) 애플리케이션계층 : 애플리케이션계층(application layer)은 사용자가 사용하는 응용프로그램으로부터 요청을 받아 적절한 메시지로 변환한 후에 하위계층으로 전달하는 기능을 수행한다.

(나) 전송계층 : 전송계층(transport layer)은 IP에 의해 전달되는 패킷의 오류를 검사하고, 재전송을 요구하는 등 제어기능을 수행하는 것으로, TCP, UDP 프로토콜이 이에 해당한다. TCP는 연결지향 프로토콜이며, UDP는 비연결지향 프로토콜이다.

(다) 인터넷계층 : 인터넷계층(internet layer)은 전송계층에서 받은 패킷을 목적지까지 효율적으로 전달하는 기능을 수행하는 것으로, IP, ICMP, ARP, RARP 등이 이에 해당한다. 각각의 특징은 다음과 같다.

	특 징
IP	TCP, UDP, ICMP 등을 위한 패킷전송을 담당한다.
ICMP	오류 및 제어정보를 관리한다.
ARP	IP주소를 하드웨어주소로 변환한다.
RARP	하드웨어주소를 IP주소로 변환한다.

(라) 네트워크 인터페이스계층 : 네트워크 인터페이스계층(network interface layer)
은 특정 프로토콜을 규정하지 않고, 모든 표준과 기술적인 프로토콜을 지원하는
계층으로서, 프레임을 물리적 회선에 업로드하거나 다운로드하는 기능을 수행한
다. 이것은 48비트 MAC(Media Access Control) 주소기반 통신을 수행한다.

(2) 인터넷프로토콜

프로토콜은 컴퓨터시스템 간 정보교환에 있어 상호 사용하는 통신규약이 맞
아야 통신이 가능하다는 점을 고려하여, 일정한 약속을 통해 여러 계층으로 나누
어진 네트워크상에서 동위 계층 간 사용하도록 정해진 표준통신규약을 말한다. 표
준프로토콜은 UN산하 ITU에서 국제통신규약으로 규정하며, 대표적인 인터넷프로
토콜로는 IP, TCP, UDP, ARP, ICMP 등이 있다.

1) IP

IP(internet protocol)는 인터넷프로토콜의 약자로서, 흔히 각 장치를 나타내는
IP주소를 가리키는 용어로도 쓰인다. 호스트에서 호스트까지의 통신을 책임지며,
패킷교환을 위한 규약으로서 호스트구분을 위한 고유한 주소지정과 패킷의 분할
과 재조립 등의 기능을 수행한다. IP는 비연결형 서비스를 제공하며, 오류제어나
흐름제어기능은 수행하지 않으므로 전송된 패킷에 대한 신뢰성을 보장하지 않는
다. 따라서 TCP프로토콜을 통해 전송신뢰성이 보장될 수 있도록 하여야 한다.

가. IP주소

IP주소는 인터넷망에서 각각의 호스트를 인식하기 위해 사용되는 고유한 번

호의 주소체계로서, 작게는 개인용 컴퓨터로부터 크게는 컴퓨터시스템이 내장된
카메라, 냉장고 등에도 부여된다. IP주소는 총 12자리 주소로 4개 부분으로 나누
어 구분하고, 각 부분은 0에서 255까지의 3자리 숫자(8비트)로 표현되어 있으며,
이를 합쳐 총 32비트의 주소체계로 구성된다.

 IP주소는 크게 공인IP주소와 사설IP주소로 구분되는데, 공인IP주소는 일반적
으로 실제 다른 컴퓨터시스템과의 통신을 위해 사용되는 주소로서 IP주소를 관리
하는 기관에 사용권을 요청하여 할당받아 사용한다. 대한민국의 경우 APNIC(아시
아-태평양 네트워크 정보센터)과 KRNIC(한국인터넷정보센터)의 관할구역이다. 사설
IP주소는 한정된 공인IP주소로 인해 대규모로 IP주소를 필요로 하는 대형기관이
나 조직 등에서는 IP주소할당에 제한이 발생하는데, 이를 극복하기 위해 조직내부
에 사설네트워크를 구축할 경우에 사용되는 IP주소이다. 따라서 사설IP주소는 내
부 네트워크에서만 사용이 가능하며, 가상IP라고도 불린다. 서브넷마스크(subnet
mask)는 사설IP사용을 위해 필요하며, IP주소에서 네트워크 ID와 호스트 ID의 구
분하는 기능을 수행한다.

 나. 서브네팅

 서브네팅(subneting)은 하나의 네트워크를 필요한 크기만큼으로 나누어주는
기술로서, 하나의 클래스(A, B, C-Class)로 구성된 IP주소 범위를 세분화시키는
기술이다. 서브네팅을 통해 네트워크 브로드캐스트 사이즈를 줄임으로써 브로드
캐스트로 오는 트래픽을 줄여 전체적인 성능을 향상시키며, IP주소를 보다 효율적
으로 나누어 낭비를 방지할 수 있다. 또한 서브네팅에 의해 보안수준별로 네트워
크상 그룹을 분리시켜 구축하기 때문에 악성코드의 쉬운 전파를 막을 수 있다.

 2) TCP

 TCP(transmission control protocol)는 컴퓨터시스템이 다른 컴퓨터시스템과 데
이터통신을 하기 위한 프로토콜로서, IP프로토콜 위에서 연결형 서비스를 지원하
는 전송계층 프로토콜이다. 인터넷환경에서 기본적으로 사용하게 된다.

 가. TCP의 주요 특징

 (가) 연결지향적 프로토콜 : TCP는 데이터 송·수신에 필요한 연결을 우선적으

로 검토하고 처리한다는 점에서 연결지향적(connection-oriented) 프로토콜이다.

(나) 전이중 전송방식 : 전이중 전송방식(full-duplex)은 양쪽에 있는 컴퓨터시스템이 동시에 서로에게 데이터 전송과 수신이 가능한 방식이다

(다) 단대단 전송방식 : 단대단 전송은 컴퓨터시스템 간 1대 1로 데이터를 송·수신하는 방식이다.

(라) 데이터 세그먼트화를 통한 순서 제어 : TCP에서는 데이터를 세그먼트(segment)라는 일종의 블록단위로 분할하여 전송한다. 전송되는 블록의 크기는 네트워크 부하정도, 윈도우의 크기 등을 고려하여 가변적으로 적용한다.

(마) 흐름제어 : 흐름제어(flow control)는 송신자가 수신자의 버퍼(가상 저장공간)가 오버플로우(초과)되어 과부하가 일어나지 않도록 데이터의 전송속도를 관리하는 기능이다. 흐름제어를 통해 송신자 윈도우 상한선을 지정하거나 특정 값 이상으로 데이터를 전송하지 못하도록 하여 수신자쪽 응용프로그램이 데이터를 읽는 속도와 송신자의 데이터 전송속도를 일치시켜 오버플로우를 막게 된다.

(바) 혼잡제어 : 혼잡제어(congestion control)는 송신자의 데이터전달과 송신자와 수신자 사이에 연결된 네트워크의 데이터 처리속도 차이를 해결하기 위한 기능으로, 네트워크 내 패킷의 수가 과도하게 증가되는 현상을 방지하거나 막기 위해 사용된다. 이것은 네트워크의 상황에 따라 송신자의 데이터 전송속도를 강제로 조절하는 방식으로서, 흐름제어가 송신자와 수신자 사이 전송속도의 관리에 국한하는 것에 비해 라우터를 포함하는 보다 넓은 관점에서 처리가 이루어진다.

(사) 전송의 신뢰성 보장 : 데이터를 전송 시 연결설정을 통해 통신준비가 끝나면 데이터를 전송하고 수신하게 되는데, 네트워크를 통해 한 번에 보낼 수 있는 데이터의 양은 한계가 있기에 원본데이터를 분할하여 전송하여야 한다. 이때 전송된 데이터가 순서에 맞게 제대로 전달되었는가, 중복된 데이터가 전달되지 않았는가, 데이터가 전송중 손실이 발생하지 않았는가에 대한 확인이 필요한데, TCP는 데이터전송 간 패킷손실, 중복, 순서 문제 등이 발생하지 않도록 검증하여 전송의

신뢰성을 보장한다.

나. TCP동작

송·수신자 간 논리적인 TCP 연결을 위해서 3-way handshake방식을 사용한다. 3-way handshake의 동작과정은 다음과 같다.

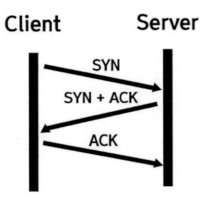

그러나 송·수신자 간 데이터전송 이후에 연결을 종료하여야 할 때는 4-way handshake방식을 사용하게 된다. 4-way handshake의 동작과정은 다음과 같다.

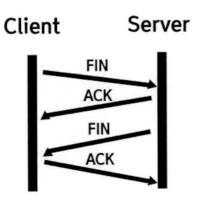

3) UDP

UDP(user datagram protocol)는 인터넷상에서 서로 데이터를 주고받을 때 정보를 보낸다는 신호나 받는다는 신호절차를 거치지 않고, 송신자가 일방적으로 데이터를 전송하는 통신 프로토콜이다. 송신자는 수신자가 데이터를 정상적으로 수신하였는가 여부를 확인할 수 없다. 이처럼 UDP는 TCP와 다르게 송신자가 수신자와의 연결절차 없이 데이터를 전송하기 때문에 비연결지향형이며, 송신자는 수신자가 정상적으로 데이터를 수신하였는가에 대하여 책임을 지지 않는다. UDP는 이러한 문제로 TCP에 비해 안정성 면에서는 떨어지지만, 전송속도가 훨씬 빠르다는 장점을 가진다.

4) ARP

ARP(address resolution protocol)는 주소변환 프로토콜로서, 네트워크계층주소에 속하는 IP주소 등을 네트워크카드 등에 부여된 물리적 주소(MAC)로 변환하기 위해 사용되며, MAC주소와 IP주소를 서로 연결하는 용도의 프로토콜이다. 인터넷상에서 송·수신자 간 데이터전송은 IP주소 기반으로 이루어지는데, 데이터전송시에 서로 간의 하드웨어 LAN카드를 통해 송·수신이 이루어지기 때문에 LAN카드에 부여된 고정적인 물리적 주소인 MAC주소를 필요로 한다. 따라서 ARP는 특정 IP주소의 수신자에게 패킷을 전송하기 위한 물리적 주소인 MAC주소를 얻기 위해 사용된다.

5) ICMP

ICMP(internet control message protocol)는 TCP·IP 프로토콜에서 IP네트워크의 상태와 IP상태 및 오류정보를 공유하기 위해 사용되는 프로토콜로서, 네트워크제어를 위한 각종 메시지가 규정되어 있다. IP 데이터그램의 데이터부분에 포함되어 전송되며, 해당 IP를 가진 장비에 접속이 가능한가를 확인하는 프로그램인 Ping과 해당 장비까지 가는 경로를 추적하는 프로그램인 Traceroute 등을 통해 활용한다. Ping과 Traceroute는 디렉터리 명령어를 통해 사용할 수 있다.

(3) 네트워크 및 보안장비

1) 유선네트워크장비

가. 리피터

리피터(repeater)는 OSI 7계층 참조모델에서 물리계층에 해당되는 장비로서, 장거리 전송회선의 중간에 위치하여 전송되는 신호를 증폭시키고 파형의 정형 등을 하는 중계장치이다. 전송구간이 길수록 전송신호의 감쇄현상이 발생하여 수신자측에서 제대로 된 신호를 받기 어려워질 수 있기 때문에 리피터를 이용하여 신호를 증폭시켜서 정상적으로 전송될 수 있도록 처리하여야 한다.

나. 허브

허브(hub)는 OSI 7계층 참조모델에서 물리계층에 해당되는 장비로서, 여러 대의 컴퓨터시스템을 공유하고자 할 때 사용되는 장치이며, 여러 시스템으로부터 전송되어 온 데이터를 모아 다시 여러 곳으로 공유하는 중앙연결점 역할을 수행한다.

허브는 스위칭기능 없이 허브에 연결된 컴퓨터시스템에 데이터를 전송하기 때문에 더미허브(dummy hub)라고도 하며, 모든 신호를 재전송하는 관계로 허브에 연결된 시스템이 많을수록 전송속도도 비례하여 저하되는 문제점을 가지고 있다.

다. 브리지

브리지(bridge)는 OSI 7계층 참조모델에서 데이터링크 계층에 해당되는 장비로서, 하드웨어 장치인 네트워크카드마다 부여된 고유주소인 MAC주소를 기반으로 전송신호를 구분하여 두 개 이상의 네트워크 간 연결을 관리하는 장치이다. 허브의 경우 모든 신호를 재전송하는 문제로 인해 전송속도 저하문제가 발생하는데, 브리지는 이러한 문제에서 네트워크를 논리적으로 분리하여 전송속도 저하문제를 해결하게 한다.

라. 스위치

스위치(switch)는 OSI 7계층 참조모델에서 데이터링크계층에 해당하는 장비로서, 허브가 모든 신호를 모든 시스템에 재전송하는 문제점이 있다는 것을 해결하기 위해 신호를 필요로 하는 시스템으로만 전송하여 불필요한 트래픽을 감소시킴으로써 네트워크에서의 데이터 전송속도를 향상시킬 수 있는 장비이다. 스위치장비는 계속해서 발전하여 데이터링크계층뿐만 아니라 네트워크계층, 전송계층, 애플리케이션계층까지 지원할 수 있도록 하고 있다. 각 동작계층별 스위치의 주요 내용은 다음과 같다.

동작계층	내 용
L2-스위치 (데이터링크계층)	네트워크카드의 MAC주소를 기반으로 패킷을 전송대상으로 전달하며, 상위 프로토콜을 이용한 라우팅은 불가능하다.
L3-스위치 (네트워크계층)	IP주소를 기반으로 패킷을 전송대상으로 전달하며, IP 로토콜 기반 라우팅이 가능하다.
L4-스위치 (전송계층)	TCP·UDP 포트넘버를 기반으로 패킷을 전송대상으로 전달하며, 스위칭이 가능할 뿐만 아니라 서버의 부하분산과 시스템문제 시에 대체시스템을 통해 작업을 이어나갈 수 있는 장애극복모드를 지원한다.
L7-스위치 (애플리케이션계층)	IP주소와 포트넘버, 패킷의 페이로드 데이터를 기준으로 패킷을 전송대상으로 전달하며, 송·수신자 간 통신기능 지원뿐만 아니라 DDOS 공격 등에 대한 방어를 지원하는 등 보안기능도 제공한다.

마. 라우터

라우터(router)는 OSI 7계층 참조모델에서 네트워크계층에 해당되는 장비로서, 논리적·물리적으로 분리된 망 사이를 지나가야 하는 패킷들에게 필요한 경로를 식별하여 최상의 경로를 결정하고 패킷을 전달하는 역할을 수행하는 장치이다. 라우터는 독립적 네트워크연결, 패킷전달, 패킷전송과 전송경로설정이 주기능이며, 패킷의 전달경로의 결정을 위해 라우팅테이블(routing table)을 구성·기록하여 이를 기준으로 사용한다.

라우터는 보통 상위통신망과 하위통신망 사이를 중계하는 역할로 많이 활용되며, 크게 코어라우터, 센터라우터, 엣지라우터로 분류한다. 각 라우터별 특징은 다음과 같다.

라우터	특 징
코어라우터	KT 등 인터넷서비스제공자(ISP)가 다른 인터넷서비스제공자와 상호 ISP 네트워크를 연결하는 용도로 사용된다.
센터라우터	전국 네트워크 WAN회선을 거쳐 회사의 본사네트워크와 지사·지점네트워크를 서로 연결하는 장비로 일반기업체나 조직 등에서 중심장비로 활용한다.
엣지라우터	전국네트워크 또는 각각 지점별 네트워크를 WAN회선에 연결하는 단말장비이다.

2) 무선네트워크장비

무선네트워크장비는 기존 유선망으로만 활용되던 인터넷과 네트워크기술이 각종 핸드폰, 스마트폰, 모바일장치들의 발달에 따라 사용자의 편의성을 위한 무선송·수신 기술이 발달되면서 기존 유선망을 기반으로 무선네트워크를 구성하기 위해 개발되었다. 무선네트워크장비는 통상 무선주파수를 통해 인터넷통신망을 구축하여 지역의 제한 없이 서비스를 제공할 수 있게 하며, 유선망을 기반으로 무선망을 통해 서비스범위를 확장시키는 엑세스포인트장비(AP)와 각종 장비에 무선네트워크 카드를 설치하여 무선네트워크를 사용할 수 있도록 하는 기술이 주로 활용되고 있다.

가. 액세스포인트

엑세스포인트(access point: AP)는 무선LAN서비스를 제공하는 소형 무선단말기로서, 유선망의 라우터나 스위치에 연결되어서 장착되어 있는 무선안테나를 통해 무선네트워크서비스를 제공한다. 엑세스포인트는 무선LAN주파수를 이용하여 무선네트워크장치들이 유선네트워크에 연결될 수 있도록 중계기능을 수행하며, 이를 통해 무선네트워크카드가 장착된 기기가 무선망을 통해 다른 컴퓨터시스템이나 주변 기기들과의 통신과 인터넷서비스를 사용할 수 있도록 하는 환경을 구성한다.

나. 무선네트워크카드

무선네트워크카드(wireless network interface card)는 하드웨어장치로서, 내장된 안테나를 통해 무선LAN 주파수를 이용하여 무선네트워크에 접속할 수 있도록 기능을 제공한다. 노트북, 컴퓨터시스템, 주변기기, 생활기기 등 장비들은 무선네트워크카드를 설치함으로써 엑세스포인트나 다른 무선네트워크기기와 통신을 통해 무선네트워크에 접속하여 인터넷서비스, 무선네트워크서비스 등을 사용할 수 있다.

다. 무선랜안테나

무선랜안테나(wireless LAN antenna)는 무선랜에서의 무선주파수의 송·수신율과 품질을 개선하고, 특정 주파수대역의 전자파를 송신 또는 수신하는 변환장치이다. 즉, 수신된 전자파를 데이터 전기신호로 변환하여 관련장치나 무선랜카드에 전달하고, 송신이 필요한 데이터 전기신호는 전자파로 변환하여 송신한다.

무선랜안테나는 크게 지향성(directional) 안테나와 무지향성(omni) 안테나로 구분할 수 있다. 지향성 안테나는 특정방위로, 전자파의 송·수신 강도가 높지만 전체적인 송·수신 범위가 좁은 단점을 가지며, 무지향성 안테나는 전체적인 송·수신 범위는 넓지만 전자파의 송·수신 강도가 낮은 단점을 가진다.

3) 보안장비

네트워크망은 보안조치 없이 논리적인 수단을 사용한 여러 침입시도와 악성행위에 취약하여 송·수신되고 있는 중요 데이터가 쉽게 소실, 탈취, 변조될 우려가 있다. 따라서 네트워크의 보호를 위한 보안장비의 사용이 필요하며, 이러한 네트워크의 보안장비에는 인가되지 않은 접근을 통제하는 방화벽, 악성행위시도자의 접근을 탐지하는 침입탐지시스템(IDS), 악성행위시도자의 접근을 차단하는 침입방지시스템(IPS), 송·수신되는 데이터의 보호를 위해 높은 기밀성에 초점을 맞춘 가상사설망(VPN) 등이 있다. 각 장비별 주요 내용은 다음과 같다.

가. 방화벽

방화벽(firewall)은 내부네트워크와 인터넷 간 송·수신되는 데이터를 선별하여 수용, 거부, 수정하는 기능을 수행하는 보안시스템으로서, 네트워크상 데이터트래픽을 제어하는 프로그램 또는 장치를 말한다.

(가) **방화벽의 기능** : 방화벽의 주요 기능은 다음과 같다.

방화벽	기능
트래픽검사 (traffic check)	인터넷을 통한 공격패턴 발달에 따라 네트워크를 통해 송·수신되는 데이터트래픽을 검사하여 패킷의 실제내용을 확인하고, 각 응용프로그램에 끼치는 영향정도를 체크하고 차단할 수 있게 기능을 제공한다.
패킷필터링 (packet filtering)	방화벽 동작과정에서 패킷을 검사하였을 때 미리 설정된 방화벽정책과 일치하지 않을 경우에 이를 차단하거나 송·수신 여부를 결정하는 기능이다. IP주소, 포트넘버 등 여러 설정된 기준에 따라 기능을 수행한다.
네트워크 주소변환 (network address translation : NAT)	공개된 인터넷망과 내부의 사설망 사이에서 외부공격으로부터 내부 사설망을 보호하고, 한정된 공인IP주소를 사설IP주소와 상호 변환할 수 있도록 하여 공인IP주소를 다수가 함께 사용할 수 있도록 기능을 제공한다. NAT를 설정할 경우에 라우터가 자신에게 할당된 공인IP주소만 외부로 공개하고, 내부는 사설IP주소를 사용하게 하여 필요시 상호 변환처리하며, 악성행위시도자가 필요한 내부 사설IP주소정보를 비공개하도록 처리하여 내부 네트워크보호를 수행할 수 있게 한다.
로깅(Logging)	송·수신, 차단, 오류 등 방화벽을 통해 처리되는 패킷들의 상황을 로그로 기록 및 저장하는 기능으로서, 악성행위가 발생하거나 오류발생 또는 시스템감사 등 여러 목적에서 로그를 활용할 수 있도록 지원한다.
프록시(Proxy)	데이터를 가져올 때 송신자로부터의 데이터를 바로 수신자의 컴퓨터시스템으로 가져오지 않고 임시저장소를 거쳐서 가져오는 기능으로서, 내부네트워크로의 직접적인 접근에 대해 방화벽에서 중계 및 패킷을 캡쳐하여 관리하는 기능을 수행한다.

(나) **방화벽의 종류와 특징** : 방화벽의 종류에는 크게 패킷필터, 스테이트풀 인스펙션, 애플리케이션 게이트웨이, 순환게이트웨이, 하이브리드, 다이다믹 패킷필터 방식이 있다. 각 방화벽의 주요 특징은 다음과 같다.

방화벽의 종류	특징
패킷필터 (packet filter)	1세대 방화벽으로서 OSI 7계층 참조모델에서 네트워크계층과 전송계층에서 동작하며, 처리속도가 우수하고 낮은 계층에서 동작함으로써 기존 응용프로그램과 연동이 용이하고, 하드웨어에 비의존적이다. 강력한 로깅기능을 제공하지만 사용자 인증기능을 지원하지 않는다. 세션관리 없이 IP와 포트기반으로 패킷을 통제하며, 돌아오는 패킷에 대한 허용정책으로 보안에 취약하다.
스테이트풀 인스펙션 (statefull inspection)	2세대 방화벽으로서 OSI 7계층 참조모델에서 네트워크계층에서 동작하며, 패킷필터방식과 애플리케이션 게이트웨이방식의 단점을 극복하기 위해 설계되었다. 네트워크계층에서 패킷을 처리하면서도 프로토콜의 상태와 정보테이블을 유지하고, 프로토콜특성에 따른 변화를 동적으로 대응해주는 기능을 제공한다. IP와 포트기반으로 통제 및 세션을 관리하며, 외부로 나가는 패킷정책 설정 시에 세션관리를 통해 돌아오는 패킷은 정책설정 없이 자동적으로 방화벽을 통과할 수 있도록 처리한다.
애플리케이션 게이트웨이 (application gateway)	OSI 7계층 참조모델에서 응용계층에서 동작하며, 방화벽의 프록시를 이용한 연결로 높은 보안정책의 실현이 가능하고, 바이러스검사기능을 지원한다. 또한 필요로 하지 않는 서비스가 허용되어 있는 포트를 통해 우회 접속하는 것을 방지할 수 있다. 전용게이트웨이를 운영함에 따라 응용프로그램 사용 유연성이 부족하고, 하드웨어에 의존적이다.
순환 게이트웨이 (circuit gateway)	OSI 7계층 참조모델에서 세션계층에서 응용계층에서 동작하며, 전용게이트웨이가 아닌 일반게이트웨이로 모든 서비스를 처리하며, 내부IP주소 은닉이 가능하다. 하지만 게이트웨이 사용을 위해서 클라이언트 모듈이 필요하다.
하이브리드 (hybrid)	대부분의 상용방화벽에서 사용되며, 패킷필터방식과 애플리케이션 게이트웨이 방식이 혼합된 방식으로 운영된다. 내부보안정책, 응용프로그램 등에 맞추어 선택적으로 적용이 가능하다.
다이다믹 패킷필터 (dynamic packet filter)	방화벽과 침입감지시스템(IDS)를 연동시키는 방식의 방화벽으로서, 실제 접속상태를 실시간으로 감시하여 패킷의 통과허용 여부와 거부 여부를 결정한다. 보안정책을 동적으로 수정할 수 있으며, IP주소와 포트넘버 등 세션정보를 기록 및 유지하여 능동적 보안관리를 가능하게 한다.

나. 침입탐지시스템

침입탐지시스템(intrusion detection system: IDS)은 컴퓨터시스템의 보안을 위협하는 악성행위가 발생할 경우에 이를 감지하여 대응하기 위한 시스템으로서, 침입차단만을 목적으로 하는 방화벽과 달리 각종 악성행위 기법들을 자체에 내장하여 침입행동을 실시간으로 감시, 추적, 제어할 수 있다. 이 시스템은 성능에 따라 침입정보를 실시간으로 관리자에게 전달하거나, 침입경로 추적, 데이터의 자동백업 등 적극적인 기능을 수행할 수 있다. 통상 일반적으로 정의된 탐지규칙을 기준으로 침입발생 여부를 탐지한다.

(가) 침입탐지시스템의 종류와 기능 : 침입방지시스템의 종류와 주요 기능은 다음과 같다.

탐지방법의 종류	기 능
오용탐지 (misuse detection)	기존에 발생한 악성행위, 악성패킷 등을 분석하여 도출된 침입패턴을 저장하여, 저장된 패턴을 통해 침입 여부를 탐지한다. 오탐률이 낮지만 미탐률이 높고 제로데이 공격과 알려지지 않은 패턴을 탐지할 수 없다. 시그니처기반 혹은 지식기반탐지방법이라고도 한다.
이상탐지 (anomaly detection)	오용탐지와 반대로 정상패턴을 저장하여 이와 다른 패턴을 모두 침입으로 탐지한다. 오탐률이 높지만 미탐률이 낮고 제로데이 공격과 알려지지 않은 공격패턴을 감지하고 대응할 수 있다.
모니터링 및 탐지	침입감지시스템을 통해 발생하는 네트워크 및 시스템의 이벤트를 분석 및 탐지한다. 통상 24시간 실시간 모니터링 및 탐지기능을 제공한다.
경고기능	침입감지시스템을 통해 탐지된 위협이벤트를 관리자에게 통보하는 기능으로 관리자의 PC나 핸드폰 등으로 경고신호를 전송한다.
보고기능	침입감지시스템을 통해 수집된 이벤트정보들을 분석하고 통계처리하여 자료화한 후 관리자에게 보고하는 기능이다.

(나) **침입탐지시스템의 종류와 특징** : 침입탐지시스템은 크게 네트워크기반과 호스트기반으로 분류할 수 있다. 각 시스템별 주요 특징은 다음과 같다.

침입탐지시스템	특 징
네트워크기반 침입탐지시스템	네트워크단에 시스템을 설치하여 실시간 감시기능을 지원하고, 호스트기반에 비해 운영비용이 저렴하다. 그러나 탐지된 침입이 성공적으로 대응되었는가 여부를 파악할 수 없으며, 암호화된 패킷을 탐지할 수 없다.
호스트기반 침입탐지시스템	개별시스템에 직접 설치되어 직접적인 감시가 가능하며, 응용프로그램 형식의 악성코드인 웜, 트로이목마 등을 탐지할 수 있다. 그러나 각각의 시스템마다 설치 및 관리하여야 하므로 운영상 비용이 크게 증가한다.

다. 침입방지시스템

침입방지시스템(intrusion prevention system: IPS)은 네트워크에서 악성행위를 감지할 경우에 자동으로 대응하여 비정상적인 행위를 중단시키는 보안장치로서 침입경고 발생 이전에 악성행위를 중단시키는 기능을 지원한다. 또한 해당 시스템 내에 비정상적 행위에 따른 데이터유출을 자동으로 탐지하고 차단할 수 있으며, 일반적으로 오용탐지에 필요한 차단패턴과 이상탐지에 필요한 임계치의 설정을 통해 차단기능을 수행한다.

라. 가상사설망

가상사설망(virtual private network: VPN)은 인터넷과 같은 공중망상에 소프트웨어 프로그램을 이용하여 가상의 사설망을 구축하여 사용자가 전용망처럼 이용할 수 있게 해주는 보안장비이다. 사용자가 희망하는 그룹화에 따라 망구성을 정의하고, 임의의 망체계를 구축할 수 있게 해주며, 일반적으로 터널링, 사용자인증, 암호화, 키관리, 무결성보장 등의 기능을 제공한다.

(가) **가상사설망의 기능** : 가상사설망에서 제공하는 주요 기능은 다음과 같다.

종 류	기 능
터널링 (tunneling)	통신망으로 전달된 데이터패킷을 다른 통신규약을 사용해서 표현한 다음 전달하는 기능으로서, 공중망 내 다른 사용자로부터 송신되는 데이터패킷을 관리하여 수신하는 가상사설망 사용자를 보호할 수 있도록 한다.
사용자인증 (authentication)	가상사설망에 참여하고 있는 사용자들 간 안전한 데이터공유를 위해 사용자 인증기능을 제공한다.
암호화 (encryption)	가상사설망 내에서 전송되는 데이터에 대한 암호화처리를 통해 기밀성을 보장하는 기능을 제공한다.
키관리 (key management)	데이터암호화를 위해 필요한 가상사설망 사용자의 암호화 키를 관리하여 키유출로 인한 데이터의 변조, 탈취, 삭제 등을 방지한다.
무결성보장 (integrity)	가상사설망 내에서 공유되는 데이터의 위·변조 여부를 검사하여 데이터의 무결성이 유지될 수 있도록 한다.

(나) 가상사설망의 운영 프로토콜 : 가상사설망을 운영할 수 있도록 필요한 프로토콜에는 L2TP, PPTP, IPSec, SSL 등이 있다. 주요 프로토콜별 특징은 다음과 같다.

프로토콜	특 징
L2TP (layer 2 tunnling protocol)	OSI 7계층 참조모델에서 데이터링크계층에서 동작하며, 인증서기반 인증서비스를 제공한다. 기밀성이 보장되지 않아 다른 VPN 프로토콜인 IPSec과 함께 사용하여야 한다.
PPTP (point to point tunneling protocol)	OSI 7계층 참조모델에서 데이터링크계층에서 동작하며, 시스템과 시스템 간 일대일 방식으로 데이터를 전송하여 다른 시스템으로부터 보안유지를 지원하는 프로토콜이다. L2TP와 마찬가지로 기밀성이 보장되지 않으므로 다른 VPN프로토콜인 IPSec과 함께 사용하여야 한다.
IPSec (internet protocol security)	OSI 7계층 참조모델에서 네트워크계층에서 동작하며, VPN장비에 가장 많이 활용된다. 패킷단위 인증과 암호화, 암호화 키 교환 등의 기능과 보안성을 위한 AP(authentication header·인증 및 무결성 보장)와 ESP(encapsulating security payload·인증, 무결성, 기밀성 보장)를 제공한다.

	또한 IP패킷전체를 암호화 후 새로운 IP헤더를 추가하는 기능인 Tunnel과 IP헤더는 두되, 데이터를 암호화하는 Transport 운영모드를 제공한다.
SSL (Secure Sockets Layer)	OSI 7계층 참조모델에서 전송계층부터 응용계층까지 동작하며, 웹 서버와 웹 브라우저 간 통신 시에 보안성을 제공한다. 사이트인증, 데이터기밀성 및 무결성을 보장한다. SSL은 상호 간에 세션을 성립할 때 사용하는 SSL Handshake 프로토콜과 암호화와 복호화를 담당하는 SSL Record Protocol 등으로 구성된다. 또한 SSL은 공개키 암호화방식을 사용하고, 전자서명 등으로 사용자 인증기능을 제공하며, 전송데이터 암호화 및 복호화는 클라이언트의 세션키(대칭키)로 수행하는 특징을 가진다.

(4) 네트워크 공격 및 대응방안

컴퓨터시스템의 네트워크를 통한 공격은 적극성에 따라 수동적 공격과 적극적 공격으로 구분할 수 있고, 수동적 공격은 본격적인 공격 이전에 사전 정보를 수집하고 공격목표의 취약점을 수집·분석하는 공격기법이며, 적극적 공격은 수집된 정보를 바탕으로 본격적인 정보탈취나 시스템파괴, 변조 등 악성행위를 수행하는 공격기법을 말한다.

1) 수동적 공격

수동적 공격(passive attack)은 크게 공격대상의 정보를 수집하기 위한 풋프린팅 기법, 공격대상의 네트워크서비스상태를 파악하기 위한 스캐닝기법, 공격대상 시스템에서 송·수신되는 정보를 도청하기 위한 스니핑기법 등이 있다. 각 기법별 주요 특징은 다음과 같다.

가. 풋 프린팅

풋 프린팅(foot printing)은 본격적인 공격 이전 국면에서의 기법으로서, 공격대상과 관련된 정보를 수집하는 사전 작업이다. 침입에 필요한 기술상 정보와 공격대상시스템을 보유하고 있는 기관, 기업, 조직 등에 대한 전반적인 정보를 수집하여 이후 공격방법과 시기, 침입루트 등을 결정할 수 있게 된다. 풋 프린팅은 보통 검색엔진, 사회공학적 기법, 관련 프로그램 및 명령어를 통해 수행된다. 이때 수집되는 정보의 종류는 다음과 같다.

종 류	내 용
기술적 정보	공격대상시스템의 보안상 취약점, 도메인정보, IP주소, IDS·IPS 및 방화벽 여부, 사용자계정 목록, 하드웨어사양, 네트워크 프로토콜, 인증체계 등의 기술적 정보를 수집한다.
사회적 정보	공격대상 기관·기업조직의 조직체계, 직원 및 관리자 현황, 접근가능한 신용불량이나 성격적 결함 또는 기타 문제를 가진 직원·관리자, 업무관련자 전화번호 및 이메일, 조직 내 주요 이슈 등의 사회적 정보를 수집한다.

한편, 풋 프린팅에서 정보수집을 위해 사용되는 프로그램에는 Whois, nmap, Sam Spade, nslookup, traceroute, 일반 검색엔진 등이 있다. 풋 프린팅은 기술적 정보와 사회적 정보를 모두 대상으로 하기 때문에 기술적 정보유출을 막기 위해 보안정책과 보안시스템을 철저하게 관리하여야 하며, 사회적 정보유출방지를 위한 자체 보안대책과 계획을 수립하여 수행하여야 한다.

나. 스캐닝

스캐닝(scanning)은 풋 프린팅과 함께 공격대상시스템에 직접 침입하기 위해 목표 호스트에 대한 정보를 수집하는 활동이다. 일반적으로 호스트검색과 운영체제탐지, 현재 서비스되고 있는 서비스들과 관련 네트워크포트정보, 취약 네트워크포트 등을 수집한다.

통상 우선적으로 공격대상 시스템이 활성화되어 있는지 여부를 확인한 후, 네트워크를 통해 접근이 가능한 통신포트를 확인하여 접근루트를 찾게 된다. 이때 통신포트 확인을 위해 포트 스캔작업을 수행하게 되는데, 포트스캔은 크게 TCP Open Scan, TCP Half-Open Scan, X-MAS, NULL, FIN Scan 등이 있다. 주요 스캔방법별 동작과정과 특징은 다음과 같다.

(가) TCP Open Scan : TCP Open Scan은 TCP프로토콜의 연결과정을 통해 공격대상시스템의 네트워크포트가 활성화되어 있어 침입루트로 활용이 가능한지

를 확인하는 기법이다. 이것은 TCP프로토콜의 통신연결에 사용되는 3-Way Handshake 과정을 온전히 수행하기 때문에 TCP Full Open Scan 또는 TCP SYN·ACK Scan이라고도 한다.

　　TCP Open Scan은 정상적인 TCP 연결과정을 통해 신뢰성 있는 결과를 얻을 수 있으나, 다른 스캔방법에 비해 처리속도가 느리고, TCP세션의 완료로 인해 시스템을 지키고 있는 방화벽 등에 접근시도로그가 남아 탐지될 수 있으며, 활성화된 포트검색에 사용된다.

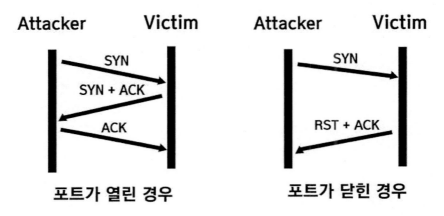

(나) TCP Half-Open Scan : TCP Half-Open Scan은 TCP Open Scan과 다르게 TCP프로토콜 연결과정을 완전히 수행하지 않고 공격대상시스템의 네트워크 포트가 활성화되어 있는가를 확인하는 기법이다. 포트가 활성화되어 있는 경우는 공격자가 SYN패킷을 통해 대상시스템으로부터 SYN·ACK 패킷을 받아 활성화가 되어 있음을 확인할 수 있으며, 공격자는 즉시 RST패킷을 전송함으로써 연결을 초기화하여 TCP세션이 완료되지 않게 처리한다.

　　TCP Half-Open Scan은 TCP세션이 완료되지 않기 때문에 기본적으로 방화벽 등에 접근로그가 남지 않게 되며, 흔적을 남기지 않기 위한 스캔이므로 스텔스 스캔으로 분류되고, TCP Open Scan과 마찬가지로 활성화된 포트검색에 사용된다.

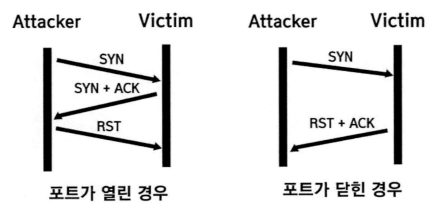

(다) X-MAS, NULL, FIN Scan : X-MAS, NULL, FIN Scan 등은 TCP헤더를 조작하여 공격자가 특수한 패킷을 공격대상시스템에 전송하여, 그에 대한 응답에 따라 대상시스템의 포트활성화 여부를 확인하는 기법이다. X-MAS의 경우는 TCP 헤더 내에 플래그 값을 모두 설정하거나 일부 값을 설정하는 반면, NULL의 경우는 TCP헤더 내 플래그 값을 설정하지 않고, FIN의 경우는 TCP헤더 내 FIN플래그를 설정하여 전송한다. 공격대상시스템은 해당 스캔들이 이루어질 경우에 포트가 활성화 되었을 경우는 응답하지 않으며, 포트 비활성화상태에서 응답한다.

X-MAS, NULL, FIN Scan은 TCP세션이 완전히 연결되지 않기 때문에 접근 로그가 남지 않아 스텔스 스캔으로 분류되며, TCP Open Scan 또는 TCP Half-Open Scan과 달리 활성화되지 않은 포트검색에 사용된다. 스캐닝을 통하여 공격자는 현재 공격대상시스템에 오픈되어 있는 네트워크서비스와 포트, 운영체제, 응용소프트웨어, 보안취약점 등의 정보를 수집하고 차후 능동적 공격에 필요한 접근 루트를 확인할 수 있다.

한편, 스캐닝을 위해서 공격자는 여러 가지 종류의 프로그램을 사용할 수 있으며, 보통 스캐닝을 위한 프로그램에는 nmap, firewalk, SAINT, Nessus, Nikto 등이 사용된다. 스캐닝은 풋 프린팅과 다르게 기술적 정보수집에만 집중하기 때문에 외부에서 접근가능한 활성화 포트검색 및 불필요한 서비스·포트 제거 등 기술적 대응이 요구되며, 방화벽, IDS·IPS 등 보안시스템의 정기적 관리와 로그확인, 탐지 및 차단의 규칙점검 등을 수행하여야 한다.

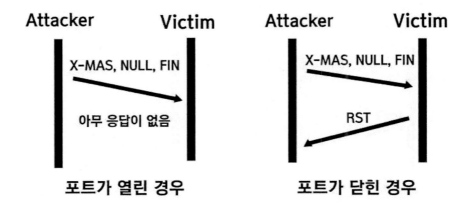

다. 스니핑

스니핑(sniffing)은 네트워크를 통해 송·수신되고 있는 패킷을 도청하는 행위로 네트워크 내 패킷들이 대부분 암호화되지 않는다는 점을 노려 수행되는 기법이다. 보통 패킷 속에 담겨있는 공격대상시스템의 사용자 계정과 패스워드를 노리고 수행되며, 공격대상시스템의 네트워크 LAN카드를 자신의 MAC주소를 목적지로 하는 패킷만 허용하는 일반모드에서 자신의 MAC 주소를 목적지로 하지 않는 패킷까지 포함해 모든 패킷을 수집하는 프라미시큐어스(promiscuous)모드로 변경시켜 해당 네트워크 내 모든 패킷을 수집하여 분석할 수 있게 된다. 스니핑에 대한 네트워크의 가장 큰 취약점은 패킷이 송·수신되는 전송구간에서 암호화가 이루어지지 않는다는 점이다. 그렇기 때문에 스니핑을 방지하기 위해서는 패킷 전송구간에 대해 SSL, SSH 등의 전송구간 암호화와 인터넷서비스 중 이메일을 통한 데이터전송 시에 이메일 암호화를 지원하는 PGP, S/MIME 등을 적용하고, 가상사설망인 VPN을 이용하여 패킷에 대한 도청을 방지할 수 있도록 하여야 한다.

주요 스니핑기법의 종류와 그 특징은 다음과 같다.

(가) ARP-Redirect : OSI 7계층 참조모델에서 데이터링크계층에 해당되는 스니핑기법으로서, 공격자시스템의 네트워크 LAN카드의 MAC주소를 라우터로 위장하여 공격대상시스템에게 ARP-reply 패킷을 지속적으로 전송하여 공격대상 시

스템입장에서 공격자의 시스템이 라우터인 것으로 ARP-Table을 갱신하게 만든다. 이를 통해 공격대상시스템은 공격자의 시스템을 라우터로 인지하여 자신이 외부로 송신하는 모든 패킷을 공격대상시스템에게 보내게 되며, 공격자는 공격대상시스템의 패킷을 수집할 수 있게 된다.

(나) ICMP-Redirect : OSI 7계층 참조모델에서 네트워크계층에 해당되는 스니핑기법으로서, 공격자는 자신의 시스템 IP주소를 라우터로 위장한다. 공격대상시스템에 ICMP-Redirect패킷을 전송해서 공격자의 IP주소를 기본게이트웨이(라우터)로 변경하도록 하여 Routing-Table을 갱신한다. 이를 통해 공격대상시스템이 공격자의 시스템을 디폴트게이트로 인지하여 외부로 송신하는 모든 패킷을 공격자의 시스템으로 송신하게 되며, 공격자는 공격대상시스템의 패킷을 수집할 수 있게 된다.

(다) Switch Jamming : Switch Jamming은 공격대상시스템에 연결되어 있는 switch에게 랜덤한 MAC주소를 무한대로 전송하여 switch가 가지고 있는 MAC주소 테이블용량을 초과하게 만든다. MAC주소 테이블용량이 초과된 Switch는 본래의 네트워크 분리기능을 상실하여 Dummy Hub와 같은 성능으로 동작하게 되며, 이를 통해 공격자는 공격대상시스템의 LAN 카드모드를 프라미시큐어스(promiscuous)모드로 변경하여 패킷을 수집할 수 있게 된다.

(라) Port Mirroring : Port Mirroring은 네트워크의 switch에서 포트를 통과하는 패킷들을 감시 또는 관찰하기 위하여 패킷들을 다른 switch포트로 복사하는 기법을 말한다. 이것의 본래 목적은 네트워크상 장애발생 시에 네트워크관리자가 문제점을 파악하기 위하여 switch내부에서 이동하는 정보들을 확인하고 모니터링하기 위해 활용되지만 이를 악용하여 스니핑기법으로 활용할 수 있다.

2) 능동적 공격

능동적 공격(active attack)은 표적이 된 시스템에 대한 정보를 수집하고 분석하는 수동적 공격과 다르게 표적에 대한 직접적인 침투나 공격 등을 수행하는 공격기법이다. 이러한 능동적 공격에는 크게 표적에 대해 접근할 수 있는 다른 사용자 컴퓨터시스템으로 위장하는 스푸핑(spoofing)과 네트워크서비스에 대한 직접적인 지연, 중지, 마비, 파괴 등을 초래하는 서비스거부공격(DoS), 여러 대의 컴퓨터시스템을 이용해 더 큰 피해를 초래하는 분산서비스거부공격(DDoS) 등이 있다. 각 능동적 공격기법별 주요 내용은 다음과 같다.

가. 스푸핑

스푸핑(spoofing)은 표적이 되는 컴퓨터시스템이 공격자의 악의적인 속임에 따라 잘못된 정보 혹은 네트워크연결을 신뢰하게 만드는 일련의 기법을 말한다. 스푸핑은 네트워크상 정보를 수집하고 분석하는 스니핑과 다르게 적극적으로 표적 컴퓨터시스템이 잘못된 정보를 신뢰하고 받아들이게 유도하며, 스푸핑에 피해를 입은 표적 컴퓨터시스템은 공격자가 주입한 잘못된 정보를 신뢰하여 스스로 악성행위에 참여하거나 공격자에게 정보를 전송하게 된다. 또한 피해를 입은 상태에서 피싱에 연루되거나 백도어의 용도로 활용될 수 있다는 점에서 더 위험하다.

스푸핑의 특징은 대부분 시스템이 검증하기 어렵고, 근본적으로 완전한 신뢰성을 갖추기 힘든 정보들을 위조하여 이용하는 것이다. 주된 스푸핑기법으로는 다른 컴퓨터의 LAN카드가 보유한 물리적인 MAC주소를 이용한 ARP-Spoofing, IP주소를 이용한 IP-Spoofing, DNS서버를 이용한 DNS-Spoofing 등이 있다. 각 스푸핑기법별 주요 내용은 다음과 같다.

(가) ARP-Spoofing : ARP-Spoofing은 컴퓨터시스템의 LAN카드가 가지고 있는 물리적인 MAC주소를 위조하는 기법으로서, 공격자자신의 MAC주소를 위조하여 표적 컴퓨터시스템과 통신하는 호스트정보를 자신의 시스템으로 우회시키는 방법을 사용한다. 공격자는 자신을 게이트웨이로 속여 표적 컴퓨터시스템이 모든 데이터를 공격자를 거치도록 만들고, 공격자는 정보를 수신한 후 원래의 게이트웨이로 다시 전송해 줌으로써 피해자의 데이터송·수신이 정상적으로 이루어지도록 하여, 자신이 스푸핑을 하고 있다는 사실을 숨길 수 있다.

ARP-Spoofing에 대응하기 위해서는 정적 MAC주소 테이블을 적용하도록 하고, 시스템 재부팅 시에 이를 다시 적용토록 하여 MAC주소 위장이 어렵게 하여야 한다.

(나) IP-Spoofing : IP-Spoofing은 공격자가 자신의 IP주소를 변조하거나 속여서 표적 컴퓨터시스템의 접근제어목록(ACL)을 우회하거나 회피하여 공격하는 기법으로서, 변조된 IP주소를 사용하여 공격에 대한 추적이 어렵다. IP-Spoofing은 TCP·IP의 구조적 결함을 이용하여 공격을 수행하며, 신뢰관계에 있는 두 컴퓨터시스템 사이에서 공격자의 호스트를 하나의 신뢰관계에 있는 호스트로 위장한다. 통상 위장하고자 하는 시스템을 서비스거부공격 등으로 마비시킨 후 공격자 자신을 마비된 시스템으로 위장하여 개입시킨다.

IP-Spoofing에 대응하기 위해서는 시스템 간 사용하는 신뢰관계의 사용을 중단시켜 공격을 막아야 한다.

(다) DNS-Spoofing : DNS-Spoofing은 DNS서버로 전해지는 요청에 대해 위조된 패킷을 보내는 공격기법으로서, DNS-Query 패킷의 응답을 위조한다. 공격대상이 된 표적 컴퓨터시스템이 송신하는 DNS-Query패킷을 중간에 가로채고, 위조된 공격자의 패킷을 정상적인 DNS서버의 패킷보다 먼저 도착하게 하여 나중에 도착한 정상적인 패킷이 삭제되게 만든다. 이를 통해 공격자는 피해 컴퓨터시스템이 자신이 위조한 웹서버로 접속하게 유도할 수 있으며, 피해사용자의 계정, 패스워드, 기타 중요 정보들을 탈취할 수 있게 된다.

DNS-Spoofing에 대응하기 위해서는 컴퓨터의 hosts파일에 중요 웹 서버의 IP주소를 기록·유지토록 하여 공격자에 의해 변조된 주소로 접속되지 않도록 조치하여야 한다.

나. 서비스거부공격

서비스거부공격(denial of service : DoS)은 표적 컴퓨터시스템의 자원과 데이터를 정상적인 사용자가 사용하지 못하도록 해당 컴퓨터시스템이 수용할 수 있는 능력 이상의 트래픽을 과다 송신하여 시스템자원을 고갈시키고 과부하를 일으키는 공격기법이다. 서비스거부공격이 발생하면 사용자들이 해당 서비스에 대해 정상적인 접근이 불가능해지며, 시스템과 저장공간에 대한 파괴, 시스템 자원고갈, 네트워크 자원고갈 등의 피해가 발생한다.

주요 서비스거부공격의 종류와 그 특징은 다음과 같다.

(가) Ping of Death : Ping of Death은 ping을 이용하여 ICMP 패킷을 정상적인 크기보다 아주 크게 만들게 되면 네트워크를 통해 라우팅되어 표적 컴퓨터시스템에 도달하는 동안 해당 패킷은 작은 크기로 쪼개지게 되고 표적 컴퓨터시스템은 조각화된 패킷들을 모두 처리하여야 하므로 정상적인 ping보다 더 큰 부하를 받게 된다. 패킷들이 분할되었을 때 다시 조립되지 못하도록 패킷 offset 값을 미리 임의로 조작하여 다시 조립될 수 없도록 처리하며, 이로 인해 표적 컴퓨터시스템은 분할된 패킷들을 모두 처리하여야 하므로 과부하를 받아 시스템자원이 고갈하고 마비에 이르게 된다.

Ping of Death공격에 대응하기 위해서는 이러한 비정상적인 ICMP 패킷이 시스템에 도달하지 않도록 라우터나 방화벽에서의 보안정책을 통해 해당 패킷을 필터링하여야 한다.

(나) SYN Flooding : SYN Flooding은 TCP·IP에서 신뢰성확보를 위해 사용하는 TCP 3Way-Handshake과정에서, ACK신호의 송신을 일정기간 대기하는 서버의 TCP프로토콜 처리상태를 악용하는 방법이다. 공격자는 발신 IP주소를 스푸핑하여 SYN패킷을 표적 컴퓨터시스템에 대량으로 전송하며, 이로 인해 표적 컴퓨터시스템에 정상적 SYN+ACK패킷이 도달하지 못하고 공격자에 의한 대량의 SYN패킷으로 인해 표적 컴퓨터시스템의 대기 큐가 초과되어 마비에 이르게 된다.

SYN Flooding 공격에 대응하기 위해서는 Connection Time Out 시기를 짧게 조정하여 시간 내에 연결되지 못한 연결에 대해 단절 처리하게 하고, 대기 큐 사이즈를 확장하여 패킷초과가 일어나지 않도록 조치하여야 한다.

(다) SMURF : SMURF는 대량의 호스트가 표적 컴퓨터시스템에 ICMP echo Reply 패킷을 보내어 공격대상 컴퓨터시스템을 마비시키는 공격이다. 즉, 공격자는 자신의 IP를 표적 컴퓨터시스템의 IP주소로 스푸핑하여 ICMP echo request 패킷을 대량의 호스트에게 브로드캐스트로 전송한다. 그에 따라 ICMP echo request 패킷을 수신받은 호스트들은 ICMP echo Reply 패킷을 스푸핑된 표적 컴퓨터시스템의 IP주소로 전송하게 되며, 이를 통하여 표적 컴퓨터시스템은 시스템과 네트워크 자원이 고갈되어 마비에 이르게 된다.

SUMRF 공격에 대응하기 위해서는 라우터에서 다른 네트워크를 통해 자신의 네트워크로 오는 IP directed broadcast 패킷을 차단하고, 호스트는 IP broadcast address로 전송된 ICMP 패킷에 대해 미응답하도록 시스템에서 설정하여야 한다.

(라) Land : Land는 공격자가 표적 컴퓨터시스템의 IP주소와 동일하게 패킷 출발지 IP주소와 도착지 IP주소를 설정하여, 표적 컴퓨터시스템이 자신에게 계속해서 SYN＋ACK 패킷을 보내게 되어 시스템내부에서 패킷이 송·수신되며, 과부하가 발생해 마비에 이르게 되는 공격이다.

Land 공격을 대응하기 위해서는 외부에서 오는 패킷을 분석하여 출발지 IP주소와 도착지 IP주소가 동일하면 차단조치하고, 출발지 IP주소가 내부 IP주소인 경우에도 차단 처리하여야 한다.

(마) Teardrop : Teardrop은 TCP프로토콜의 특성상 신뢰성이 확인되지 않은 데이터 패킷에 대해 신뢰성 확보를 위해 반복적으로 재전송 요청과 수정을 시도하는 점을 악용한 공격기법이다. 공격자는 패킷전송 시 네트워클 통해 데이터가 단편화되고, 수신하는 표적 컴퓨터시스템이 단편화된 데이터를 복구하는데 있어서 정확한 복구를 위해 패킷의 offset 값이 기준이 된다는 점을 노려 offset 값을 고의로 수정하거나 정상 값보다 더 큰 값을 더한다. 이를 통해 표적 컴퓨터시스템은 계속해서 해당 패킷에 대해 재전송과 재조합을 시도하게 되며, 이를 통해 시스템에 부하를 발생시켜 마비에 이르게 된다. Teardrop공격과 유사한 기법으로는 Bonk, Boink가 있다.

Teardrop 공격에 대응하기 위해서는 운영체제상 취약점이 발생하지 않도록 계속해서 보안패치를 적용하여야 하며, Teardrop이 IDS와 방화벽 등을 우회할 수 있고 변종공격으로 완전차단이 어렵다는 점에 유의하여야 한다.

다. 분산서비스거부공격

분산서비스거부공격(DDoS)은 기존 서비스거부공격에서 한 단계 진화한 공격기법으로서, 여러 대의 컴퓨터시스템에서 하나의 컴퓨터시스템을 노리고 공격하도록 하는 기법이다. 이 공격방법은 기존 서비스거부공격에 대비해서 대량의 컴퓨터시스템이 하나의 시스템을 노리고 공격을 시도하기 때문에 순간적으로 대량의 공격트래픽이 발생하며, 이를 통해 표적 컴퓨터시스템이 보유하고 있는 시스템과 네트워크자원을 단시간 내에 고갈시켜 마비시킬 수 있다.

또한 분산서비스거부공격은 다량의 컴퓨터시스템에서 공격을 시도하는 관계로 추적과 방어가 어렵고, 초기 진원지 추적이 어려워서 재발가능성이 높기 때문에 위협적인 공격이다. 특히 이 방법은 공격에 동원되는 컴퓨터시스템 사용자에게 공격동원 여부가 노출되지 않도록 해당 시스템의 자원을 과도하게 소모하지 않도록 하고, IP주소를 스푸핑하는 등의 수법을 통해 은밀성을 높이기 때문에 방어를 어렵게 한다.

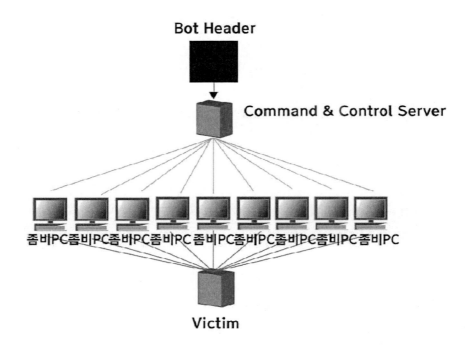

일반적인 분산서비스공격절차 및 대응조치는 다음과 같다.

(가) 공격준비 : 분산서비스공격에는 표적 컴퓨터시스템을 마비시킬 정도로 많은 컴퓨터들이 필요하다. 그렇기 때문에 공격자 혼자 모든 컴퓨터시스템을 통제할 수 없기 때문에 사전에 다수의 컴퓨터시스템을 자동화하여 관리할 수 있도록 자

동화프로그램을 구축하고, 공격에 필요한 컴퓨터시스템들을 확보하기 위하여 일반 사용자컴퓨터들에게 악성코드를 심어 좀비화하는 과정을 수행한다.

(나) 공격수행 : 공격에 필요한 제반조건이 구성되면, 공격자는 자동화프로그램을 통해 확보되어 있는 좀비화된 컴퓨터시스템들을 동시에 동원하여 표적 컴퓨터시스템에 대한 비정상적인 과다 접속시도, 반복적인 과다 패킷전송 등으로 표적 컴퓨터시스템의 마비를 초래한다.

(다) 대응조치 : 분산서비스공격에 대응하기 위해서는 크게 다음과 같은 조치가 필요하다.

(i) Anti-DDoS 등 방어 및 대응시스템을 구축한다.
(ii) 운영체제 및 인터넷서비스 중 불필요한 포트는 모두 제거한다.
(iii) 인터넷서비스별 대역폭의 제한 및 불필요한 프로토콜 패킷은 차단한다.
(iv) 임계치 이상의 대량 패킷유입과 서비스요청을 차단하도록 IDS와 방화벽정책을 설정한다.
(v) 운영체제와 웹서비스 서버 등에 상시 보안패치를 적용한다.

(5) 무선네트워크의 취약점 및 대응방안

1) 무선네트워크의 취약점

무선네트워크는 물리적으로 구성되어 있는 유선네트워크와는 다르게 물리적으로 보호할 수 없는 무선주파수를 사용하는 특징으로 인해 물리적·기술적 취약점을 내재하고 있다. 물리적 취약점으로는 폐쇄된 환경에 설치할 수 없는 물리적 보호가 어려워 접근통제와 관련된 문제가 있으며, 기술적 취약점으로는 무선네트워크 구현상 발생하는 기술적 문제점이 있다.

가. 물리적 취약점

(가) 무선AP : 무선네트워크 구성에서 핵심적인 구성인 무선AP(access point)는 전파송·수신을 통한 무선서비스의 신뢰성 보장을 위해 다른 전파간섭이 적은 위치에 노출형으로 설치되게 되는데, 통상 육안으로 관찰할 수 있는 공개된 위치에

설치된다. 따라서 AP에 대한 직접적인 물리적 악성행위가 가능하므로 파손, 도난, 전원 및 유선 LAN케이블 절단, 설정초기화 등에 취약하다.

(나) **휴대용 무선단말기** : 휴대용 무선단말기에는 스마트폰, 태블릿, 노트북 등이 있으며, 무선네트워크와의 연결을 통해 인터넷서비스를 제공받을 수가 있다. 하지만 이러한 휴대용 무선단말기는 높은 휴대성으로 인해 분실과 도난의 위험이 있으며, 분실 및 도난 시에 무선네트워크에 대한 사용자권한이 외부에 노출될 수 있다.

나. 기술적 취약점

(가) **도청**(wire tapping) : 무선AP의 안테나를 통해 송·수신되는 전파는 전파의 강도, 안테나가 설치된 위치, 주변 지형에 따라 목표한 주파수 강도와 범위 이상으로 전파가 확산되어 완전한 통제가 어렵다. 따라서 공격자는 통제되지 않은 전파를 수신하여 송·수신 중인 데이터패킷을 도청할 수 있으므로 네트워크에 대한 정보와 사용자권한 및 계정탈취가 가능하다.

(나) **서비스거부공격**(denial of service) : 무선네트워크에서의 서비스거부공격은 무선AP를 대상으로 이루어지며, 표적으로 삼은 무선AP에 대해 전파를 이용해 대량의 데이터패킷을 전송하여 과부하를 일으켜 AP를 마비시키게 된다. 통상 표적 무선AP에 대해 대량의 접속요청패킷을 전송하여 방해 및 지연을 야기한다.

(다) **불법 AP설치**(Rogue AP) : 불법 AP설치는 무선네트워크를 지원하기 위해 설치되어 있는 유선네트워크 내에 허가되지 않은 AP를 설치하는 방법이다. 불법적으로 설치된 AP는 데이터 패킷흐름을 확인하여 설치유무를 확인할 수 있지만, 정확한 물리적인 설치위치는 유선네트워크망을 모두 확인하고 정밀하게 추적하여야 하는 어려움이 있다.

(라) **무선암호화방식상 취약점** : 대부분의 무선네트워크 인증과 암호화에는 WEP (wired equivalency protocol)방식이 많이 사용되고 있는데, WEP는 프로토콜상 구조적 문제로 인해 정적키 값을 사용하여 키 값 유출 시에 보안에 취약해지는 문제점을 가지고 있다. 따라서 WEP키 값을 빼내어 사용자 부정인증 및 권한탈취 등

이 하게 된다. WEP의 취약점을 보강하기 위해 무선네트워크 암호화방식이 EAP
(extensible authenticatino protocol)으로 변화하고 있다.

(마) 개방형 인증방식을 통한 비인가접근 : 무선네트워크의 인증방식은 개방형 인
증방식을 사용하고 있기 때문에 SSID 값을 브로드캐스팅 하도록 설정되어 있다.
브로드캐스팅의 설정은 무선네트워크 운영 시에는 유리하지만 보안상 취약하며,
공격에 필요한 기본정보수집이 가능한 취약점을 가진다.

2) 무선네트워크의 보안기술

가. SSID숨김의 설정

SSID는 무선네트워크에 구축되어 있는 AP에서 무선LAN서비스 영역을 식별
하기 위해 사용하는 ID 값이다. SSID는 통상 무선AP가 무선랜접속을 원하는 사
용자들에게 AP의 존재를 알리기 위해 브로드캐스팅 설정으로 운영된다. 이러한
SSID 브로드캐스팅은 무선네트워크의 운영에 있어서는 편리하지만, 보안상 취약
점을 야기하기 때문에 숨김모드로 운영하고 접속을 원하는 허가된 사용자에게만
별도로 전파하는 것이 좋다.

나. 폐쇄시스템의 운영

무선네트워크은 기본적으로 SSID를 숨김모드로 운영하고, SSID를 NULL로
설정하여 접속하려는 사용자를 차단하도록 보안정책을 설정하는 등 폐쇄시스템
운영이 필요하다.

다. MAC주소의 인증

무선네트워크상 AP에 사전에 접속허가된 사용자의 네트워크 LAN카드의 물
리적 주소인 MAC주소를 사전에 등록하고, AP에 접속을 시도하는 휴대형 무선단
말기가 갖추고 있는 LAN카드의 MAC주소가 사전에 등록되어 있는 MAC주소와
일치하는가 여부를 확인하여 접속을 허용하도록 운영하여야 한다.

라. 동적 WEP인증의 사용

WEP인증(wired equivalency privacy)방식은 무선네트워크의 사용자의 인증에
가장 많이 사용되는 인증방식으로서, 데이터암호화와 사용자인증기능을 주로 제

공한다. WEP의 작동방식은 사전에 AP와 무선단말기 간 공유되어 있는 WEP 키 값을 이용해 사용자를 인증하고, 송·수신 데이터를 암호화하는 방식으로서, WEP 키 값이 고정된 공유키 값만 사용하기 때문에 키 값이 유출될 경우에 무선네트워크상 데이터유출, 사용자권한, 계정 등이 탈취될 수 있는 취약점을 가지고 있다. 이러한 WEP의 취약점을 보완하기 위하여 동적 WEP인증을 사용하고 있다. 동적 WEP인증 방식의 주요 특징은 다음과 같다.

(i) 인증서버 및 AP가 동적 WEP를 지원하여야 한다.
(ii) 사용자별로 WEP 키 값을 부여하여 키 값 유출위험을 제거한다.

마. EAP인증의 사용

EAP(extensible authentication protocol)인증은 WEP인증의 취약점을 보완하기 위해 일반적인 WEP인증방식과 동적 WEP인증방식을 모두 보완하기 위해 개발되었다. 일반 WEP인증과 동적 WEP인증은 모두 사용자만 인증하는 단방향 인증방식으로서, 공격자가 정상적인 AP로 위장할 경우에는 접속하는 사용자의 WEP 키 값을 유출할 수 있는 문제점을 가지고 있다.

이러한 문제점을 보완하기 위해 EAP인증방식은 무선네트워크에 대한 접속승인·거부 역할과 인증판단을 별도의 인증서버가 판단하도록 하고 있으며, 인증서버와 사용자 간의 상호 인증을 기반으로 한다.

바. 물리적·관리적 관리의 강화

무선네트워크의 보안성을 강화하기 위해서는 기술적 보안강화뿐만 아니라 물리적·관리적인 보안강화 노력도 필요하다. 물리적 보안강화를 위해 AP구축 시에 악성행위자의 외부접근이 어렵도록 접근통제를 강화하여야 하며, 무선네트워크의 접속이 허용되어 있는 휴대용 무선단말기가 분실되지 않도록 사용자의 관리노력이 강화되어야 한다. 특히, 무선AP에 설치되어 있는 안테나, 무선LAN카드와 연동되어 있는 안테나의 전파 송·수신출력을 사용자 허용범위 내에서만 무선네트워크가 사용될 수 있도록 적절히 조절하여야 하며, 불필요한 전파확산으로 인해 공격자가 허용범위 밖에서 원격으로 접근 및 악성행위를 시도하는 것이 어렵게 하여야 한다.

또한 무선네트워크 운영에 대한 AP, 인증방식, 방화벽, IDS 등 보안정책의 설정에 대해 주기적인 갱신과 패치, 관리노력이 이루어져야 하며, 보안감사, 전파환경 측정 등 관리적 정책이 적용되어 수행되어야 한다.

4. 애플리케이션의 보안

인터넷서비스의 발달에 따라 기존의 컴퓨터시스템 보안, 컴퓨터네트워크 보안과 더불어 보안강화의 필요성이 크게 대두된 것이 인터넷 애플리케이션 보안이다. 악성행위시도자들은 일반적으로 사용자들이 인터넷서비스의 사용을 위해 많이 사용하는 웹 브라우저, 이메일, 기타 웹 서비스에 있어 발생하는 보안취약점을 노리고 악성코드 유포, 해킹, 피싱, 파밍 등의 수법으로 정보를 탈취하거나 변조, 삭제하고, 사용자권한을 탈취한다.

이러한 악성행위를 막기 위해서는 크게 인터넷 응용취약점에 대한 대응과 웹(Web) 취약점에 대한 대응방안이 필요하다. 각각의 주요 내용은 다음과 같다.

(1) 인터넷의 응용취약점과 대응방안

1) 웹 브라우저(Web Browser)의 보안

웹 브라우저는 인터넷 익스플로러, 넷스케이프, 파이어폭스, 구글 등 사용자의 PC나 단말기 등에서 인터넷서비스를 이용하기 위해 필수적으로 사용되는 응용프로그램이다. 사용자는 웹 브라우저를 통해 인터넷서비스에서 일반적으로 제공되는 웹 페이지에 접근할 수 있으며, 웹 페이지에 포함되어 있는 문서 및 그림, 동영상, 플래시 등 여러 기능을 사용할 수 있게 된다.

이러한 웹 브라우저 응용프로그램은 인터넷서비스를 이용하며, 일상적으로 반드시 사용하고 사회 여러 분야에서도 광범위하고 큰 비중을 차지하는 프로그램인 만큼 악성행위를 시도하려는 공격자입장에서 검토하게 되는 주요 목표가 된다. 따라서 인터넷서비스를 이용함에 있어서는 다음과 같은 보안조치를 반드시 적용하여야 한다.

가. 최신 웹 브라우저의 사용

각종 정보통신기술과 컴퓨터기술 발달에 따라 공격자를 위한 공격기법과 툴 (Tool) 역시 빠르게 발전한다. 구형 웹 브라우저를 사용하게 될 경우에 공격자는 프로그램상 보안취약점을 통해 악성행위를 시도하기 쉬워지며, 이를 막기 위해 항상 최신버전의 웹 브라우저 프로그램을 사용하고, 관련 보안패치를 최신화하여야 한다.

나. 플러그인 및 애드온의 점검

웹 브라우저는 웹 페이지마다 포함하고 있는 여러 기능을 실행하기 위해 추가적으로 플래시, Add－On, Active－X 등 추가기능과 프로그램을 설치하고, 실행하여야 하는 경우가 발생한다. 이러한 추가기능과 프로그램들은 일반 웹 브라우저와 마찬가지로 보안취약점이 내재되어 있을 수 있으므로 반드시 필요한 추가기능과 프로그램만 설치하고, 불필요한 추가기능과 프로그램은 정리하여야 한다. 또한 신뢰할 수 있는 전자서명 처리가 되어 있는 웹 페이지에만 접속하고, 추가기능과 프로그램을 실행하도록 사용자의 주의가 요구된다.

다. 웹 브라우저 보안기능의 설정

웹 브라우저 프로그램을 노린 악성행위에 대비하여, 각각의 웹 브라우저 프로그램은 보통 보안기능을 내장하고 있다. 내장 보안기능은 통상 사용자에게 신뢰할 수 없는 웹 페이지 접속 시에 경고 및 승인기능과 악성행위 탐지 시에 자동 차단기능 등을 포함하고 있는데, 사용자편의를 위해 이 보안기능을 해제하고 인터넷서비스를 사용하는 경우에는 악성행위에 그대로 노출될 수 있다. 따라서 웹 브라우저 프로그램 내 내장된 보안기능은 가급적 사용할 수 있도록 조치하고, 정상적으로 기능하고 있는가 여부를 상시 확인하여야 한다.

라. 쿠키 및 히스토리의 삭제

인터넷 웹 브라우저의 쿠키는 웹 브라우저 프로그램을 사용하여 웹 페이지 등에 접속하였을 경우에 접속하였던 웹 주소와 관련 정보파일을 브라우저 내 저장하는 기능을 말하고, 히스토리는 웹 브라우저를 통한 인터넷서비스 이용기록을 말한다. 이러한 쿠키와 히스토리를 통해 사용자는 손쉽게 이전에 접속한 웹 페이지에 다시 접속할 수 있도록 편의성을 제공받을 수 있다. 하지만 사용자계정 및 패스워드, 개인정보, 인터넷서비스를 통해 송·수신된 중요 데이터에 대해 접근과 추적이 가능해지기 때문에 불필요한 쿠키와 히스토리가 남지 않도록 정기적으로 삭제하고 정리하여야 한다.

마. 암호화 연결된 웹 페이지의 사용

인터넷서비스를 사용함에 있어 과거 http 기반의 웹 페이지는 암호화기능을 제공하지 않아 네트워크상에서 패킷 스니핑 등이 가능하여 보안상 취약점이 발생하였다. 그에 따라 현재 인터넷서비스는 주로 송·수신 암호화를 제공하는 https 기반으로 제공되고 있는데, 웹 페이지에 따라 구형인 http 기반으로 서비스되는 경우가 있기 때문에 브라우저상 웹 페이지 연결이 암호화처리가 되고 있는가를 항시 확인하여야 한다. 특히, 암호화처리가 되지 않은 웹페이지와 인터넷서비스를 이용할 경우에는 스니핑 등으로 인해 중요 정보탈취나 사용자계정 및 권한탈취가 발생할 수 있으므로 중요 데이터가 송·수신되는 웹 페이지 이용 시에는 반드시 https 기반 암호화연결 여부를 확인하고 이용하여야 한다.

2) 이메일의 보안

이메일은 인터넷서비스 중 가장 일상적이고 많이 사용되는 기능 중의 하나로 여러 인터넷서비스에서 반드시 지원하는 기능이다. 이메일을 통해 사용자는 다른 사용자와 보다 손쉽게 데이터 송·수신과 정보공유를 할 수 있으며, 기관, 기업, 조직 등에서 업무처리를 위해서도 유용하게 사용하고 있다. 이러한 높은 사용빈도와 편리성으로 인해 이메일은 악성행위를 시도하려는 공격자입장에서 반드시 공격대상으로 검토되는 기능이므로 이메일보안을 위해서는 이메일 전송구간 암호화, 이메일 암호화 등의 보안기능을 적용하여야 한다.

가. 이메일 전송구간의 암호화

이메일 전송구간 암호화를 위해서는 주로 SSL·TLS가 많이 활용된다. SSL은 보안소켓계층(secure sockets layer)을 뜻하며, TLS는 SSL가 표준화되고 전송계층보안(transport layer security)을 뜻하는 용어로 바뀌면서 변경된 용어이다. SSL·TLS는 인터넷서비스상에서 데이터를 안전하게 송·수신하기 위한 인터넷 통신규약프로토콜이며, 전송계층 종단 간 보안과 데이터무결성을 제공한다. SSL·TLS는 인증서기반으로 전송계층에서 제공되며, 전송구간 암호화를 통해 스니핑 등에 대한 대비가 가능하다.

나. 이메일의 암호화

이메일 암호화는 이메일 내용과 첨부되어 있는 데이터자체를 암호화하는 방식을 말하며, 이메일이 유출되거나 스니핑을 당하더라도 기밀성이 보장되도록 기능을 지원한다. 이메일 암호화는 보통 송신자와 수신자만이 암호화되어 있는 이메일 내용과 첨부파일을 복호화할 수 있도록 공개키기반의 암호화를 제공한다. 이메일 암호화를 지원하는 프로그램에는 크게 PGP, S/MIME, PEM 등이 있다.

(가) PGP : PGP(pretty good privacy)는 공개키 알고리즘을 기반으로 하는 암호화프로그램으로써 비밀성을 위한 암호화에는 RSA와 IDEA 암호화 알고리즘을 사용하고, 무결성을 위한 이메일인증와 사용자인증을 위해서 RSA가 사용된다. Web of Trust라는 독자적인 프로토콜을 도입하여 다수의 동등한 신뢰관계 구축을 통한 신뢰체인으로 공개키 알고리즘기반 인프라로 동작할 수 있다는 특징을 가진다. PGP는 다른 암호화 프로그램에 비해 프로그램 자체가 공개되어 있어 가장 높은 활용도를 가지고 있다.

(나) S/MIME : MIME는 이메일에서 사용되는 문자 데이터를 표현하기 위한 형식 표준으로서, S/MIME(security service for multipurpose internet mail extension)는 MIME를 안전하게 전송하기 위한 규약이자 전반적인 보안프로토콜이다. S/MIME는 공개키 알고리즘을 기반으로 하며, 주로 이메일 본문에 대한 암호화와 전자서명 등을 지원한다.

(다) PEM : PEM(privacy enhanced mail)은 국제인터넷기술표준화기구(IETF)에서 채택한 기밀성, 인증, 무결성, 부인방지 등을 종합적으로 제공하는 인터넷 보안 프로그램이다. PEM은 중앙집중화된 키인증방식을 통해 공개키 및 비밀키 암호화 방식을 모두 지원하며, 구현이 복잡하다는 특징을 가진다. 암호화된 정보, 전자서명, 암호화방식 등을 텍스트로 전송하며, 높은 기밀성이 요구되는 군사, 금융 분야

등에서 주로 활용된다.

(2) 웹 취약점 및 대응방안

웹에서 사용하는 애플리케이션은 인터넷서비스와 네트워크를 통해 쉽게 접근할 수 있기 때문에 악성행위를 시도하는 공격자의 주요 목표가 되기 쉬우며, 웹에 대한 공격을 통해 인터넷서비스와 연동되어 있는 서버나 컴퓨터시스템에서의 데이터의 유출과 악성코드의 유포, 권한탈취의 용도로 공격한 웹 애플리케이션을 악용할 수 있다. 따라서 웹 취약점에 대응하기 위해서는 기본적으로 웹 서비스의 구조와 주요 웹 취약점의 종류를 통해 웹 취약점을 파악하여야 하고, 주요 웹 해킹 기법과 대응방안, 웹 방화벽 운용 등에 대하여 알아야 한다.

1) 웹 취약점

웹 취약점은 인터넷서비스를 위해 기본적으로 구성되는 웹 구조인 웹 서버, 웹 애플리케이션, 웹 애플리케이션 서버 등이 내재하고 있는 보안취약점을 말하며, 이러한 보안취약사항들의 보완을 위해 세계적으로 정기적인 취약점발표를 통해 정보를 공유하고, 기술개발을 위해 노력하고 있다.

가. 웹 서비스의 구조

웹 서비스는 사용자가 인터넷 브라우저 응용프로그램을 통해 사용하고 있는 서비스로서 정적 콘텐츠를 제공하는 웹 서버, 웹 애플리케이션 실행을 통해 동적 콘텐츠를 제공하는 웹 애플리케이션 서버, 웹 서비스와 관련된 데이터를 저장하는 데이터베이스를 통해 기본구조를 구성한다.

나. 웹 취약점의 종류

웹 취약점은 주로 웹 서비스 기본구조상 결함이나 서버들의 권한관리 및 보안정책 설정의 미흡, 애플리케이션을 포함한 프로그램 설계단계에서의 설계결함을 통해 발생하는 버그, 인증과 접근통제설정의 미흡, 잘못된 보안정책의 수립 및 시행, 불충분한 로깅과 모니터링시스템의 운영, 프로그램개발 시에 개발단계에서 취약점이 발생하지 않도록 지켜야 할 코딩규칙과 소스코드 취약목록 등이 포함된 의무화된 규칙인 시큐어 코딩(secure coding)의 미흡 등으로 인해 발생한다. 이러한 웹 취약점들은 전 세계적으로 계속해서 이루어지고 있는 프로그램개발·설계와 인터넷서비스 운용 시에 지속적으로 발생할 수 있기 때문에 OWASP(open web application security project)나 행정안전부, 한국인터넷진흥원 등에서는 주요 웹 취약점들의 존재와 종류, 특징 등에 대한 공식적인 발표를 통해 전 세계의 웹 프로그램 개발자들과 사용자들이 참고할 수 있도록 하고 있다.

2017년 발표 OWASP TOP 10에서 공지한 주요 웹 취약점 10가지와 주요 특징은 다음과 같다.

(가) A1:2017-인젝션 : SQL, OS, XXE, LDAP 인젝션(injection) 취약점은 신뢰할 수 없는 데이터의 명령어가 쿼리문의 일부분으로서 인터프리터로 보내질 때 발생한다. 공격자의 악의적인 데이터는 예기치 않은 명령을 실행하거나 올바른 권한 없이 데이터에 접근하도록 인터프리터를 속일 수 있다.

(나) A2:2017-취약한 인증 : 인증 및 세션관리와 관련된 애플리케이션기능이 종종 잘못 구현되어 공격자들이 암호, 키, 세션 토큰을 위험에 노출시킬 수 있거나 일시적 또는 영구적으로 다른 사용자의 권한획득을 위해 구현상 결함을 악용하도록 허용할 수 있다.

(다) A3:2017-민감한 데이터노출 : 다수의 웹 애플리케이션과 API는 금융정보, 건강정보, 개인식별정보와 같은 중요한 정보를 제대로 보호하지 않고 있다. 공격자는 신용카드 사기, 신분도용 또는 다른 범죄를 수행하기 위해 보호가 취약한 데이터를 훔치거나 수정할 수 있다. 중요한 데이터는 저장 또는 전송할 때 암호화 같은 추가보호조치가 없으면 탈취당할 수 있으며, 브라우저에서 주고받을 때 각별한 주의가 필요하다.

(라) A4:2017-XML 외부 개체(XXE) : 오래되고 설정이 엉망인 많은 XML프로세서들은 XML문서 내에서 외부개체 참조를 평가한다. 외부개체는 파일URI처리기, 내부파일공유, 내부 포트스캔, 원격코드실행과 서비스거부공격을 사용하여 내부파일을 공개하는데 사용할 수 있다.

(마) A5:2017-취약한 접근통제 : 인증된 사용자가 수행할 수 있는 작업에 대한

제한이 제대로 적용되어 있지 않다. 공격자는 이러한 결함을 악용하여 다른 사용자의 계정에 접근하거나, 중요한 파일을 보거나, 다른 사용자의 데이터를 수정하거나, 접근권한을 변경하는 등 권한 없는 기능과 데이터에 접근할 수 있다.

(바) A6:2017−잘못된 보안 구성 : 잘못된 보안구성은 가장 흔하게 발생하는 이슈이다. 취약한 기본설정, 미완성(또는 임시설정), 개발된 클라우드 스토리지, 잘못 구성된 HTTP헤더 및 민감한 정보가 포함된 장황한 에러메시지로 인한 결과이다. 모든 운영체제, 프레임워크, 라이브러리와 애플리케이션을 안전하게 설정하여야 할 뿐만 아니라 시기적절하게 패치·업그레이드를 진행하여야 한다.

(사) A7:2017−크로스사이트 스크립팅 : 크로스사이트 스크립팅(CSS)의 취약점은 애플리케이션이 올바른 유효성 검사 또는 필터링 처리 없이 새 웹 페이지에 신뢰할 수 없는 데이터를 포함하거나, 자바스크립트와 HTML을 생성하는 브라우저 API를 활용한 사용자 제공 데이터로 기존 웹 페이지를 업데이트할 때 발생한다. CSS는 피해자의 브라우저에서 공격자에 의해 스크립트를 실행시켜 사용자세션을 탈취할 수 있게 만들고, 웹 사이트를 변조시키며, 악성사이트로 리다이렉션할 수 있도록 허용한다.

(아) A8:2017−안전하지 않은 역직렬화 : 안전하지 않은 역직렬화는 종종 원격코드실행으로 이어진다. 역직렬화 취약점이 원격코드 실행결과를 가져오지 않더라도 이는 권한상승공격, 주입공격과 재생공격을 포함한 다양한 공격수행에 사용될 수 있다.

(자) A9:2017−알려진 취약점이 있는 구성요소 사용 : 라이브러리, 프레임워크 및 다른 소프트웨어 모듈같은 컴포넌트는 애플리케이션과 같은 권한으로 실행된다. 만약 취약한 컴포넌트가 악용된 경우에는 심각한 데이터손실을 일으키거나 서버가 장악된다. 알려진 취약점이 있는 컴포넌트를 사용한 애플리케이션과 API는 애플리케이션 방어를 약화시키거나 다양한 공격과 영향을 주게 된다.

(차) A10:2017−불충분한 로깅&모니터링 : 불충분한 로깅과 모니터링은 사고대응의 비효율적인 통합 또는 누락과 함께 공격자들이 시스템을 더 공격하고 지속

성을 유지하며, 더 많은 시스템을 중심으로 공격할 수 있도록 만들고, 데이터를 변조, 추출 또는 파괴할 수 있다. 대부분의 침해사례에서 침해를 탐지하는 시간이 200일이 넘게 걸리며, 일반적으로 내부프로세스와 모니터링에 의해서 발견되기보다는 외부기관이 탐지하게 된다.

2) 웹 해킹기법과 대응방안

인터넷서비스 및 웹 에플리케이션, 서버 등에 대해 수행될 수 있는 악성행위인 웹 해킹을 위한 공격기법은 공격방법과 대상에 따라 크게 입력 값 조작공격, 잘못된 보안설정과 취약한 보안기능을 노리는 공격 등으로 분류할 수 있다. 입력 값 조작공격, 잘못된 보안설정과 취약한 보안기능에 대한 공격기법과 대응방안은 다음과 같다.

가. 입력 값 조작공격

입력 값 조작공격은 웹 서버 등에 요청되는 값이 송·수신될 때 공격자가 악의적인 값을 입력하여 공격루트와 권한 등을 획득하게 되는 공격기법이다. 각 공격별 주요 내용과 대응방법은 다음과 같다.

(가) 운영체제명령 실행공격 : 운영체제명령 실행공격은 웹 서버에 요청하는 URI 변수 값 안에 시스템명령에 사용되는 명령어구문을 삽입하여 전송하면서 이루어진다. 운영체제명령 실행공격을 통해 공격자는 웹 상에서 해당 명령의 결과를 확인할 수 있으며, 결과 값에 따라 시스템정보나 네트워크정보 획득 및 변조, 추가 공격을 위한 방안으로 활용할 수 있다.

운영체제명령 실행공격에 대응하기 위해서는 설계 및 코딩 시 소스코드에 운영체제명령을 실행할 수 있는 취약한 함수사용을 지양하도록 하고, 변수입력 값에 대해 입력가능한 문자열을 지정하고 그 외는 필터링 조치하여야 한다.

(나) SQL인젝션 : SQL인젝션(SQL injection)공격은 웹 서버에 요청하는 URI 변수 값에 SQL－쿼리(Query)문을 삽입하여 전송하는 공격으로서, SQL취약점이 있을 경우 로그인과 사용자인증을 우회하거나, 웹 페이지 변조, 내부데이터 유출 등이 가능해진다.

SQL인젝션 공격에 대응하기 위해서는 사용자가 입력하는 값에 SQL-쿼리문에 이용되는 특수문자(', ", --, <, >, {, }, #, & 등)가 사용되지 못하도록 필터링처리하여 SQL-쿼리문 삽입이 어렵도록 하여야 하며, SQL-쿼리 문자열의 길이를 제한하고, 데이터베이스 관리프로그램이 오류메시지를 출력하지 못하도록 하는 등의 조치를 하여야 한다.

(다) 크로스사이트 스크립팅 : 크로스사이트 스크립팅(cross site scripting: CSS)은 악의적인 스크립트를 웹 페이지에 있는 게시판, 이메일 등에 은닉시켜서 일반사용자가 해당 게시물이나 이메일을 클릭할 경우 은닉되어 있는 스크립트가 자동으로 실행되어 해당 사용자의 개인정보나 로그인·인증정보, 쿠키, 접속기록 등을 탈취하여 해당 사용자로 스푸핑하여 공격하는 등으로 활용된다.

크로스사이트 스크립팅에 대응하기 위해서는 사용자로부터 입력받는 모든 값을 서버에서 사전검증한 후에 입력처리하도록 조치하여야 하며, 스크립트 정의 및 실행에 사용되는 <script>, <object>, <applet> 등 스크립트 정의어는 반드시 검증 후에 처리되도록 조치하여야 한다.

(라) 크로스사이트요청 변조 : 크로스사이트요청 변조(cross site request forgery: CSRF) 공격은 웹 사이트에 로그인한 사용자의 브라우저 사용권한을 탈취하여 악의적인 목적을 위해 변조된 http요청을 해당 웹 사이트에 전송토록 하여 공격자가 의도한 악성행위를 수행할 수 있도록 하는 기법이다.

크로스사이트요청 변조공격에 대응하기 위해서는 사용자로부터 입력받는 모든 값을 서버에서 사전검증 후 입력처리하도록 조치하여야 하며, 웹 페이지에 포함된 게시판 등에 HTML은 가급적 사용을 지양하고, http요청 발생 시 요청이 그대로 적용되지 않도록 요청 값에 임의의 토큰 값을 추가하여 검증 후에 적용될 수 있도록 조치하여야 한다.

(마) 파일업로드 : 파일업로드(file upload)공격은 공격대상이 된 표적 웹 사이트에 포함되어 있는 게시판 등에 악의적인 목적을 지닌 악성스크립트가 포함된 소스파일을 업로드하고, 원격으로 실행하는 공격이다. 게시판 등에 업로드된 스크립트를 통하여 공격자는 웹 사이트 및 서버 내 파일접근, 원격제어, 웹 사이트변조

등의 악성행위를 수행할 수 있다.

　파일업로드공격에 대응하기 위해서는 게시판 등에 포함되어 있는 기능 중 첨부파일이 저장되는 업로드 디렉터리 실행권한을 제거하여야 하며, 파일이 저장될 경우에 파일명과 확장자를 추측할 수 없게 파일명은 불규칙한 문자열로 생성하여 적용하여야 한다.

　(바) 파일다운로드 : 파일다운로드(file download)공격은 웹 애플리케이션의 보안정책이 디렉터리의 상위경로로 접근할 수 있도록 허용되어 있는 경우에 '..·' 명령어를 이용하여 디렉터리상 상위경로로 이동하여 해당 컴퓨터시스템의 시스템구성파일이나 중요 데이터에 접근하여 시스템 사용자계정과 패스워드, 호스트정보 등을 포함하고 있는 시스템 정보파일과 중요 데이터를 임의로 다운로드를 받는 공격방법이다.

　파일다운로드 공격방법에 대응하기 위해서는 파일다운로드 기능을 허용하여 운영할 시에 파일명을 직접 입력받지 않고 다운로드가 허용된 파일이 등록되어 있는 게시판이름과 해당 게시물의 번호를 통해 서버에서 데이터베이스 조회 후에 허용된 파일만 다운로드될 수 있도록 처리하고, 디렉터리 상위경로로 이동할 수 없도록 정책을 변경하는 등의 조치를 하여야 한다.

　나. 잘못된 보안설정

　잘못된 보안설정으로 인한 웹 취약점발생은 사용자가 관련 프로그램의 설치 시와 그 프로그램을 사용하는 과정에서 필요한 보안설정을 누락하여 주로 발생한다. 최초 프로그램의 설치 시에 보안설정을 고려하지 않고 설치과정에서 기본적으로 설정된 값으로만 설치하거나, 사용자의 편의를 위해서 필수보안설정을 사용도중 해제하여 사용하는 등으로 인해 웹 취약점이 발생하게 된다. 각 웹 취약점과 공격방법 및 대응방안은 다음과 같다.

　(가) 디렉터리 인덱싱 : 디렉터리 인덱싱(directory indexing)은 사용자가 브라우저상 URL을 입력할 경우 기본적으로 호출되는 HTML 구문인 Default, index 등이 지정되는데, 해당 파일들이 없을 경우 디렉터리 내 전체 파일리스트를 브라우저에 출력한다는 점에서 발생하는 웹 취약점이다. 공격자는 이러한 취약점을 통해

웹 서버의 디렉터리구조파악과 소스파일, 설정파일 위치확인 및 파일다운로드, 미인가된 접근 등의 악성행위가 가능해진다.

디렉터리 인덱싱으로 인한 공격에 대응하기 위해서는 웹 서비스를 위해 포함되어 있는 서버설정에서 디렉터리검색이 불가능하도록 검색기능을 비활성화 조치하여야 한다.

(나) **정보누출** : 정보누출은 사용자나 공격자가 존재하지 않는 파일을 사용하기 위해 호출하거나, URI 전송되는 값을 변조하였을 때 오류메시지상 특정프로그램이나 시스템의 정보가 출력된다는 점에서 발생하는 웹 취약점으로서, 프로그램이나 시스템버전, 세부오류정보 등을 통해 해당 인터넷서비스에 대한 정보를 습득하여 악성행위에 활용할 수 있게 된다.

정보누출로 인한 공격에 대응하기 위해서는 오류메시지 출력형식을 조정하여 오류확인에 필요한 최소한의 정보만 출력되도록 조치하여야 한다.

(다) **관리자 페이지노출** : 관리자 페이지는 홈페이지와 웹 사이트 등을 관리하기 위하여 관리자가 여러 설정과 기능을 사용할 수 있도록 존재하는 전용웹 페이지로서, 관리자용 계정과 패스워드를 통해 인가된 관리자만 접속하여 사용하여야 하지만, 접근통제의 미흡이나 계정·패스워드 노출이 발생할 경우에 관리자 페이지가 노출되어 취약점으로서 활용될 수 있다. 악성행위를 위해 공격자가 관리자 페이지를 찾아내고 권한을 획득할 경우에는 관리자로 스푸핑하여 해당 관리범위 내에 있는 웹페이지들에 대한 변조와 피싱, 파밍, 데이터탈취, 권한획득 등으로 활용될 수 있다.

관리자 페이지노출로 인한 공격에 대응하기 위해서는 관리자 페이지로의 접근은 지정된 IP에서만 접근이 가능하도록 접근권한을 설정하고, 관리자 페이지 자체가 검색엔진이나 일반사용자에게 노출되지 않도록 공개범위와 접근통제를 설정하는 등 조치하여야 한다.

(라) **위치공개** : 위치공개는 인터넷서비스를 제공하는 웹 서버상에 웹 페이지 제작에 활용된 샘플페이지나 디폴트페이지가 존재하거나 손쉽게 예측가능한 디렉터리형식 및 파일이 있는 경우 공격자가 백업파일이나 디폴트파일을 다운받아 공

격에 활용할 수 있는 웹 취약점이다. 디폴트페이지와 파일은 웹 페이지와 웹 사이트 설계 및 구축에 있어 기본적으로 생성하여 사용하지만, 구축 이후에는 낮은 활용도로 인해 존재 여부를 다시 확인하지 않는 경우가 많고, 구축작업에 있어서 데이터소실을 방지하기 위해 만든 백업파일도 서비스 시작 후에 존재 여부를 다시 확인하지 않는 경우가 많다.

위치공개를 이용한 공격에 대응하기 위해서는 웹 서버의 디폴트페이지와 파일은 비활성화하거나 삭제 조치하여야 하며, 기본적으로 설정된 접근계정의 패스워드도 기본설정 패스워드인 경우가 많으므로 반드시 변경조치하여야 한다. 또한 웹 페이지 및 웹 사이트 제작 및 구축에 활용된 각종 소스파일과 백업파일은 서비스시작 전에 불필요한 파일 여부를 확인하여 반드시 삭제 처리하여야 한다.

(마) 웹 서비스 메소드설정 : 웹 서비스를 위해 설정되는 메소드 중 불필요하게 설정된 메소드(GET, POST, MOVE, DELETE 등)는 처리되지 않고 남아있게 될 경우 취약점이 되어 공격자에 의해 여러 악성행위의 용도로 활용될 수 있다. 그렇기 때문에 불필요한 웹 서비스 메소드를 통한 공격에 대응하기 위해 기본적으로 설정되어 있는 메소드 중 서비스와 직접적으로 관련 없는 메소드는 반드시 비활성화 조치하여야 한다.

다. 취약한 보안기능

취약한 보안기능은 사용자가 웹 서비스를 이용함에 있어서 보안기능을 제대로 활용하지 않고 권한과 세션관리에 있어서 미흡함이 발생하거나, 저장된 데이터와 송·수신되는 데이터에 대해 암호화를 설정하지 않는 등 보안기능이 제대로 적용되지 않아 발생하는 웹 취약점이다. 보안기능이 제대로 적용되지 않아 발생하는 취약점을 악용한 공격은 비정상접근과 정상접근을 구분하기 어렵기 때문에 개발단계에서부터 시큐어코딩 적용 등으로 취약점을 방지하여야 한다.

각 취약점의 주요 특징과 공격방법 및 대응방안은 다음과 같다.

(가) 불충분한 인증 : 웹 서비스를 이용하려는 사용자에 대한 인증이 불충분하게 이루어질 경우에 공격자는 사용자인증을 변조하여 인증우회를 통해 비인가접근과 악성행위를 할 수 있다.

불충분한 인증으로 인한 공격에 대응하기 위해서는 인증 시에 입력되는 정보를 세션으로 처리하고, 데이터베이스의 저장 시에도 세션 값을 사용하도록 하여야 하며, 인증 시에 사용되는 이름, 개인식별번호(주민등록번호, 사원번호 등) 등 중요 정보는 반드시 전송과정에 있어 SSL·TLS 등 전송암호화를 적용하여 전송하여야 한다.

(나) **불충분한 인가** : 웹 서비스를 통해 제공되는 웹페이지, 웹 사이트 등에 대한 접근통제절차가 없거나 불완전할 경우에 URL변수 값 조작 등으로 인가받지 않은 공격자 또는 사용자가 서비스의 유지와 운영에 필요한 중요 웹페이지나 정보 등에 접속과 접근이 가능해지는 취약점이 발생한다.

불충분한 인가로 인한 취약점을 노린 공격에 대응하기 위해서는 웹사이트 내에서 페이지이동 시에 입력 또는 전송되는 변수 값에 대하여 반드시 세션으로 처리하여 세션을 통한 인증절차를 거칠 수 있도록 조치하여야 한다.

(다) **데이터 평문전송** : 데이터 평문전송은 클라이언트와 서버 간에 데이터의 송·수신 시에 송·수신되는 데이터에 대해 전송구간 암호화를 적용하지 않고 평문으로 전송할 경우에 송·수신 데이터에 대해 공격자가 스니핑이 가능해지거나 기타 사용자 등에게 노출되는 등 데이터보호가 제대로 이루어지지 못하는 웹 취약점이다.

데이터 평문전송으로 인한 취약점을 노린 공격에 대응하기 위해서는 중요 데이터를 사용하고 전송하게 되는 인터넷서비스에 대해서 반드시 SSL·TLS 등 전송구간 암호화를 적용하고, 암호화 응용프로그램을 설치하여 데이터가 암호화되어 전송될 수 있도록 조치하여야 한다.

(라) **쿠키변조** : 쿠키는 사용자가 인터넷서비스를 사용할 때 사용자편의를 위해 접근한 웹 페이지와 사용자 보를 웹 브라우저 프로그램에 임시로 저장하는 기능과 파일을 말한다. 이러한 쿠키 값을 변조하여 클라이언트에게 전달하게 되면 유효한 사용자 세션탈취나 중요 정보 및 개인정보 노출, 권한탈취, 변조 등이 가능한 웹 취약점이 발생한다.

쿠키변조를 통한 공격에 대응하기 위해서는 쿠키 값을 암호화하거나 사용자

인증 및 인가에 있어 반드시 세션을 통해 이루어질 수 있도록 조치하여야 하며, 임시로 저장되는 쿠키 값은 수시 또는 정기적으로 제거하여야 한다.

3) 웹 방화벽

웹 방화벽(web application firewall: WAF)은 일반적인 네트워크방화벽과 다르게 웹 애플리케이션 보안에 특화되어 개발된 보안솔루션으로서, SQL인젝션, CSS 등과 같은 웹 공격을 탐지하고 차단하는 역할을 주로 수행한다. 또한 웹 방화벽은 직접적인 웹 공격에 대한 대응 외에도 정보유출방지, 부정접근방지, 웹 페이지 및 사이트 위변조방지 등을 위하여 활용할 수 있다. 즉, 중요 정보가 게시되고 업로드 및 다운로드 되는 경우를 탐지하여 정보유출방지에 대응하며, 비정상적인 접근에 대한 접근제어, 웹 페이지 및 사이트 위·변조탐지 및 대응기능을 제공한다. 웹 방화벽으로 많이 사용되는 프로그램으로는 마이크로소프트사의 WebKnight, 아파치 서버에서 동작하는 ModSecurity 등이 있다.

(3) 기타 보안솔루션

애플리케이션 보안을 위해서 주요 취약점과 공격기법에 대한 대응방안 수립 및 보안정책 시행과 함께 각 보안분야별로 특화된 보안솔루션을 적용하는 것도 애플리케이션 보안강화를 위해 필요한 방법이다. 주요 보안솔루션별 내용과 특징은 다음과 같다.

1) NAC

NAC(network access control)는 과거 IP관리시스템에서 발전한 보안솔루션으로서 네트워크감독과 조정을 위한 여러 가지 제어, 시스템동작의 감시, 데이터의 무결성보장, 사용자에 대한 확인 및 기록, 사용자 접근방법 등의 제어기능뿐만 아니라 일관된 보안정책이 적용될 수 있도록 통제하는 기능까지 수행한다. NAC에서 제공하는 주요 기능에는 접근제어·인증, PC 및 네트워크장치 통제, 악성행위와 유해트래픽 탐지 및 차단기능이 있다. 각 주요 기능별 내용은 다음과 같다.

기 능	내 용
접근제어 및 인증	내부직원 역할기반의 접근제어와 네트워크의 모든 IP기반 장치 접근제어 및 인증을 수행한다.
PC 및 네트워크장치 통제	PC 및 네트워크 장치에 대한 백신 및 패치관리, 비인가시스템을 탐지하는 자산관리기능을 수행한다.
악성행위, 유해트래픽 탐지 및 차단	악성행위를 위해 사용되는 유해트래픽을 탐지 및 차단하고, 악성행위를 차단하며, 악성행위와 관련된 로그유지 및 기록으로 데이터유출사고의 발생 시에는 추적을 위한 증거수집기능을 수행한다.

2) DLP

DLP(data loss prevention)는 내부자의 고의나 실수로 인하여 내부에 관리중인 데이터가 외부로 유출되는 것을 방지하기 위해 사용하는 솔루션이다. 즉, 내부에서 송·수신되는 데이터를 내용이나 형식기준으로 탐지하도록 하여 중요 데이터의 유출을 차단하고, 내부에서 데이터를 물리적인 매체로 변환하는 프린터 출력절차나 휴대용 저장매체로 전송하는 등의 동작을 통제할 뿐만 아니라 내부 이메일전송, 내부메신저 등에서의 메시지 송·수신 등에도 데이터필터링을 적용하여 데이터보호를 강화할 수 있도록 하는 기능을 제공한다.

3) DRM

DRM(digital rights management)은 디지털콘텐츠의 저작권을 관리하기 위한 보안솔루션으로서, 각종 디지털콘텐츠의 불법유통과 복제를 방지하고, 보호된 콘텐츠사용에 따른 저작권자에게 발생하는 이익 여부까지 관리하여 주는 솔루션이다. DRM은 정상적인 사용자가 해당 콘텐츠를 사용할 수 있도록 인증 및 권한관리를 위한 암호화기술과 불법사용 여부를 추적하는 워터마킹(watermarking)기술을 기반으로 하고 있으며, 일반적인 저작권의 관리 및 보호목적뿐만 아니라 내부자료에 대한 사용과 접근통제, 제어목적으로도 활용할 수 있다.

DRM이 제공하는 주요 기능은 디지털콘텐츠 암호화 및 전자서명, 저작권추적, 사용자인증 및 권한, 접근제어, 워터마킹, 핑거프린팅(Fingerprinting) 등이 있다.

4) UTM

UTM(unified threat management)은 통합운영 관리솔루션으로서, IDS, VPN, 안티바이러스 및 스팸, 필터링 등 분야별 보안솔루션을 하나의 솔루션으로 통합한 보안솔루션이다. UTM은 주로 하드웨어장비를 기반으로 하고 있으며, 통합된 보안기능을 통해 도입 및 유지·관리비용을 절감하고 관리에 있어 복잡하지 않으며 복합적인 위협요소에 효율적으로 대응할 수 있는 특징을 가진다.

5) DB보안

데이터베이스(data base)는 각종 기관, 기업, 조직 등에서 내부데이터를 효율적으로 저장 및 관리하기 위해 컴퓨터시스템이나 서버 등에 설치되어 사용되는 데이터저장 및 관리프로그램과 체계이다. 데이터베이스는 내부의 중요 데이터를 보관하고 관리하는 핵심적인 요소로서 해킹, 데이터유출 및 변조, 데이터파괴 등 악성행위를 위한 핵심목표가 되기 때문에 데이터베이스의 보호를 위한 보안정책과 기술적용이 필요하다.

데이터베이스 보안을 위해서는 접근통제 및 감사, 암호화 등 솔루션적용이 필요하며, 중요 데이터의 암호화, 사용자인증 및 접근통제, 실시간 감시 및 로깅기능 등을 적용하여 보안을 강화하여야 한다.

제 4 절 자원관리

1. 지식재산권의 이해와 관리

(1) 지식재산권의 개념

지식재산권은 인간의 지적 창조물 중에서 법으로 보호할 가치가 있는 대상에 대해 법이 부여한 권리이다. 지적재산권은 법령 또는 조약 등에 따라 인정되거나 보호되는 지식재산에 관한 권리로서 과거 지적재산권이라고 불렀으나 현재 한국

특허청(KIPO) 기준으로 지식재산권이라는 용어로 사용하고 있다. 지식재산권은 기존의 무형적인 재산을 보호하고 권리를 부여하는 고전적인 재산권과 다르게 무형의 지식에 속하는 인간이 창조한 모든 것에 대한 재산권을 보호하고 권리를 부여한다. 지식재산 기본법 제3조 제1호에 따르면, '지식재산'이란 인간이 창조적 활동 또는 경험에 의하여 창출되거나 발견된 지식, 정보, 기술, 사상이나 감정의 표현, 영업이나 물건의 표시, 생물의 품종이나 유전자원, 그밖에 무형적인 것으로서 재산적 가치가 실현될 수 있는 것을 말한다.

지식재산권을 통해 권리자는 특허 등 지식재산권을 독점 및 배타적으로 활용하여 신용창출, 소비자신뢰도 향상, 기술판매를 통한 로열티수입 등 시장에서의 독점적 지위확보가 가능하고, 자신의 발명 및 개별기술에 대한 출원 및 권리화를 통해 타인에 의한 권리침해를 방지하게 됨으로써 권리보호가 가능해진다. 또한 지식재산권의 확보에 의하여 기술개발에 소요되는 막대한 비용을 회수하는 한편, 향후 추가 기술개발의 원천으로 활용할 수 있으며, 특허권과 관련된 정부정책에 따른 자금지원, 제작지원 등 정책자금과 세제지원의 혜택도 받을 수 있다. 이처럼 지식재산권은 권리자에게 일정기간 동안 배타적 권리를 부여하지만, 이를 일반에 공개하여야 하며, 일정기간이 경과하면 누구나 이용하고 실시할 수 있도록 함으로써 기술진보와 산업발전에 기여하게 된다.

(2) 지식재산권의 종류

지식재산권에는 크게 산업재산권, 저작권, 신지식재산권이 있다. 산업재산권에는 특허권, 실용신안권, 상표권, 디자인권 등이 있다.

종 류	내 용
특허권	현재까지 없었던 물건, 방법을 최초로 발명하였을 경우에 발명자가 갖는 권리
실용신안권	이미 있는 물건을 편리하고 유용하게 개량한 경우에 그 고안에 대한 권리
상표권	상표를 등록하여 지정된 상품에 독점적으로 사용할 수 있는 권리
디자인권	물품의 형상, 모양 등을 아름답게 변경·개량한 자가 갖는 권리

저작권은 인간의 사상 또는 감정을 표현한 창작물인 저작물(소설, 시, 논문, 각본, 음악, 연극, 무용, 서예, 조각, 강연, 연출, 사진, 영상, 건축물 등)에 대한 배타적이고 독점적인 권리이다. 신지식재산권은 첨단기술의 급속한 발달로 인해 전통적인 의미의 지식재산권으로 보호가 어렵거나 상당한 노력을 요하는 신기술의 등장으로 인해 이러한 새로운 분야의 지식재산을 보호하기 위해 등장한 권리이다. 신지식재산권은 (ⅰ) 컴퓨터프로그램, 인공지능, 데이터베이스와 같은 산업저작권과 (ⅱ) 반도체집적회로 배치설계, 생명공학과 같은 첨단산업재산권, (ⅲ) 영업비밀, 멀티미디어 등을 포함하는 정보재산권으로 분류된다.

1) 산업재산권

산업재산권은 특허권, 실용신안권, 상표권, 디자인권을 총칭하는 권리용어로서, 산업 및 경제활동과 관련된 사람의 정신적 창작물과 창작된 방법을 인정하는 무체재산권을 말한다. 과거에는 공업소유권이라는 용어를 사용하였으며 특허, 상표 등 무체물에 대한 권리는 소유권보다 재산권이라는 용어가 적합하다는 판단에 1990년부터 산업재산권으로 변경하였다.

가. 특허권

특허권을 관할하는 법은 특허법으로, 발명을 보호 및 장려하고 그 이용을 도모함으로써 기술의 발전을 촉진하여 산업발전에 이바지함을 목적으로 한다(법 제1조). 이를 위해 특허권이라는 일시적인 독점권을 부여하게 된다.

특허법상 발명은 자연법칙을 이용한 기술적 사상의 창작으로서 고도화한 것(법 제2조 제1호)을 말하며, 특허발명은 특허를 받은 발명(동조 제2호)을 말한다. 특허등록을 위해 발명이 성립하기 위해서는 자연법칙의 이용, 기술적 사상, 신규성, 고도성, 산업상 이용가능성, 진보성이 충족되어야 한다.

(가) 자연법칙의 이용 : 자연법칙은 물리학, 생물학 등 자연계의 현상을 설명하는 각종 법칙을 말하며, 발명을 이루는 구성요소 중 일부라도 자연법칙을 이용하지 않는 부분이 있는 경우에는 특허법상 자연법칙의 이용이라 할 수 없다. 또한 그 발명이 속하는 기술분야에서 통상의 지식을 가진 사람의 수준에서 발명은 일정한 확실성을 가지고 동일결과를 반복할 가능성이 있어야 한다. 발명자가 자연법

칙에 대하여 반드시 정확하고 완전한 인식을 가질 필요는 없다.

(나) **기술적 사상** : 기술은 일정한 목적을 달성하기 위한 구체적인 수단으로서 실제 이용할 수 있는 것을 의미하며, 사상은 추상적이고 개념적인 착상을 말한다. 따라서 기술적 사상은 사상에서 기술로 이어지는 과정에서의 중간단계라고 할 수 있다. 발명은 단순한 사상의 수준에서 그치면 아니 되며, 기술적인 사상이어야 하지만 기술일 필요는 없다.

(다) **신규성** : 발명은 인간의 인위적인 정신활동에 의하여 만들어진 것이어야 한다. 즉, 이미 존재하던 것을 찾아내던 발견과 달리 새로운 것을 만들어내야 한다.

(라) **고도성** : 고도성은 기술적 사상의 창작의 수준이 높아야 한다는 것을 의미 한다. 기술적 사상의 창작 중 기술의 정도가 높을 경우에는 발명으로, 낮을 경우 에는 실용신안으로 보게 된다.

(마) **산업상 이용가능성** : 특허가 성립하기 위해서는 산업상 이용가능성이 있어 야 하는데, 이는 특허법이 산업발전에 이바지하는데 목적을 두고 있기 때문이다. 따라서 산업상 이용가능성이 없거나 산업 이외 분야에서의 발명은 특허성립을 위 한 요건이 충족되었다고 보기 어렵다.

(바) **진보성** : 진보성은 기존 존재하는 발명에 비해서 기술적으로 진보된 발명 일 경우에 특허를 부여하는 요건이다. 특허권 부여에 있어 필요한 기본원칙에는 선출원주의, 도달주의, 속지주의가 있다. 그 주요 내용은 다음과 같다.

기본원칙	내 용
선출원주의	선출원주의는 동일한 발명 또는 고안이 성립되었을 경우 누구에게 그 특허 를 부여할 것인가 판단하는 기준으로서, 동일한 발명 또는 고안에 대해 먼 저 출원한 자에게 특허를 부여한다. 선출원주의의 반대개념은 선발명주의 로서 먼저 발명한 자에게 권리를 부여하는 원칙을 말한다.
도달주의	도달주의는 특허출원을 위해 필요한 제반서류를 특허청에 제출하는 단계에 서 적용되는 원칙으로서, 필요한 서류가 특허청에 도달하였을 경우에 효력 이 발생하는 것으로 보는 원칙이다. 우편으로 제출할 경우에는 우체국에

	해당 서류를 제출한 때에 특허청에 도달한 것으로 보며, 우편물의 발신일과 수령증으로 발신한 날짜가 증명되어야 한다. 우리나라는 국내 특허출원에 있어서 도달주의를 원칙으로 하고 있다.
속지주의	속지주의는 1국 1특허 원칙에 의해 각국의 특허가 서로 독립적으로 효력이 발생한다는 점을 고려한 원칙으로서 특허권을 취득하고자 하는 국가에 특허를 출원시켜 그 국가에서 특허권을 취득하여야만 해당 국가에 한해 특허권에 해당되는 권리를 확보할 수 있다.

특허권은 설정등록일로부터 특허출원일 후 20년이 되는 날까지 권리가 지속되며(법 제88조), 특허권 또는 전용실시권을 침해한 자는 7년 이하의 징역 또는 1억 원 이하의 벌금에 처한다(법 제225조).

나. 실용신안권

실용실안권은 기존의 물품을 개량하여 실용성과 유용성을 높인 고안을 출원하여 부여받는 권리로서, 산업상 이용할 수 있는 물품의 형상 또는 구조, 조합에 관한 고안으로서 특허청에 이를 등록함으로써 권리에 대한 효력을 발생한다. 실용신안권은 실용신안법에 따라 실용신안을 등록한 자가 독점적, 배타적으로 그 실용신안상에 가지는 지배권이며, 구체적인 기술적 목적과 기술적 구성 및 기술적 효과에 의하여 체계적으로 형성된 신규성 있는 기술적 사상의 창작인 무형의 고안을 보호의 객체로 하는 권리이다.

실용신안등록이 성립할 수 있는 요건에는 물품의 형상, 구조 또는 조합에 대한 고안, 산업상 이용가능성, 신규성, 진보성을 요하며, 준공지의 규정에 해당되지 아니하고 국기 또는 훈장과 동일하거나 유사한 고안, 공공의 질서 또는 선량한 풍속을 문란하게 하거나 공중의 위생에 해할 염려가 있는 고안이 아닐 것을 요한다.

(가) **물품의 형상, 구조 또는 조합에 대한 고안** : 물품은 거래의 대상으로 되어 운반가능한 것을 말하며, 물품의 형상이란 물품의 외관적 형태를 의미하고 입체적인 것과 평면적인 것을 포함한다. 물품의 구조는 물품이 가지는 기계적 구조를 말하며, 조합은 2개 이상의 물품을 관련적으로 결합하여 1개의 물품으로서 사용가치가 생기는 경우를 말한다. 고안은 자연법칙을 이용한 기술적 사상의 창작으로서 실용실안에서의 고안은 이러한 물품의 형상, 구조 또는 조합에 대한 기술적 사상

의 창작을 말한다.

(나) 산업상 이용가능성 : 특허가 성립하기 위한 조건과 동일하게 실용신안권 역시 산업상 이용가능성이 있어야 한다. 산업상 이용가능성이 없거나 산업 이외의 분야에서의 실용신안은 성립을 위한 요건이 충족되었다고 보기 어렵다.

(다) 신규성 : 특허가 성립하기 위한 조건과 동일하게 실용실안은 새로운 것을 만들어내는 신규성을 가져야 한다.

(라) 진보성 : 특허가 성립하기 위한 조건과 동일하게 실용신안은 기존 존재하는 고안보다 기술적으로 진보되어야 한다.

실용신안권은 설정등록한 날부터 실용신안등록출원일 후 10년이 되는 날까지로 한다. 권리가 지속되며(법 제22조), 실용신안출원을 한 기술은 실용실안등록을 받은 날로부터 1년 이내에 특허로 다시 출원할 수 있고, 특허출원한 기술은 특허사정이 나기 전까지 실용신안등록출원으로 낼 수 있다. 특허와 실용신안이 이중으로 출원에 성공할 경우에는 하나를 택하여 출원하여야 한다. 실용신안권 또는 전용실시권을 침해한 자는 7년 이하의 징역 또는 1억 원 이하의 벌금에 처한다(법 제45조).

다. 디자인권

디자인은 물품(물품의 부분 및 글자체를 포함)의 형상, 모양, 색채 또는 일들을 결합한 것으로 시각을 통하여 미감을 일으키게 하는 것을 말한다. 따라서 디자인보호법에 따른 디자인은 독립적으로 거래대상이 될 수 있는 유체동산인 물품에 구현되어 시간을 통해 파악되어 미감을 일으키는 물품의 미적 외관이라고 할 수 있다.

디자인권은 이러한 디자인에 대해서 디자인을 등록한 자가 그 등록디자인에 대하여 향유하는 독점적·배타적 권리로서, 디자인에 해당되는 물품은 거래의 대상이 되어 운반 가능하여야 하며, 형상은 외관적 형태로서 평면과 입체적인 것을 모두 포함한다. 또한 모양은 장식용의 형상으로 평면적으로 표시된 점, 선, 또는 상의 집합을 말하며, 색채를 수반하는 것 등을 모두 포함한다. 디자인권으로서 성립하기 위한 요건에는 신규성, 창작성, 공업상 이용가능성이 있다.

(가) 신규성 : 신규서은 디자인 등록출원의 대상이 되는 디자인이 출원 전 공중에게 알려지지 않은 상태일 것을 말한다. 즉, 디자인이 국내 또는 국외에 공지되거나 공연이 실시되지 않았어야 하고, 반포된 간행물에 게재되지 않았으며, 전기통신회선을 통해 공중이 이용할 수 있게 되지 않은 경우에는 신규성이 있다고 볼 수 있다.

(나) 창작성 : 창작성은 어떤 디자인이 다른 디자인과 객관적으로 명확하게 구별되는 정도를 말한다. 국내 또는 국외에 공지되거나 널리 알려진 디자인 또는 널리 알려진 형상·모양·색채 또는 이들의 결합에 기초하여 쉽게 창작할 수 있는가 여부에 따라 창작성 인정 여부가 결정된다. 이 판단은 출원 전 그 디자인이 속하는 분야에서 통상의 지식을 가진 사람을 기준으로 한다.

(다) 공업상 이용가능성 : 공업상 이용가능성은 특허권이나 실용실안권에서 말하는 산업상 이용가능성보다 좁은 의미로서 공업상으로 이용할 수 있는 것을 그 요건으로 하며, 공업적으로 양산할 수 있다는 의미로서 적용된다. 공업적 양산은 공업적인 생산방법으로 동일한 디자인의 물품을 반복하여 대량 생산할 수 있다는 것을 말하며, 기계공업적 생산과 수공업적 생산으로 분류된다. 따라서 공업상 양산할 수 없는 미술품 등은 공업상 이용할 수 있는 디자인이라고 보기 어렵다.

디자인권은 설정등록한 날부터 발생하여 디자인등록출원일 후 20년이 되는 날까지 권리가 지속되며, 관련 디자인으로 등록된 디자인권의 존속기간 만료일은 그 기본 디자인이 가진 존속기관 만료일로 한다(법 제91조). 디자인권자는 그 디자인에 대하여 타인에게 전용실시권을 설정할 수 있으며, 기본디자인의 디자인권과 관련 디자인의 디자인권에 대한 전용실시권은 같은 자에게 동시에 설정하여야 한다(법 제97조 제1항). 전용실시권자는 그 설정행위로 정한 범위에서 그 등록 디자인 또는 그와 유사한 디자인을 업으로서 실시한 권리를 독점하며, 전용실시권자는 그 디자인권에 대하여 타인에게 통상실시권을 허락할 수 있다(동조 제2항, 제3항).

또한 전용실시권자는 디자인권자의 동의를 받아 전용실시권을 목적으로 하는 질권을 설정하거나 통상실시권을 허락할 수 있다(동조 제4항). 한편, 디자인권자는 그 디자인권에 대하여 타인에게 통상실시권을 허락할 수 있으며, 통상실시권자는 일정한 범위에서 그 등록 디자인 또는 이와 유사한 디자인을 업으로서 실시한 권리를 가진다(법 제99조 제1항, 제2항). 디자인권 또는 전용실시권을 침해한 자는 7년 이하의 징역 또는 1억 원 이하의 벌금에 처한다(법 제220조).

라. 상표권

상표란 자기의 상품(지리적 표시가 사용되는 상품의 경우를 제외하고는 서비스 또는 서비스의 제공에 관련된 물건을 포함한다. 이하 같다)과 타인의 상품을 식별하기 위하여 사용하는 표장(標章)을 말한다(상표법 제2조 제1항 제1호). 상표의 기본이 되는 표장은 기호, 문자, 도형, 소리, 냄새, 입체적 형상, 홀로그램·동작 또는 색채 등으로서 그 구성이나 표현방식에 상관없이 상품의 출처(出處)를 나타내기 위하여 사용하는 모든 표시를 말한다(동항 제2호). 상표는 해당 상품을 상징하는 시각적인 이미지로서 상표사용자의 업무상 신용유지를 도모할 뿐만 아니라 수요자의 이익을 보호하려는 공익의 실현의 목적을 가지고 있다. 상표는 그 상표에 들어있는 상표권자의 신용을 보호의 대상으로 하며, 최초의 상표는 자타상품 식별의 기능이 중시되었지만 현재는 수요자에 대한 품질보증의 기능이 부각되고 있다.

넓은 의미에서 상표의 개념은 단체표장, 증명표장, 업무표장 등으로 분류된다. 각 표장의 주요 내용은 다음과 같다.

표장종류	내 용
단체표장 (법 제2조 제1항 제3호)	상품을 생산·제조·가공·판매하거나 서비스를 제공하는 자가 공동으로 설립한 법인이 직접 사용하거나 그 소속 단체원에게 사용하게 하기 위한 표장을 말한다.
증명표장 (법 제2조 제1항 제7호)	상품의 품질, 원산지, 생산방법 또는 그 밖의 특성을 증명하고 관리하는 것을 업(業)으로 하는 자가 타인의 상품에 대하여 그 상품이 품질, 원산지, 생산방법 또는 그 밖의 특성을 충족한다는 것을 증명하는 데 사용하는 표장을 말한다.
업무표장 (법 제2조 제1항 제9호)	영리를 목적으로 하지 아니하는 업무를 하는 자가 그 업무를 나타내기 위하여 사용하는 표장을 말한다.

한편, 상표를 등록하기 위한 기본요건은 아래와 같이 상표법에 의해 등록이 불가능한 경우를 제외하고 모두 상표등록을 받을 수 있다. 상표법에 의해 등록이 제외되는 경우는 다음과 같다(법 제33조 제1항). 다만, 이 제외조건에 해당하더라도 상표등록 출원 전부터 그 상표를 사용한 결과 수요자 간에 특정인의 상품에 관한 출처를 표시하는 것으로 식별할 수 있게 된 경우에는 그 상표를 사용한 상품에 한정하여 상표등록을 받을 수 있다(동조 제2항).

(i) 그 상품의 보통명칭을 보통으로 사용하는 방법으로 표시한 표장만으로 된 상표
(ii) 그 상표에 대하여 관용하는 상표
(iii) 그 상품의 산지, 품질, 원재료, 효능, 용도, 수량, 형상, 가격, 생산방법, 가공방법, 사용방법 또는 시기를 보통으로 사용하는 방법으로 표시한 표장으로만 된 상표
(iv) 현저한 지리적 명칭이나 그 약어 또는 지도만으로 된 상표
(v) 흔히 있는 성 또는 명칭을 보통으로 사용하는 방법으로 표시한 표장만으로 된 상표
(vi) 간단하고 흔히 있는 표장만으로 된 상표
(vii) 수요자가 누구의 업무에 관련된 상품을 표시하는 것인가를 식별할 수 없는 상표

또한 그 상품의 산지, 품질, 원재료, 효능, 용도, 수량, 형상, 가격, 생산방법, 가공방법, 사용방법 또는 시기를 보통으로 사용하는 방법으로 표시한 표장으로만 된 상표이거나 현저한 지리적 명칭이나 그 약어 또는 지도만으로 된 상표라 하더라도 그 표장이 특정상품에 대한 지리적 표시인 경우에는 그 지리적 표시를 사용한 상품을 지정상품으로 하여 지리적 표시 단체표장 등록을 받을 수 있다(동조 제3항).

상표권은 설정등록에 의하여 효력이 발생되며, 존속기간은 설정등록이 있는 날로부터 10년, 존속기간갱신등록출원에 의하여 10년씩 그 기간을 갱신하여 계속 사용하는 반영구적인 효력을 가질 수 있다(법 제83조 제1항, 제2항). 상표권 또는 전용사용권의 침해행위를 한 자는 7년 이하의 징역 또는 1억원 이하의 벌금에 처한다(법 제230조).

2) 저작권

저작권은 인간의 사상 또는 감정을 표현한 문학, 예술, 학술에 속하는 창작물에 대하여 저작자나 그 권리 승계인이 행사하는 배타적이고 독점적인 권리를 말

한다. 또한 저작권은 저작권법에 의해 보호되는 저작자의 권리로서, 자연인과 법인이 만든 모든 창작물은 저작권법의 보호를 받게 된다.

저작권은 넓은 의미로는 저작권에 의해 보호되는 모든 권리, 즉 저작인격권, 저작재산권, 저작인접권 등으로 구분되며, 좁은 의미로는 저작인격권과 저작재산권만을 의미하고, 가장 좁은 의미로는 저작재산권만을 의미한다.

가. 저작인격권

저작인격권은 저작자가 저작물에 대하여 가지는 인격적·정신적 이익을 보호하는 권리로서, 저작자 일신에 전속하게 되는 일신전속적인 권리(법 제14조 제1항)이므로 양도, 대여, 포기 등이 불가능하다. 저작인격권에는 공표권, 성명표시권, 동일성유지권이 있다.

권 리	내 용
공표권	저작자는 그의 저작물을 공표하거나 공표하지 아니할 것을 결정할 권리를 가지며, 공표시기와 방법의 결정도 포함된다. 저작자는 저작물을 그 뜻에 부합하지 않는 방식으로 공표되는 것을 거부할 수 있다. 따라서 저작물을 공표하거나 공표하지 아니하거나, 공표의 방법, 형식, 시기의 선택에 대해 저작권자의 권리를 인정한다.
성명표시권	저작자는 저작물의 원본이나 그 복제물, 또는 저작물의 공표매체에 자신의 실명 또는 이명을 표시할 권리를 가지며, 저작물을 이용하는 자는 그 저작자의 특별한 의사표시가 없을 때에는 저작자가 그의 실명 또는 이명을 표시한 바에 따라 이를 표시하여야 한다. 저작물의 성질이나 이용목적, 형태에 따라 부득이하다고 인정되는 경우에만 저작물 이용자는 저작자의 실명이나 이명을 생략할 수 있다.
동일성유지권	저작자는 그의 저작물의 내용, 형식 및 제호의 동일성을 유지할 권리를 가지며, 저작물의 변경이나 삭제 시에는 반드시 저작자 본인이 하거나 저작자의 허락을 요하도록 한다. 동일성유지권은 학교교육 목적상 부득이하게 인정되는 범위 안에서의 표현의 변경이나 건축물의 증축, 개축 및 그 밖의 변형, 특정한 컴퓨터 외에는 이용할 수 없는 프로그램을 다른 컴퓨터에 이용할 수 있도록 하기 위한 필요한 범위 내에서의 변경, 프로그램을 특정컴퓨터에서 보다 효과적으로 이용할 수 있도록 하기 위해 필요한 범위 내에서의 변경, 그 밖에 저작물의 성질이나 이용의 목적 및 형태 등에 비추어 부득이하다고 인정되는 범위 내에서의 변경의 경우에만 동일성유지의 예외로 인정하고 있다.

저작자의 사망 후에 그의 저작물을 이용하는 자는 저작자가 생존하였더라면 그 저작인격권의 침해가 될 행위를 하여서는 아니 된다. 다만, 그 행위의 성질 및 정도에 비추어 사회통념상 그 저작자의 명예를 훼손하는 것이 아니라고 인정되는 경우에는 그러하지 아니하다(법 제14조 제2항). 공동저작물의 저작인격권은 저작자 전원의 합의에 의하지 아니하고는 이를 행사할 수 없다. 이 경우 각 저작자는 신의에 반하여 합의의 성립을 방해할 수 없다. 또한 공동저작물의 저작자는 그들 중에서 저작인격권을 대표하여 행사할 수 있는 자를 정할 수 있다. 이때 권리를 대표하여 행사하는 자의 대표권에 가하여진 제한이 있을 때에 그 제한은 선의의 제3자에게 대항할 수 없다(법 제15조).

나. 저작재산권

저작재산권은 저작인격권과 함께 저작권을 이루는 주된 권리로서, 경제적 가치가 있는 이익의 향수를 내용으로 하는 권리이다. 저작재산권은 복제권, 공연권, 공중송신권, 전시권, 배포권, 대여권, 2차적 저작물 등의 작성권으로 구분된다(법 제16조 - 제22조).

권 리	내 용
복제권	저작자는 그의 저작물을 복제할 권리를 가지며, 복제란 인쇄, 사진촬영, 복사, 녹음, 녹화, 그 밖의 방법에 의하여 유형물에 고정하거나 유형물로 다시 제작하는 것을 말한다.
공연권	저작자는 그의 저작물을 공연할 권리는 가지며, 공연은 저작물 또는 실연, 음반, 방송을 상연, 연주, 가창, 구연, 낭독, 상영, 재생, 그 밖의 방법으로 공중에 공개하는 것을 말한다.
공중송신권	저작자는 그의 저작물을 공중송신할 권리를 가지며, 공중송신은 저작물, 실연, 음반, 방송 또는 데이터베이스 등을 공중이 수신하거나 접근하게 할 목적으로 무선 또는 유선통신의 방법에 의해 송신하거나 이용에 제공하는 것을 말한다. 공중송신의 개념에는 기존의 방송과 전송뿐만 아니라 디지털음성송신 개념을 포괄한다.
전시권	저작자는 미술저작물 등의 원본이나 그 복제물을 전시할 권리를 가지며, 전시권의 대상이 될 수 있는 미술저작물, 회화, 조각, 응용미술작품, 건축저작물, 사진저작물 등도 포함하는 것으로 본다. 전시는 저작물이 담겨져 있는 물체를 공중이 관람할 수 있도록 진열하거나 게시하는 것을 말한다.

배포권	저작자는 저작물의 원본이나 그 복제물을 배포할 권리를 가진다. 다만, 저작물의 원본이나 그 복제물이 해당 저작재산권자의 허락을 받아 판매 등의 방법으로 거래에 제공한 경우는 제외한다. 배포는 저작물 등의 원본 또는 그 복제물을 공중에게 대가를 받거나 받지 아니하고 양도 또는 대여하는 것을 말한다.
대여권	배포권이 저작물의 원본이나 그 복제물이 해당 저작재산권자의 허락을 받아 판매 등의 방법으로 거래에 제공한 경우를 제외함에도 불구하고, 저작자는 상업적 목적으로 공표된 음반이나 상업적 목적으로 공표된 프로그램을 영리를 목적으로 대여할 권리를 가진다.
2차적 저작물 작성권	저작자는 그의 저작물을 원저작물로 하는 2차적 저작물을 작성하고 이용할 권리를 가진다. 2차적 저작물은 원저작물을 번역, 편곡, 변형, 각색, 영상제작, 그 밖의 방법으로 작성한 창작물을 말한다.

한편, 저작재산권은 저작권법에 명시된 바에 따라 제한될 수 있으며, 저작재산권이 제한될 경우에 이용자는 저작권자의 허락 없이 저작물을 이용할 수 있다. 저작재산권의 제한이 발생하는 경우는 다음과 같다.

(가) 보호받지 못하는 저작물 : (i) 헌법, 법률, 조약, 명령, 조례 및 규칙, (ii) 국가 또는 지방자치단체의 고시, 공고, 훈련, 그 밖에 이와 유사한 것, (iii) 법원의 판결, 결정, 명령 및 심판이나 행정심판절차, 그 밖에 이와 유사한 절차에 의한 의결 및 결정 (iv) 국가 또는 지방자치단체가 작성한 것으로, 헌법, 법률, 조약, 명령, 조례 및 규칙 또는 법원의 판결, 결정, 명령 및 심판이나 행정심판절차, 그 밖에 이와 유사한 절차에 의한 의견 및 결정에 대한 편집물 또는 번역물, (v) 사실의 전달에 불과한 시사보도는 저작권법으로 보호되지 않는다(법 제7조).

(나) 재판 등에서의 복제 : 재판 또는 수사를 위하여 필요한 경우 또는 입법·행정 목적을 위한 내부 자료로서 필요한 경우에는 그 한도 안에서 저작물을 복제할 수 있다. 다만, 그 저작물의 종류와 복제의 부수 및 형태 등에 비추어 해당 저작재산권자의 이익을 부당하게 침해하는 경우에는 그러하지 아니하다(법 제23조).

(다) 정치적 연설 등의 이용 : 공개적으로 행한 정치적 연설 및 법정, 국회 또는 지방의회에서 공개적으로 행한 진술은 어떠한 방법으로도 이용할 수 있다. 다만,

동일한 저작자의 연설이나 진술을 편집하여 이용하는 경우는 제외한다(법 제24조).

　(라) 공공저작물의 자유 이용 : 국가 또는 지방자치단체가 업무상 작성하여 공표한 저작물이나 계약에 따라 저작재산권의 전부를 보유한 저작물은 허락 없이 이용할 수 있다. 그러나 국가안전보장에 관련되는 정보를 포함하는 경우, 개인의 사생활 또는 사업상 비밀에 해당하는 경우, 다른 법률에 따라 공개가 제한되는 정보를 포함하는 경우, 한국저작권위원회에 등록된 저작물로서 국유재산법에 따른 국유재산 또는 공유재산 및 물품 관리법에 따른 공유재산으로 관리되는 경우는 공공저작물의 자유 이용에서 제외한다. 다만, 국가 또는 지방자치단체는 공공저작물 중 자유로운 이용을 위해 필요하다고 인정하는 경우에는 국유재산법 또는 공유재산 및 물품 관리법에도 불구하고 사용하게 할 수 있다(법 제24조의2).

　(마) 학교교육 목적 등에의 이용 : 고등학교 및 이에 준하는 학교 이하의 학교의 교육목적상 필요한 교과용도서에는 공표된 저작물을 게재할 수 있다. 또한 교과용도서를 발행한 자는 교과용도서를 본래의 목적으로 이용하기 위하여 필요한 한도 내에서 제1항에 따라 교과용도서에 게재한 저작물을 복제·배포·공중송신할 수 있다(법 제25조 제1항, 제2항).

　한편, 특별법에 따라 설립된 학교, 유아교육법, 초·중등교육법 또는 고등교육법에 따른 학교 또는 국가나 지방자치단체가 운영하는 교육기관이 수업목적으로 이용하는 경우에는 공표된 저작물의 일부분을 복제·배포·공연·전시 또는 공중송신(이하 "복제 등"이라 한다)할 수 있다. 다만, 공표된 저작물의 성질이나 그 이용의 목적 및 형태 등에 비추어 해당 저작물의 전부를 복제 등을 하는 것이 부득이한 경우에는 전부 복제 등을 할 수 있다(동조 제3항). 그리고 국가나 지방자치단체에 소속되어 위의 학교 또는 교육기관의 수업을 지원하는 기관(이하 "수업지원기관"이라 한다)은 수업지원을 위하여 필요한 경우에는 공표된 저작물의 일부분을 복제 등을 할 수 있다. 다만, 공표된 저작물의 성질이나 그 이용의 목적 및 형태 등에 비추어 해당 저작물의 전부를 복제 등을 하는 것이 부득이한 경우에는 전부 복제 등을 할 수 있다(동조 제4항). 위의 학교 또는 교육기관에서 교육을 받는 자는 수업목적상 필요하다고 인정되는 경우에는 제3항의 범위 내에서 공표된 저작물을 복제하거나 공중송신할 수 있다(동조 제5항).

그러나 위의 규정에 따라 공표된 저작물을 이용하려는 자는 문화체육관광부장관이 정하여 고시하는 기준에 따른 보상금을 해당 저작재산권자에게 지급하여야 한다. 다만, 고등학교 및 이에 준하는 학교 이하의 학교에서 복제 등을 하는 경우에는 보상금을 지급하지 아니한다(제6항).

이때 교과용도서를 발행한 자, 학교·교육기관 및 수업지원기관이 저작물을 공중송신하는 경우에는 저작권 그 밖에 이 법에 의하여 보호되는 권리의 침해를 방지하기 위하여 복제방지조치 등 대통령령으로 정하는 필요한 조치를 하여야 한다(동조 제12항).

(바) 시사보도를 위한 이용 : 방송, 신문 또는 그 밖의 방법에 의하여 시사보도를 하는 경우에 그 과정에서 보이거나 들리는 저작물은 보도를 위한 정당한 범위 안에서 복제, 배포, 공연 또는 공중 송신할 수 있다(법 제26조).

(사) 시사적인 기사 및 논설의 복제 등 : 정치, 경제, 사회, 문화, 종교에 관하여 신문 등의 진흥에 관한 법률에 따른 신문 및 인터넷신문 또는 뉴스통신진흥에 관한 법률에 따른 뉴스통신에 게재된 시사적인 기사나 논설은 다른 언론기관이 복제, 배포 또는 방송할 수 있다. 다만, 이용을 금지하는 표시가 있는 경우는 제외한다(법 제27조).

(아) 공표된 저작물의 인용 : 공표된 저작물은 보도, 비평, 교육, 연구 등을 위하여 정당한 범위 안에서 공정한 관행에 합치되게 이를 인용할 수 있다(법 제28조).

(자) 영리를 목적으로 하지 아니하는 공연 및 방송 : 영리를 목적으로 하지 아니하고 청중이나 관중 또는 제3자로부터 어떤 명목으로든지 반대급부를 받지 아니하는 경우에는 공표된 저작물을 공연(상업용 음반 또는 상업적 목적으로 공표된 영상저작물을 재생하는 경우를 제외한다) 또는 방송할 수 있다. 다만, 실연자에게 통상의 보수를 지급하는 경우는 제외한다. 또한 대통령령으로 정하는 경우를 제외하고는 청중이나 관중으로부터 당해 공연에 대한 반대급부를 받지 아니하는 경우에는 상업용 음반 또는 상업적 목적으로 공표된 영상저작물을 재생하여 공중에게 공연할

수 있다(법 제29조).

(차) 사적 이용을 위한 복제 : 공표된 저작물을 영리를 목적으로 하지 아니하고 개인적으로 이용하거나 가정 및 이에 준하는 한정된 범위 안에서 이용하는 경우에는 그 이용자는 이를 복제할 수 있다. 다만, 공중의 사용에 제공하기 위하여 설치된 복사기기, 스캐너, 사진기 등 문화체육관광부령으로 정하는 복제기기에 의한 복제는 그러하지 아니하다(제30조).

(카) 도서관 등에서의 복제 : 도서관법에 따른 도서관과 도서·문서·기록 그 밖의 자료(이하 "도서 등"이라 한다)를 공중의 이용에 제공하는 시설 중 대통령이 정하는 시설(당해 시설의 장을 포함한다. 이하 "도서관 등"이라 한다)은 (ⅰ) 조사·연구를 목적으로 하는 이용자의 요구에 따라 공표된 도서 등의 일부분의 복제물을 1인 1부에 한하여 제공하는 경우, (ⅱ) 도서 등의 자체보존을 위하여 필요한 경우, (ⅲ) 다른 도서관 등의 요구에 따라 절판 그 밖에 이에 준하는 사유로 구하기 어려운 도서 등의 복제물을 보존용으로 제공하는 경우에는 그 도서관 등에 보관된 도서 등(제1호의 경우에는 당해 도서관 등이 복제·전송받은 도서 등을 포함한다)을 사용하여 저작물을 복제할 수 있다. 다만, 제1호 및 제3호의 경우에는 디지털 형태로 복제할 수 없다(법 31조 제1항).

또한 도서관 등은 컴퓨터를 이용하여 이용자가 그 도서관 등의 안에서 열람할 수 있도록 보관된 도서 등을 복제하거나 전송할 수 있다. 이 경우 동시에 열람할 수 있는 이용자의 수는 그 도서관 등에서 보관하고 있거나 저작권 그 밖에 이 법에 따라 보호되는 권리를 가진 자로부터 이용허락을 받은 그 도서 등의 부수를 초과할 수 없다(동조 제2항). 그리고 도서관 등은 컴퓨터를 이용하여 이용자가 다른 도서관 등의 안에서 열람할 수 있도록 보관된 도서 등을 복제하거나 전송할 수 있다. 다만, 그 전부 또는 일부가 판매용으로 발행된 도서 등은 그 발행일로부터 5년이 경과하지 아니한 경우에는 그러하지 아니하다(동조 제3항).

그러나 도서 등의 자체보존을 위하여 필요한 경우나 동조 제2항과 제3항의 규정에 따른 도서 등의 복제의 경우에 그 도서 등이 디지털 형태로 판매되고 있는 때에는 그 도서 등을 디지털 형태로 복제할 수 없다(동조 제4항).

(타) 시험문제로서의 복제 : 학교의 입학시험이나 그 밖에 학식 및 기능에 관한 시험 또는 검정을 위하여 필요한 경우에는 그 목적을 위하여 정당한 범위에서 공표된 저작물을 복제·배포 또는 공중송신할 수 있다. 다만, 영리를 목적으로 하는 경우에는 그러하지 아니하다(법 제32조).

(파) 장애인 등을 위한 복제 : 공표된 저작물은 시각장애인 등을 위하여 점자로 복제 및 배포할 수 있다. 시각장애인 등의 복지증진을 목적으로 하는 시설 중 대통령령이 정하는 시설은 영리를 목적으로 하지 아니하고 시각장애인 등의 이용에 제공하기 위하여 공표된 어문저작물을 녹음하거나 대통령령으로 정하는 시각장애인 등을 위한 전용 기록방식으로 복제 및 배포 또는 전송할 수 있다(법 제33조).
또한 누구든지 청각장애인 등을 위하여 공표된 저작물을 한국수어로 변환할 수 있고, 이러한 한국수어를 복제, 배포, 공연 또는 공중 송신할 수 있다. 청각장애인 등의 복지증진을 목적으로 하는 시설 중 대통령령으로 정하는 시설은 영리를 목적으로 하지 아니하고 청각장애인 등의 이용에 제공하기 위하여 필요한 범위에서 공표된 저작물 등에 포함된 음성 및 음향 등을 자막 등 청각장애인이 인지할 수 있는 방식으로 변환할 수 있고, 이러한 자막 등을 청각장애인 등이 이용할 수 있도록 복제, 배포, 공연 또는 공중 송신할 수 있다(법 제33조의2).

(하) 방송사업자의 일시적 녹음 및 녹화 : 저작물을 방송할 권한을 가진 방송사업자는 자신의 방송을 위하여 자체의 수단으로 저작물을 일시적으로 녹음하거나 녹화할 수 있다. 만들어진 녹음물 또는 녹화물은 녹음일 또는 녹화일로부터 1년을 초과하여 보존할 수 없다. 다만, 그 녹음물 또는 녹화물이 기록의 자료로서 대통령령이 정하는 장소에 보존되는 경우에는 그러하지 아니하다(법 제34조).

(거) 미술저작물 등의 전시 또는 복제 : 미술저작물 등의 원본의 소유자나 그의 동의를 얻은 자는 그 저작물을 원본에 의하여 전시할 수 있다. 다만, 가로, 공원, 건축물의 외벽, 그 밖에 공중에게 개방된 장소에 항시 전시하는 경우는 그러하지 아니하다. 개방된 장소에 항시 전시되어 있는 미술저작물 등은 어떠한 방법으로든지 이를 복제하여 이용할 수 있다. 그러나 건축물을 건축물로 복제하거나, 조각 또는 회화를 조각 또는 회화로 복제하거나, 개방된 장소 등에 항시 전시하기 위하

여 복제하거나, 판매의 목적으로 복제하는 경우는 제외한다.

또한 미술저작물 등을 소유자나 그의 동의를 얻어 전시를 하는 자 또는 미술저작물 등의 원본을 판매하고자 하는 자는 그 저작물의 해설이나 소개를 목적으로 하는 목록 형태의 책자에 이를 복제하여 배포할 수 있다. 다만, 위탁에 의한 초상화 또는 이와 유사한 사진저작물의 경우에는 위탁자의 동의가 없는 때에는 이를 이용할 수 없다(법 제35조).

(너) 저작물의 이용과정에서의 일시적 복제 : 컴퓨터에서 저작물을 이용하는 경우에는 원활하고 효율적인 정보처리를 위하여 필요하다고 인정되는 범위 안에서 그 저작물을 그 컴퓨터에 일시적으로 복제할 수 있다. 다만, 그 저작물의 이용이 저작권을 침해하는 경우는 그러하지 아니하다(법 제35조의2).

(더) 부수적 복제 등 : 사진촬영, 녹음 또는 녹화(이하 이 조에서 "촬영 등"이라 한다)를 하는 과정에서 보이거나 들리는 저작물이 촬영 등의 주된 대상에 부수적으로 포함되는 경우에는 이를 복제·배포·공연·전시 또는 공중송신할 수 있다. 다만, 그 이용된 저작물의 종류 및 용도, 이용의 목적 및 성격 등에 비추어 저작재산권자의 이익을 부당하게 해치는 경우에는 그러하지 아니하다(법 제35조의3).

(러) 문화시설에 의한 복제 등 : 국가나 지방자치단체가 운영하는 문화예술활동에 지속적으로 이용되는 시설 중 대통령령으로 정하는 문화시설(해당 시설의 장을 포함한다. 이하 이 조에서 "문화시설"이라 한다)은 대통령령으로 정하는 기준에 해당하는 상당한 조사를 하였어도 공표된 저작물(제3조에 따른 외국인의 저작물을 제외한다)의 저작재산권자나 그의 거소를 알 수 없는 경우 그 문화시설에 보관된 자료를 수집·정리·분석·보존하여 공중에게 제공하기 위한 목적(영리를 목적으로 하는 경우를 제외한다)으로 그 자료를 사용하여 저작물을 복제·배포·공연·전시 또는 공중송신할 수 있다. 문화시설이 저작물을 이용하고자 하는 경우에는 대통령령으로 정하는 바에 따라 이용되는 저작물의 목록·내용 등과 관련된 정보의 게시, 저작권 및 그 밖에 이 법에 따라 보호되는 권리의 침해를 방지하기 위한 복제방지조치 등 필요한 조치를 하여야 한다.

그러나 저작재산권자는 이 문화시설의 이용에 대하여 해당 저작물의 이용을 중단할 것을 요구할 수 있으며, 요구를 받은 문화시설은 지체 없이 해당 저작물의 이용을 중단하여야 한다. 또한 저작재산권자는 이 이용에 대하여 보상금을 청구할 수 있으며, 문화시설은 저작재산권자와 협의한 보상금을 지급하여야 한다. 보상금 협의절차를 거쳤으나 협의가 성립되지 아니한 경우에는 문화시설 또는 저작재산권자는 문화체육관광부장관에게 보상금 결정을 신청하여야 한다. 이 신청이 있는 경우에 문화체육관광부장관은 저작물의 이용목적·이용형태·이용범위 등을 고려하여 보상금규모 및 지급시기를 정한 후 이를 문화시설 및 저작재산권자에게 통보하여야 한다(법 제35조의4).

(머) 저작물의 공정한 이용 : 위에서 기술한 경우 외에도 저작물의 통상적인 이용방법과 충돌하지 아니하고 저작자의 정당한 이익을 부당하게 해치지 아니하는 경우에는 저작물을 이용할 수 있다. 이때 저작물 이용행위가 공정한 이용에 해당하는가를 판단할 때에는 이용의 목적 및 성격, 저작물의 종류 및 용도, 이용된 부분이 저작물 전체에서 차지하는 비중과 그 중요성, 저작물의 이용이 그 저작물의 현재 시장 또는 가치나 잠재적인 시장 또는 가치에 미치는 영향 등을 고려하여야 한다(법 제35조의5).

한편, 저작권은 저작물을 창작한 때부터 효력이 발생하며 어떠한 절차나 형식의 이행을 필요로 하지 않는다. 따라서 저작권은 심사와 등록 절차를 요건으로 하는 다른 산업재산권과 구별되어 창작시점부터 효력이 발생한다고 할 수 있다. 저작권의 존속기간은 특별한 규정이 있는 경우를 제외하고 저작자가 생존하는 동안과 저작자의 사망 이후 70년간으로 본다. 공동저작물의 경우는 맨 마지막으로 사망한 공동저작자가 사망한 후 70년간 존속한다(법 제39조). 무명 또는 널리 알려지지 아니한 이명이 표시된 저작물의 저작재산권은 공표된 때부터 70년간 존속한다. 다만, 이 기간 내 저작자가 사망한지 70년이 지났다고 인정할 만한 정당한 사유가 발생한 경우에는 해당 저작재산권은 저작자가 사망한 후 70년이 지났다고 인정되는 때에 소멸한 것으로 간주한다(법 제40조 제1항). 업무상 저작물과 영상저작물은 공표한 때부터 70년간 존속하며, 창작한 때부터 50년 이내에 공표되지 아니한 경우는 창작한 때부터 70년간 존속한다(법 제41조, 제42조). 저작권의 보호기간을 계산할 때는 저작자가 사망하거나, 창작 또는 공표한 다음 해부터 기산한 다(법 제44조). 저작재산권, 그 밖에 이 법에 따라 보호되는 재산적 권리(제93조에 따른 권리는 제외한다)를 복제, 공연, 공중송신, 전시, 배포, 대여, 2차적 저작물 작성의 방법으로 침해한 자는 5년 이하의 징역 또는 5천만 원 이하의 벌금에 처하거나 이를 병과할 수 있다(제136조 제1항 제1호).

다. 저작인접권

저작인접권은 저작물을 창작하는 사람은 아니나 일반 대중이 창작물을 누릴 수 있도록 매개하는 역할을 하는 사람들인 실연자, 음반제작자, 방송사업자의 권리 등으로 구성된다. 실연자는 일신전속적 권리로서 성명표시권과 동일성유지권을 가지며, 이외에도 복제권, 배포권, 대여권, 공연권, 방송권, 전송권 등을 가진다(법 제66조 – 제77조). 음반제작자는 그의 음반에 대한 복제권, 배포권, 대여권, 전송권을 가진다(법 제78조 – 제83조의2). 방송사업자는 그의 방송에 대한 복제권, 동시중계방송권, 공연권을 가진다(법 제84조 – 제85조의2). 이러한 권리는 원 저작물에 준하는 일종의 정신적 가치를 보호하기 위한 권리라고 볼 수 있다.

저작인접권은 실연을 한 때, 음반을 발행한 때, 방송을 한 때의 다음해부터 기산하여 70년(방송의 경우에는 50년)간 존속하며(법 제86조), 저작인접권의 제한, 양도, 등록 등은 대체로 저작재산권의 경우와 동일하게 처리한다.

3) 신지식재산권

신지식재산권은 지식재산권의 새로운 하위개념으로서 반도체 배치설계법 등을 비롯한 사회, 기술변화에 따른 새로운 형태의 지식재산권이라 할 수 있다. 빠르게 변화하는 사회환경과 과학기술의 발전으로 인해 기존의 지식재산권으로서는 보호가 어렵지만 경제적·기술적 가치를 고려하여 이를 보호하기 위해 새롭게 규정한 재산권으로서 새로운 지식, 창작물, 기술 등의 보호를 위해 활용된다.

신지식재산권에는 크게 반도체 집적회로 배치설계권, 식물 신품종보호권, 데이터베이스권이 속한다. 이러한 신지식재산권을 구성하는 권리별 주요 내용은 다음과 같다.

가. 반도체집적회로 배치설계권

반도체의 설계도는 기존에 존재하는 특허권이나 실용신안권, 저작권의 보호 대상이 되기 어렵지만 반도체가 전자기술 발달에 있어 핵심적인 요소이자 우리나라 핵심 국가산업으로 육성하고 있다. 따라서 반도체기술의 핵심인 집적회로 배치설계에 대하여는 반도체집적회로의 배치설계에 관한 법률에 의하여 보호하고 있다.

반도체집적회로는 반도체 재료 또는 절연 재료의 표면이나 반도체 재료의 내부에 한 개 이상의 능동소자를 포함한 회로소자들과 그들을 연결하는 도선이 분리될 수 없는 상태로 동시에 형성되어 전자회로의 기능을 가지도록 제조된 중간 및 최종 단계의 제품을 말한다(법 제2조 제1호). 배치설계는 반도체집적회로를 제조하기 위하여 여러 가지 회로소자 및 그들을 연결하는 도선을 평면적 또는 입체적으로 배치한 설계를 말하며(법 제2조 제2호), 반도체집적회로 배치설계권은 이러한 배치설계를 특허청장에게 설정등록함으로써 발생하는 권리를 말한다(법 제2조 제5호).

반도체집적회로 배치설계권은 특허청에 설정등록을 함으로써 효력이 발생된다(법 제6조). 그 존속기간은 설정등록일로부터 10년으로 하되, 존속기간은 영리를 목적으로 그 배치설계를 최초로 한 날부터 10년 또는 배치설계의 창작일로부터 15년을 초과할 수 있다(동법 제7조). 배치설계권이나 전용이용권을 침해한 자는 3년 이하의 징역 또는 3천만 원 이하의 벌금에 처하거나 이를 병과(倂科)할 수 있다(법 제45조).

반도체집적회로 배치설계권은 설정등록을 한 자 및 그로부터 권리를 승계한 자가 설정등록된 배치설계에 관하여 영리를 목적으로 이용하는 권리를 독점하되, 타인에게 양도할 수 있으며, 공유가 허용되고(법 제10조), 전용이용권(법 제11조) 또는 통상이용권(법 제12조)을 설정할 수 있다.

나. 식물 신품종보호권

식물 신품종보호권에서 품종은 식물학에서 통용되는 최저분류 단위의 식물군으로서 품종보호 요건을 갖추었는가와 관계없이 유전적으로 나타나는 특성 중 한 가지 이상의 특성이 다른 식물군과 구별되고 변함없이 증식될 수 있는 것을 말한다. 품종보호권이란 식물신품종 보호법에 따라 품종보호를 받을 수 있는 권리를 가진 자에게 주는 권리를 말하며, 새로운 식물의 품종을 발명했을 때 보호되는 권리라고 할 수 있다.

식물 신품종보호권으로서 품종보호를 받기 위해서는 신규성, 구별성, 균일성, 안전성, 품종명칭 등의 조건을 만족하여야 한다. 각 조건별 주요 내용은 다음과 같다(법 제16 − 제21조).

조 건	내 용
신규성	최초의 품종보호 출원일 이전에 대한민국에서는 1년 이상, 그 밖의 국가에서는 4년(과목 및 임목일 경우 6년) 이상 해당 종자나 그 수확물이 이용을 목적으로 양도되지 아니한 경우에는 그 품종은 신규성을 갖춘 것으로 본다.
구별성	최초의 품종보호 출원일 이전까지 일반인에게 알려져 있는 품종과 명확하게 구별되는 품종은 구별성을 갖춘 것으로 본다.
균일성	품종의 본질적 특성이 그 품종의 번식 방법상 예상되는 변이를 고려한 상태에서 충분히 균일한 경우에는 그 품종은 균일성을 갖춘 것으로 본다.
안전성	품종의 본질적 특성이 반복적으로 증식된 후(1대 잡종 등과 같이 특정한 증식주기를 가지고 있는 경우에는 매 증식주기 종료 후를 말한다)에도 그 품종의 본질적 특성이 변하지 아니하는 경우에는 그 품종은 안정성을 갖춘 것으로 본다.
품종명칭	품종보호를 받기 위해 출원하는 품종은 1개의 고유한 품종명칭을 가져야 한다. 또한, 대한민국이나 외국에 품종명칭이 등록되어 있거나 품종명칭 등록 출원이 되어 있는 경우에는 그 품종명칭을 사용하여야 한다.

식물신품종 보호권의 존속기간은 설정등록된 날부터 20년으로 하며, 과수와 임목의 경우는 25년으로 한다(법 제55조). 식물 신품종보호권자는 업으로서 그 보호품종을 실시할 권리를 독점하며, 보호권자의 허락 없이 도용된 종자를 이용하여 업으로서 그 보호품종의 종자에서 수확한 수확물이나, 그 수확물로부터 직접 제조된 산물에 대하여도 실시할 권리를 독점한다(법 제56조). 품종보호권 또는 전용실시권을 침해한 자자는 7년 이하의 징역 또는 1억 원 이하의 벌금에 처한다(법 제131조 제1항 제1호).

다. 데이터베이스권

데이터베이스권은 데이터베이스에 대한 권리로 데이터베이스는 여러 사람에 의해 공유되어 사용될 목적으로 통합하여 관리되는 데이터의 집합을 말한다. 데이터베이스는 대부분의 사람이 일상적으로 사용하는 인터넷이나 모바일 서비스에 필수적으로 사용되는 요소로서 다수의 사용자나 조직 내에서 필요로 하는 정보를 체계적으로 축적하여 필요로 하는 사용자에게 필요한 정보를 제공하는 정보서비스의 핵심이다. 이러한 데이터베이스는 정보화시대에 따라 반드시 보호받아야 하는 요소이지만 기존 산업재산권으로서 보호가 어렵기 때문에 별도의 법규정을 두고 있다. 우리나라에서는 데이터베이스는 저작권법에 의하여 보호되고 있다.

보호대상인 데이터베이스는 우리나라 국민의 데이터베이스와 데이터베이스의 보호와 관련하여 우리나라가 가입 또는 체결한 조약에 따라 보호되는 외국인의 데이터베이스이다. 다만, 보호되는 외국인의 데이터베이스라도 그 외국에서 대한민국 국민의 데이터베이스를 보호하지 아니하는 경우에는 그에 상응하게 조약 및 이 법에 따른 보호를 제한할 수 있다(제91조). 그러나 데이터베이스의 제작, 갱신 등 또는 운영에 이용되는 컴퓨터프로그램이나 무선 또는 유선통신을 기술적으로 가능하게 하기 위해서 제작되거나 갱신 등이 되는 데이터베이스는 보호의 대상이 되지 아니한다(법 제92조).

데이터베이스 제작자가 가지는 데이터베이스권은 데이터베이스 제작을 완료한 때부터 발생하며, 그 다음해부터 기산하여 5년간 존속한다. 데이터베이스의 갱신 등을 위하여 인적 또는 물적으로 상당한 투자가 이루어진 경우에 당해 부분에 대한 데이터베이스 제작자의 권리는 그 갱신 등을 한 때부터 발생하며, 그 다음해부터 기산하여 5년간 존속한다(법 제95조). 데이터베이스권을 복제, 공연, 공중송신, 전시, 배포, 대여, 2차적저작물 작성의 방법으로 침해한 자는 5년 이하의 징역 또는 5천만 원 이하의 벌금에 처하거나 이를 병과할 수 있다(법 제136조 제1항 제1호).

(3) 산업재산권의 관리

지식재산권 중에서도 산업보안과 관련하여 필요한 산업재산권이 권리로서 보호받기 위해서는 관련법률로 규정하고 있는 요건과 절차를 준수하여야 하며, 권리가 침해되어 피해가 발생하지 않도록 침해 방지 및 대응에 대한 관리를 필요로 한다. 이러한 산업재산권의 관리는 행정적 관리와 침해 대응 관리로 구분할 수 있다.

1) 행정적인 관리

산업재산권이 권리로서 보호받고 효력을 발휘하기 위해서는 규정되어 있는 절차와 요건을 준수하여야 한다. 산업재산권의 보호를 위한 절차진행은 발명신고, 출원전 심사, 명세서 작성 및 출원, 유지 및 관리의 단계로 이루어진다.

가. 발명신고

발명신고는 특허관리를 위한 첫 단계로서, 연구개발을 통해 완성된 발명 중 기업, 연구소, 대학, 조직 등에 속한 인원의 직무로 인한 발명의 결과에 대해서는 그 관련사실을 통보하여야 한다. 이때 신고를 받은 소속 조직 등에서는 해당 연구개발 결과를 어떻게 관리할 것인가를 판단하고 접근하여야 하며, 이 과정에서 특허성이나 특허활용가능성 등을 같이 고려하여야 한다.

발명신고에 대한 적절하고 체계적인 관리를 위해서 기업, 조직 등에서는 조직내 직무발명과 관련된 규정과 지침을 수립하여야 하며, 소속원의 발명에 대한 권리분쟁을 예방하고 귀속을 위해 근로계약서나 관련규정 등에 이를 명시하여야 한다. 또한 법으로 규정된 직무발명에 대한 보상을 위한 관련규정과 체계를 수립하여야 한다.

나. 출원 전 심사

발명신고를 받은 기업 또는 조직은 신고받은 연구개발의 결과물이 직무발명에 해당되는가 여부와 승계 여부 등을 종합적으로 판단하여야 하며, 이는 출원 전 심사라고 한다. 출원 전 심사를 통해 조직은 특허획득가능성이 낮거나 활용도가 적은 연구개발성과물에 대한 출원보류나 승계보류 등을 결정하게 되며, 승계하더라도 출원을 보류하게 된 연구개발성과물에 대하여는 영업비밀 등으로 관리할 것인가 여부와 관리방법 등을 결정하여야 한다.

출원 전 심사는 활용가능성이 있는 기술을 조기발굴하여 지원을 집중할 수 있도록 하며, 이를 통해 효율적인 자원관리를 가능하게 하여 적절한 집중화전략을 수행할 수 있도록 보조한다.

다. 명세서작성 및 출원

출원 전 심사를 통해 연구개발성과물을 특허로 출원하기로 결정하게 될 경우에는 특허출원에 필요한 기본내용을 구성하는 명세서를 작성하여 해당 관청에 제출하여야 한다. 명세서에는 특허출원을 위해 필요한 기본정보인 특허의 명칭, 해당 발명에 대한 상세한 설명과 첨부물 등이 포함된다. 명세서는 특허의 권리범위 및 강도를 결정하고, 연구개발성과물을 법적으로 보호받을 수 있게 하기 위한 중요한 문서가 된다.

라. 유지 및 관리

특허출원을 위한 명세서를 제출받은 해당 관청은 특허 여부를 판단하여 결정을 하게 되며, 특허등록이 결정되면 설정등록료인 3년간의 특허료를 선납하여야 특허설정등록이 완료된다.

특허등록 이후에는 활용되는 특허에 대해 지속적인 특허료 납부를 통해 권리를 유지하여야 하며, 기술과 시대 발전에 따라 해당 특허의 활용지속능력을 계속 판단하여 특허유지에 필요한 소요자원과 특허활용에 따른 수익성을 고려하여 해당 특허의 유지 여부를 결정하여야 한다. 활용가치를 잃은 특허는 원천기술이나 핵심기술이 포함되어 있을 수 있으므로 그에 따른 엄격한 내부심사를 통해 유지 여부를 결정하여야 한다.

2) 침해 대응관리

특허법에 따라 특허권을 보유한 특허권자의 허락이나 권한 없이 특허권이 존속하는 기간 중에 특허를 받은 물건의 생산이나 방법의 실시에만 사용하는 물건을 생산·양도·대여 또는 수입하거나 그 물건의 양도 또는 대여의 청약을 하는 행위를 업으로 하는 경우 특허권 또는 전용실시권을 침해한 것으로 본다(특허법 제127조). 따라서 특허 설정등록 후에 기술 또는 특허를 침해하여 피해가 발생하지 않도록 지속적인 침해에 대한 감시 및 대응이 이루어져야 하며, 이를 위한 노력을 필요로 한다. 특허권침해 판단을 위한 핵심요소는 침해로 인해 분쟁이 발생한 대상기술과 문제가 특허발명의 기술적 범위에 속하는가 여부를 판단하는 것이며, 구체적인 침해 여부 판단은 법원의 최종결정을 따르게 된다.

특허에 대한 기본적인 침해 대응방법으로는 특허 조기공개신청 및 보상금청구권행사, 우선심사의 청구, 권리범위확인심판, 침해금지 및 손해배상청구소송, 형사고소 등이 있다.

가. 조기공개신청 및 보상금청구권행사

출원 및 등록 전 특허에 대해 침해가 발생할 경우 대응하는 방법으로서, 통상 특허청에 출원된 특허의 출원은 출원일로부터 18개월이 지난 후 공보게재를 통해 공개된다. 그러나 출원인의 조기공개신청에 따라 그 이전에 공개가 가능하며, 이를 통해 동일한 방법에 대해 타인이 중복으로 연구개발 또는 투자하는 것을 방지할 수 있다.

출원 공개 이후 출원인은 그 특허출원된 발명을 업으로서 실시한 자에게 서면경고를 할 수 있으며, 경고나 공개된 출원임을 인지하고도 업으로서 출원발명을 실시한 자에 대하여는 특허권 설정등록 이후 보상금청구권을 통해 보상금지급을 청구할 수 있다.

나. 우선심사의 청구

특허출원과 동시에 심사청구를 할 경우에 등록까지 18개월 정도 소요되며, 따라서 심사 및 등록까지의 기간 사이에 침해로 인한 피해가 발생할 수 있다. 이에 특허청에서는 이 기간을 단축시키고 조기에 특허권을 획득할 수 있도록 우선심사제도를 운영하고 있다. 즉, 우선심사를 필요로 하는 출원자가 우선심사신청서를 특허청에 제출하고, 특허청에서 우선심사대상에의 해당 여부를 판단하여 우선심사결정을 하게 되면 심사완료까지 기간을 최대 3개월까지 단축시킬 수 있다.

다. 권리범위확인심판

권리범위확인심판은 이미 설정등록되어 있는 특허권에 대해 분쟁이 일어난 특정기술이 특허권의 권리범위에 속하는가 여부를 확인하는 심판이다. 권리범위확인심판은 적극적 권리범위확인심판과 소극적 권리확인심판이 있다.

종 류	특 징
적극적 권리범위확인심판	특허권자 또는 전용실시권자가 확인대상발명이 자신의 특허권범위 내에 속한다는 확인을 구하기 위해 청구하며, "확인대상발명은 등록특허권 범위 내에 속한다"라는 심결을 구한다.
소극적 권리범위확인심판	분쟁이 일어난 기술의 이해관계인이 확인대상발명이 등록특허권 범위 내에 속하지 않는다는 확인을 구하기 위해 청구하며, "확인대상발명은 등록특허권 범위 내에 속하지 아니한다"라는 심결을 구한다.

한편, 권리범위확인심판을 통해 '권리범위에 속한다'고 심결이 확정되면 확인대상 발명은 특허권침해의 대상이 되며, '권리범위에 속하지 아니한다'라고 확정될 경우에는 확인대상 발명은 특허권침해의 대상이 되지 아니 한다.

라. 침해금지 및 손해배상청구 소송

침해금지 및 손해배상청구소송은 침해자의 고의 또는 과실로 인해 발생한 특허권침해에 대해 청구할 수 있는 조치이다. 특허권자는 발생하고 있는 특허권침해를 중단시켜 추가적인 피해를 막는 한편, 이미 발생한 피해에 대한 손해배상을 청구할 수 있다(법 제128조). 또한 추가적으로 특허권침해로 인한 특허권자의 신용실추 시에는 손해배상에 갈음하여 또는 손해배상과 함께 업무상 신용회복조치를 청구하여 침해로 인한 피해를 복구할 수 있다(법 제131조).

마. 형사고소

형사고소는 형법을 통하여 특허권을 침해한 침해자에 대하여 형사처벌을 구할 수 있는 방법이다. 특허권 또는 전용실시권을 침해한 자는 7년 이하의 징역 또는 1억원 이하의 벌금에 처한다. 다만, 특허권자의 고소가 없으면 공소(公訴)를 제기할 수 없다(법 제255조). 고소기간은 범인을 알게 된 날로부터 6개월 이내이다(형사소송법 제230조).

2. 기술의 이해와 관리

(1) 기술적 노하우와 보호전략

1) 노하우와 기술적 노하우

노하우(Know-how)는 특허되지 아니한 기술 또는 기술의 사용, 응용방법에 대해 기술경쟁의 유력한 수단이 될 수 있는 정보나 경험을 비밀로 하여 두는 것을 말한다. 노하우에는 보통 특허화되지 않은 발명, 설계, 과정, 비법, 기술, 경험, 전략, 공식 등이 포함되며, 비밀유지에 그 특징이 있다. 이때 보호나 존속을 위한 요건은 제한되지 않지만 특허권과 같이 법으로서 보호되는 독점권은 없다.

기술적 노하우는 기술과 관련되어 있는 노하우를 말한다. 기술적 노하우는 법률로서 보호받는 지식재산권이나 산업재산권과 달리 법으로 규정된 보호방안이나 침해구제방법이 없기 때문에 한번 유출될 경우 구제할 수 있는 방법이 없다. 또한 기술적 노하우는 법률로서 권리를 보호해주는 대신 공익을 위해 공개처리가 이루어져야 하는 지식재산권과 달리 해당 기관, 기업, 조직 등에서 비밀로서 관리된다. 그러나 기술적 노하우는 각종 지식재산권의 기반이 되거나 업무를 위한 핵심기술의 원천이 되기 때문에 산업보안을 통해 보호하여야 할 핵심대상이 된다.

2) 기술적 노하우의 보호방법

기술적 노하우를 보호하기 위한 가장 핵심적인 요소는 기술적 노하우에 대한 비밀관리성이 깨지지 않도록 최대한 침해를 예방하고 비밀유지에 만전을 기하는 것이다. 보유하고 있는 기술적 노하우의 보호를 위해서는 내부적인 규정과 절차 등 제도적 장치를 마련하고, 물리적·기술적 접근에 의한 침해를 막기 위한 조치 외에 대부분의 침해사고가 내부인원에 의한 것임을 고려하여 내부인원에 대한 인적 관리가 필요하다.

가. 제도적 장치

제도적 장치는 기술적 노하우의 체계적인 보호와 관리를 위한 각종 내부규정, 지침, 절차 등의 수립과 시행을 통해 구현된다. 보호대상이 되는 기술적 노하우의 주체, 관리 및 분류방법, 비밀유지의무와 의무이행을 위한 필요사항, 보관 및 관리

장소, 관리기록부 등 관련서류 유지, 접근통제 등 비밀유지를 위해 필요한 제반 조치들을 명문화하여 보호를 위한 기반제도를 구축한다.

나. 물리적·기술적 조치

수립된 제도적 조치를 기반으로 기술적 노하우에 대한 물리적, 기술적 침해시도를 차단하기 위한 조치들을 말한다. 물리적 보안과 기술적 보안에 기반을 두고 있으며, 침해시도자가 물리적으로 기술적 노하우를 보관하고 있는 장소 또는 구역에 접근하여 탈취를 시도하는 등에 대비한 물리적 조치와 네트워크 등을 이용하여 기술적 노하우가 보관된 서버, 데이터베이스, PC 등에 접근하여 관련데이터를 탈취하는 등에 대비한 기술적 조치를 강구하여야 한다.

다. 인적 관리

각종 기관, 기업, 조직 등에서 발생하는 침해사고의 대부분은 내부구성원에 의한 침해와 기술·자료 유출 등이다. 내부구성원은 외부인에 비해서 각종 자료와 비밀, 기술 등에 접근이 용이하고, 내부보안인력 입장에서도 외부인에 비해 경계나 감시가 약해질 수 있다. 또한 실제 중요 자료나 비밀에 대한 접근과 사용권한을 가지고 있는 내부구성원이 개인적 사정이나 기타 문제로 인해 매수되거나 자진하여 침해 및 유출을 꾀할 경우에는 손쉽게 침해 및 유출사고로 이어질 수 있기 때문에 내부구성원에 대한 인적 관리를 필요로 한다.

따라서 내부구성원에 대해 입사 시 근로계약서상 비밀유지의무 반영하여야 할 뿐만 아니라 비밀유지에 관련된 서약서를 집행하여야 한다. 또한 내부구성원에 대한 정기적 보안교육 및 보안생활화 실천방안을 마련하여 개개인의 보안의식 고취, 보안감사와 점검을 통한 보안상 미비점과 취약점 확인 및 보완, 퇴직 후 근무 중 취득한 비밀과 자료에 대한 누설금지 및 법에 위배되지 않는 범위 내에서 동종업계 취업제한 또는 겸업금지의무 등을 부여하는 등 철저하게 관리하여야 한다.

(2) 연구실의 보안관리 및 연구노트의 작성

1) 연구실의 보안관리

연구실은 기술연구 및 개발에 있어 핵심적인 기능을 수행하는 공간으로서 각종 기술적 노하우가 생성되고, 생성된 노하우를 바탕으로 중요한 기술을 개발하는 중요한 기능을 수행한다. 연구실의 개념에는 국가기관 연구소나 대학 연구소, 기업과 사설연구소 등을 모두 포함한다.

연구실은 보통 국가기관이나 대기업 연구소의 경우는 보안관리에 있어 체계적인 관리시스템을 갖추고 있는데 비해, 중소기업, 대학 등의 연구실은 비교적 출입이 자유롭고 외부인의 왕래가 자유로워 기술적 노하우나 주요 기술, 기술기반들이 쉽게 유출될 수 있는 문제점을 가지고 있다. 연구실에서의 기본 보안관리를 위해 연구실 보안책임자의 지정 및 운영, 비밀유지계약서의 작성 등의 조치가 필요하다.

가. 연구실 보안책임자의 지정 및 운영

연구실 보안책임자는 연구실 내에서의 각종 문서와 디지털 데이터 등에 대한 미인가된 접근을 통제하고, 유출사고를 방지하며, 무분별한 연구실출입으로 인한 비인가자의 출입과 사고 예방을 위한 임무를 수행한다. 또한 연구실 보안책임자는 연구실에 대한 보안대책을 수립·시행하며, 주기적으로 연구실에 대한 보안점검과 소속원에 대한 보안교육 및 감독 등을 수행하여야 한다.

나. 비밀유지서약서와 계약서의 작성

비밀유지서약서 및 계약서는 연구과정에서 습득하게 되는 지식, 기술적 노하우, 결과물 등을 모두 포함하여 연구과정 및 결과에 대한 비밀을 유지하기 위한 조치로서 연구에 참여하는 모든 인원에 대해 작성토록 하여야 한다. 또한 연구실에 출입하게 되는 방문자나 협력자에 대해서도 비밀유지가 필요한 항목에 대해 비밀유지서약서를 받도록 조치하여야 한다.

한편, 외부기관과 공동연구 또는 연구성과물에 대한 사업화과정에서 발생할 수 있는 연구결과 공개와 관련하여 반드시 비밀유지계약서를 작성 및 체결하여 공동연구협의나 사업화협상 등에 있어서 연구결과물에 대한 비밀이 유지될 수 있도록 조치하여야 한다.

2) 연구노트의 작성과 활용

연구노트는 연구자가 수행하는 연구, 실험, 의견, 아이디어 등 모든 과정과 코멘트가 포함된 노트로서 실험을 위한 환경 및 조건, 과정, 발생 현상, 결과 등을 구체적으로 포함하고, 연구자가 연구과정에서 발생한 생각이나 의견을 기록하기 때문에 수행하는 실험을 보조하는 자료일 뿐만 아니라 연구윤리 측면에서도 중요한 역할을 수행한다. 또한 연구노트를 통해 연구자는 자신이 연구한 결과에 대해 허위 및 표절, 과장 등의 변조 없이 연구가 이루어졌음을 증명할 수 있으며, 특허 설정등록이나 분쟁 등에서도 법적 근거로 활용할 수 있다. 따라서 연구노트는 기술적 노하우 유출방지뿐만 아니라 연구윤리, 기록관리, 지식재산권 보호의 측면에서 관리가 필요한 대상이 된다.

이외에도 연구노트는 연구윤리 측면에서 학술지 논문게재 시에 담당학회의 연구제출요구에 대한 대응과 연구진실성 입증 및 결과검증에 이용될 수 있으며, 기록관리 측면에서는 연구에 대한 노하우 전수, 연구지속성 유지를 가능하게 한다. 뿐만 아니라 지식재산권보호 측면에서는 연구노트에 기록된 영업비밀을 보호하고 연구성과나 연구성과에 대한 지분책정을 위한 중요 증거로 활용될 수 있다.

3. 산업보안을 위한 인적 자원관리

(1) 인적 자원관리의 의의

1) 인적 자원관리의 개념

인적 자원관리는 조직의 목표달성을 위해 필요한 인적 자원을 확보 및 개발·활용하는 활동을 관리하는 일련의 프로세스로서, 조직에 필요한 인적 자원을 발굴하여 채용하고 관리함으로써 조직운영에 있어 효율을 높이는 관리방법이다. 인적 자원관리는 인원의 채용과 성과평가, 보상, 유지, 인사이동, 사기양양, 능력발전 등 소속원에 대한 포괄적인 관리를 뜻하며, 조직이 제대로 기능하기 위한 핵심적인 과정이라고 할 수 있다.

2) 인적 자원관리의 목적

인적 자원관리는 유능한 인적 자원을 확보하고, 소속원 개개인의 사기를 높이고, 능력을 발전시켜 조직전체의 효율과 생산성을 높이는 것에 목적을 두고 있다. 따라서 인적 자원관리의 세부목표는 다음과 같다.

(ⅰ) 조직의 생산성 향상
(ⅱ) 조직생활에서의 질적 향상
(ⅲ) 인적 자원활용에 대한 법과 규칙의 준수
(ⅳ) 개선된 기업관계 확립
(ⅴ) 조직 내 계층별 소통 및 합의점 확립 등

(2) 인적 자원관리의 방법

인적 자원관리는 기본적으로 필요한 인적 자원을 발굴하여 채용하고 임용하며, 지속적인 성과증대를 위한 승진과 평가수행, 성과가 부족하고 조직에서 불필요한 인원에 대한 해임 등 인사관리에 대한 전반적인 과정을 수행한다. 인적 자원관리를 구성하는 기본기능은 계획, 직무분석, 선발과 채용, 임용, 승진 및 평가, 해임 등이다.

1) 계획

계획은 조직이 필요로 하는 인력의 규모와 자격요건을 분석하여 적재적소에 필요인력을 공급할 수 있도록 하기 위한 것을 말한다. 기업에서는 인력모집 및 선발, 교육 및 훈련 등 전체적인 인적 자원관리 활동을 위한 계획 수립·시행하여야 한다.

2) 직무분석

직무분석은 어떠한 업무에 대해 목적, 방법, 수행 장소 등을 확인하고, 해당 업무를 수행하는데 필요한 지식, 기술, 능력, 경험 등이 무엇인가를 분석하는 과정을 말하며, 직무분석을 통해 확인된 자료를 이용하여 필요한 인력을 채용하고 임용하게 된다.

가. 직무분석의 유형

직무분석은 크게 과제중심 직무분석과 작업자중심 직무분석으로 분류할 수 있다. 각 직무분석 유형별 주요 내용은 다음과 같다.

유 형	내 용
과제중심 직무분석	특정직무에서 수행하여야 하는 과제나 업무활동이 무엇인가를 파악하는 데 중심을 두며, 직무분석을 위한 과업진술문을 통해 현재 해당 직무를 수행하는 인원을 대상으로 평정하여 분석한다.
작업자중심 직무분석	해당 직무를 성공적으로 수행하기 위해 필요한 인적 속성들을 파악하는 데 중심을 두고 있으며, 직무를 수행하기 필요한 지식, 직무수행에 있어 필요한 기술의 숙련성, 지속적으로 발휘되어야 하는 능력, 성격요인과 잠 재능력 등 기타 특성을 고려하여 분석한다.

나. 직무분석의 기법

직무분석을 위해 활용되는 기법에는 크게 관찰법, 면접법, 설문조사법, 작업
일지법, 결정적 사건법 등이 있다.

(가) 관찰법 : 현재 해당 직무를 수행하는 인원들을 직접 현장에서 관찰하여 직
무관련 활동내용을 파악하는 기법으로서, 효과적인 관찰을 위해 관찰자는 관찰대
상들과 적당한 거리를 유지하고 관찰자 자신의 존재를 가능한 노출시키지 않도록
노력하여야 한다. 관찰법은 특정직무가 어떤 환경 속에서 어떤 과정을 통해 수행
되는데 직접 체험할 수 있으나, 정신적인 활동에 대한 관찰이 어렵고, 직무시작에
서 종료까지 장시간이 소요되는 직무에 대해서는 적용이 제한되며, 관찰대상자가
관찰사실을 인지할 경우 의도된 행동을 통해 수집되는 정보가 변조되어 신뢰도에
제한이 발생할 수 있는 특징을 가진다.

(나) 설문조사법 : 해당 직무수행 인원들에게 설문지를 통해 정보를 수집하는
기법으로서, 설문지에는 직무내용, 수행방법, 수행과정, 자격요건, 의견 등 질문을
포함하여 많은 사람들로부터 짧은 시간 내에 양적인 정보를 수집할 수 있다. 그러
나 설문지를 직무분석자가 직접 만들 경우에는 해당 직무에 대한 사전 지식을 필
요로 하며, 직무수행 인원들이 성실하게 응답하지 않거나 의도적으로 답변을 변조
할 경우에는 신뢰도에 제한이 발생하는 특징을 가진다.

(다) 작업일지법 : 해당 직무수행 인원들이 직무수행과 참고를 위해 직접 기록
하는 작업일지로부터 해당 직무에 관련된 정보를 수집하는 방법으로, 장기간 관리

되어 작성된 작업일지의 경우 과거 기록으로부터 높은 신뢰도의 정보를 얻을 수 있고, 관찰이나 면접 등의 기법으로 분석하기 어려운 직무를 분석할 수 있다. 그러나 해당 직무수행 인원들이 의도적으로 왜곡하거나 허위로 작업일지를 작성하였을 경우 전체 분석결과가 변조될 수 있다.

(라) **결정적 사건법** : 해당 직무수행 인원들이 직무를 수행하는 과정에서 결정적으로 성공하거나 실패한 사건들에 대한 자료를 수집하여, 해당 사건들에서의 구체적인 행동양상과 특징 등을 통해 직무에서 요구되는 지식, 기술, 능력 등을 파악하는 기법이다. 실제 직무에서 일어났던 사건을 기반으로 하기 때문에 중요한 지식, 기술, 능력 등을 파악할 수 있으나, 일상적으로 수행하는 직무에서의 정보를 수집하지 않기 때문에 일상 직무에서의 지식, 기술, 능력 등이 포함되지 않으며 해당 사건을 기록한 기록자의 주관성이나 사건기록을 위한 직무수행 인원들의 증언에서의 왜곡이나 주관성 등으로 인해 분석결과의 신뢰성에 제한이 발생할 수 있다.

3) 선발과 채용

채용과 선발은 해당 조직에서 필요로 하는 인력에 대해 사전 수립된 계획에 따라 결정된 자격요건에 맞는 인력들의 지원을 받아 그 중 적절한 인력을 파악하여 선택하는 일련의 과정을 말한다. 통상 내부에서의 재배치 또는 외부에서의 충원을 통해 모집이 이루어지며, 직무분석 결과 해당 직무에 적절한 인력을 시험이나 내부기준을 통한 평가 후에 선발 및 채용하게 된다.

4) 임용

임용은 선발과 채용을 통해 확보된 인력을 조직 내에서 배치하는 일련의 과정을 말한다. 확보된 신규인력을 아무런 조치 없이 바로 배치하게 되면 조직내부 적응, 직무에 필요한 지식 및 기술의 부족 등 문제가 발생할 수 있으므로, 신규인력은 새로운 조직과 직무에 익숙해질 수 있도록 오리엔테이션, OJT(On the Job Training, 조직 내 교육훈련) 등을 실시하여야 한다. 이를 통해 신규인력은 자신의 업무에 대한 구체적 책임과 권한, 조직의 목표와 구성, 조직관계 등을 인지하게 되고, 필요한 지식과 기술을 습득할 수 있게 된다.

5) 승진과 평가

승진은 조직구성원의 입장에서 좀더 높은 지위와 권한을 누리고자 하는 욕구를 충족시키고, 조직입장에서는 좀더 우수한 인력을 상위에 배치시켜 조직운영에 대한 효율성을 얻을 수 있도록 하는 일련의 과정을 말한다. 대부분의 기업에서는 승진의 대상이 되는 인력을 파악하기 위해 업무평가를 수행한다.

업무평가는 내부규정과 경영진 지침 등을 바탕으로 한 기준표를 통해 특정인력의 직무에 대한 성과를 측정, 평가, 기록하여 해당 인력의 업무능력개발을 목표로 수행된다. 평가결과는 해당 인력의 승진, 해고, 포상 등을 위한 기초자료로도 활용될 수 있다.

6) 해임

해임은 해당 직위 또는 맡고 있는 직무를 그만두게 하는 과정을 말한다. 해임은 해당 직무수행인원의 능력부족이나 과실 등으로 인한 강제해고, 법률로서 규정된 정년으로 인한 퇴임, 개인의 건강상 문제나 신변상 사유 등으로 인한 의원면직 등의 여러 형태가 있다. 해임은 조직구성원들과 해당자에게 있어 중요한 문제이므로 반드시 공정하게 처리될 수 있어야 한다.

(3) 산업보안을 위한 인적 자원관리

기본적으로 수행되어야 하는 인적 자원관리는 해당 조직의 운영에 있어 효율성을 기하기 위해 수행된다. 그러나 조직 내 중요 비밀과 기술, 기술적 노하우 등의 유출을 막기 위해서는 인적 자원관리에 있어서 산업보안이 유지될 수 있는 방안을 강구하여야 한다.

영업비밀침해 및 유출사고의 대부분은 해당 조직에 속하였던 전직 직원이나 현직에 근무하고 있는 내부자에 의해 발생한다. 따라서 내부자에 의한 침해 및 유출사고 방지를 위해서는 인적 자원관리에 있어서도 산업보안을 고려한 관리가 이루어질 수 있도록 조치하여야 한다. 산업보안을 위한 인적 자원관리에 필요한 주요 고려사항은 다음과 같다.

(i) 퇴직자 보안관리

(ii) 회사정책에 불만을 가진 직원의 관리

(iii) 인적 자원 채용 시 철저한 적격심사 수행

(iv) 과도한 채무 등 개인 신변상 문제가 있는 주요 직원의 관리

(v) 적절한 보안예산 책정과 보안실무담당자의 전문성 함양

(vi) 외부용역 및 협력업체에 대한 보안관리

(vii) 박람회, 세미나 등 공개행사 개최 시 자료유출 주의

(viii) 문서, 전자데이터 등 내부자료 관리

(ix) 합리적인 쓰레기 처리절차 수행

제 3 장

산업 · 기업조사 실무

제3장 산업·기업조사 실무

제 1 절 산업기술유출

1. 산업기술유출의 원인과 실태[1]

(1) 산업기술유출의 원인

1) 기술유출자의 측면

기술유출자 측면에서의 원인은 대개 기술유출을 시도한 당사자의 입장에서 왜 그러한 행위를 저지르게 되었는가에 대하여 기술유출의 원인을 분석하고자 하는 관점으로서, 기술유출자가 기술유출행위를 저지르게 된 심리적 원인과 주변 환경적 요인으로 나누어 볼 수 있다.

기술유출을 통하여 얻을 수 있을 것으로 기대되는 이익에 비해, 기술유출에 따른 처벌강도가 미약하다는 이유로 인해 처벌보다 해당 불법행위를 저지르려는 상황이 나타날 수 있다. 또한 시장의 공정한 경쟁을 해치는 무임승차심리가 있으므로 기업은 다른 기업에 경쟁우위를 얻거나 지속적으로 우위를 유지하기 위해 새로운 차원의 기술개발을 위한 연구개발활동에 투자와 노력을 하여야 한다. 하지만 기업경영자는 이러한 투자나 노력 없이 기술을 획득하려는 심리가 발생할 수 있으며, 따라서 중요하고 가치 있는 기술을 보유한 기업의 기술을 탈취하거나 무단으로 습득하려는 유혹이 발생할 수 있다. 또한 다양한 휴대용 저장매체의 발달과 인터넷의 발전으로 유출수단과 방법이 다양해지고 유출이 용이해지게 되면서

---

[1] 신현구, 「산업보안관리실무」, 27-31면의 내용을 참고하여 정리한 것임.

기술유출행위의 시도자는 부담감이 줄어들면서 유출행위에 대한 심리적 장벽이 낮아질 수 있다.

2) 기술소유자의 측면

일반적으로 상당수 중소기업은 기술보호에 대한 인식이 부족하여 보안체계의 구축이 미진하고, 자율적인 대응도 미흡한 경우가 많으며, 이러한 요인으로 인해 기술유출의 위험성에 상당히 노출되어 있다. 상당수의 중소기업은 재정적 이유로 인해 단기적 관점에서의 이익을 내는 생산활동에 우선적으로 집중하고, 중장기적 관점에서 기업의 지속가능성을 확보하는 것을 상대적으로 후순위로 하는 경우가 많기 때문에 자연스럽게 보호역량을 갖추지 않게 된다.

또한 기술개발인력에 대한 보상 또한 재정적 문제와 결부되어 미흡하기 때문에 당장의 가시적 성과를 내는 생산활동에 집중하게 되고, 따라서 기술인력을 관리하여 기업의 지속가능성을 유지하는 것에 있어서는 소홀해진다.

3) 제도적인 측면

현재의 기업의 기술유출의 방지를 위한 국가정책과 제도적 방안들이 미흡한 것도 기술침해나 유출을 방지하는데 부족한 원인이 되고 있다. 그동안 기업의 기술유출위험성과 관련된 의견들은 꾸준히 제기되어 왔고, 그러한 의견들이 정책도입과정에서 일부 반영되어 몇몇 제도들이 시행되고 있다. 하지만 일반적으로 기술유출과 관련된 행위는 경로 및 주체를 입증하기 어렵기 때문에 제대로 된 처벌이 이루어지기 쉽지 않고, 따라서 기술유출로 인해 피해를 입은 기업도 피해에 대한 구제를 받기 쉽지 않다. 더구나 기술유출행위에 대한 처벌규정이 미비하고, 처벌이 이루어지는 경우에도 침해로 인해 얻은 이익에 비해 그 형량이 가벼워서 사전적 예방효과를 거두기도 어려운 실정이다.

또한 기술유출방지에 대한 현재의 대책도 사후대응과 제재조치에 집중되어 있기 때문에 기술유출과 관련된 분쟁조정제도 혹은 처벌에 대한 법적 근거의 마련에 치중하고 있고, 기술유출을 사전에 예방하기 위한 정책적 지원방안은 충분히 제시되지 않고 있어서 기술보호에 대한 선제적 대응조치가 부족한 상황이다. 더구나 정부 각 부처는 각자의 업무에 한정하여 소관 법률에 따라 정책을 수립 및 지원하고 있기 때문에 기술유출방지에 대한 국가차원의 종합적이고 체계적인 추진 및 관리에 한계를 보이고 있으며, 이러한 상황을 극복하기 위하여 중앙컨트롤 타워의 필요성도 제기되고 있다.

4) 환경적인 측면

환경적 측면의 원인은 외부 환경적 변화가 기술유출에 주는 영향으로 인한 원인을 말한다. 대기업과 중소기업 간 기술협력 및 기술이전, 공동사업 등이 활발해지면서 기업 간 기술거래에서 발생할 수 있는 기술유출가능성이 증가하고 있다. 또한 새로운 IT 환경으로 인한 위협 역시 증가하고 있다. 스마트폰, 클라우드 등 신 IT환경의 보편화는 역설적으로 기술유출에 악용될 수 있는 수단의 증가를 불러오고 있다. 특히, 최근 외국기업의 국내기업의 인수 또는 국내기업과의 합병 및 국내기업의 해외이전과정 등에 있어서 경쟁국으로 핵심기술이 유출되어 국내 관련산업의 기반자체가 와해될 수 있는 위험성이 있다. 실제로 자동차산업 등에 있어서 이미 유사한 사례가 발생하고 있다.

(2) 산업기술유출의 실태

1) 해외유출 산업스파이의 적발실적

국가정보원 산업기밀보호센터에서 발표한 바에 따르면 2013년부터 2018년 8월까지 총 152건의 산업기술의 해외유출 및 시도를 적발하였다. 하지만 정부에 의해 적발한 것 외에도 은밀하게 이루어지는 산업기술유출은 훨씬 더 많은 것이 현실이다.

※ 2013~2018.08. 산업기술 해외유출 및 시도에 따른 적발 건수(국가정보원 자료)

연 도	2013	2014	2015	2016	2017	2018. 8.	합계
건 수	29	31	30	25	24	13	152

2) 기술유출의 분야별 현황

기술유출은 대기업에서 생산하는 전기전자, 정보통신 분야에서 정밀기계, 전기전자, 정보통신 분야로 세계시장 점유율이 높은 분야에서 기술유출이 늘어나고 있는 추세이다.

※ 2005~2009 간, 2010~2014 간 분야별 유출현황 비교(국가정보원 자료)

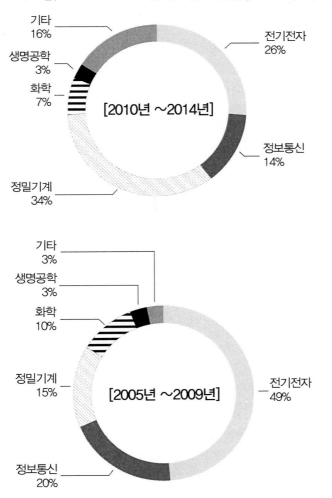

※ 2013~2018.08. 업종별 산업기술 해외유출 및 시도적발 건수(국가정보원 자료)

구 분	전기전자	정보통신	기계	조선·자동차	화학·생명공학	기타	합계
건 수	57	14	31	22	16	12	152

3) 피해기업의 규모별 현황

대기업에 비해 상대적으로 보안관리가 떨어지는 중소기업에서 67.1%에 달하는 기술유출피해가 이어지고 있으며, 부품, 장비·소재, 소프트웨어 등 다양한 분야에서 유출피해가 확대되고 있는 양상이다.

※ 2013~2018.08. 기업규모별 산업기술 해외유출 및 시도적발 건수
(국가정보원 자료)

구 분	대기업	중소기업	기타	합계
건 수	35	102	15	152
비 율(%)	23	67.1	9.9	100

2019년 4월 과학기술정보통신부 주관 2018년 정보보호실태조사 발표결과에 따르면 국내 1인 이상 사업체 9,081개 중 정보보호정책이 수립된 사업체는 16%에 불과하고, 정보보호를 위한 조직을 보유한 사업체는 5.5%에 그치고 있으며, 사업체 대부분이 보안관련 예산과 전문인력의 확보에 어려움을 겪고 있는 것으로 나타났다. 이를 고려하면 대기업보다 역량과 재무사정이 영세한 중소기업의 피해는 정부의 적발건수 외에도 광범위하게 일어나고 있을 것으로 추정할 수 있다.

4) 중소기업의 기술유출비율과 피해액 현황

중소기업의 연도별 기술유출비율과 피해액 현황은 다음과 같다.

※ 중소기업의 기술유출 피해비율

구 분 \ 년도	2013	2014	2015	2016	2017
피해비율(%)	10.2	3.3	3.3	3.5	3.8

※ 중소기업의 기술유출 피해액

구 분 \ 년도	2013	2014	2015	2016	2017
총 피해액(억원)	2,418	1,270	902	1,097	1,022
평균 피해액(억원)	16.9	24.9	13.7	18.9	13.1

※ 중소벤처기업부의 기술보호지원예산의 축소[금액단위 : 억원]

구 분 \ 년도	2014	2015	2016	2017	2018
중기부 R&D 예산(A)	8,850	9,835	9,563	11,172	10,917
기술보호 예산(B)	65,7	96,0	76,7	49,52	69,52
비율(B·A, %)	0.7	1.0	0.8	0.4	0.6

　　4차 산업혁명시대와 정부정책에 따라 중소벤처기업부 소관의 연구개발예산은 매년 증가하고 있지만, 기술보호를 위한 지원예산은 감소하거나 소폭으로 유지되는 양상을 보이고 있어서 기술개발과 함께 보호를 위한 정부의 노력이 여전히 부족한 실정이다.

5) 기술유출자의 현황

　　기술유출범죄는 내부자에 의한 경우가 주를 이루는데, 현재까지 적발된 산업스파이 건수에서도 기술유출자들은 전·현직 직원이 약 80%를 차지하고 있다. 이는 내부사정을 잘 아는 전·현직 직원들이 해당 기업의 보안관리 상황을 잘 알고

취약점을 파악하고 있으며, 정보의 디지털화로 내부권한을 통해 손쉽게 기술을 탈취할 수 있기 때문이다. 그리고 핵심인력에 대한 스카우트활동 역시 활발하게 이루어지고 있어 많은 기술이 유출되고 있는 상황이다.

구 분 년도	현 직원	전 직원	협력업체	경쟁기업	용역업체	기타
2017	14.8%	69.3%	8.0%	6.8%	2.3%	5.5%
2016	11.5%	69.2%	5.8%	17.3%	0.0%	0.0%
2015	11.7%	75.8%	5.5%	4.4%	0.0%	2.6%

6) 기술유출의 동기

기술을 유출하는 주된 동기는 금전유혹과 개인영리가 가장 큰 비중을 차지하고 있으며, 해당 기업의 인사, 처우, 환경 등에 불만을 품고 경쟁사로 이직하는 과정에서의 유출과 구조조정, 고용불안, 개인 비위사실 적발 등으로 인한 우발적 유출도 적지 않다.

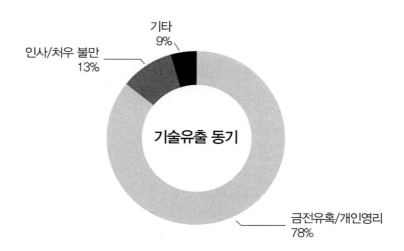

7) 기술유출대응의 애로사항

중소기업들이 기술유출대응에 있어서 가장 큰 애로사항은 보안관련 인프라투자의 어려움(58.3%)과 핵심인력 유출위험성(48.7%)이 가장 큰 비중을 차지한다. 그 다음으로는 임직원의 보안에 대한 관심부족(38.7%)과 보안과 관련된 전문지식의 부족(30.3%)으로 나타나고 있다. 이외에도 중소기업의 재무적 영세함을 고려한 법적·제도적 장치의 미흡도 많은 애로사항으로 나타나고 있다.

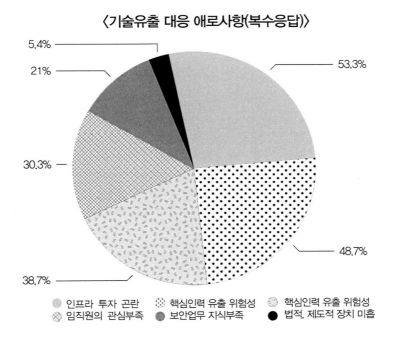

〈기술유출 대응 애로사항(복수응답)〉

8) 대기업과 중소기업의 기술유출사고 감지시기의 비교

기술유출을 감지하는 시기는 대기업의 경우에는 보안체계가 잘 구축되어 있기 때문에 3개월 이내에 77%를 식별하여 비교적 신속한 대처가 가능하였다. 하지만 중소기업의 경우에는 이러한 보안체계가 미비하여 유출사실을 1년이 지나서야 인지하는 경우가 30% 가깝게 나타나고 있으며, 경쟁사 등에서 해당 기술을 이용한 제품 등을 출시한 이후에서야 인지하는 경우도 많은 실정이다. 이러한 기술유출사고의 인지시기 차이는 결과적으로 신속한 대응의 유무로 나타나서 피해확산 방지와 최소화를 어렵게 하는 요인이 되고 있다.

기술유출 사고 감지 시간별 비율(단위 : %)		
구분	대기업	중소기업
수일 이내	30.8	23.5
3개월 이내	46.2	23.5
6개월 이내	7.7	5.9
1년 이내	7.7	7.7
1년 이상	7.7	29.4

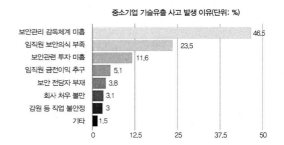

중소기업 기술유출 사고 발생 이유(단위: %)

보안관리 감독체계 미흡 46.5
임직원 보안의식 부족 23.5
보안관련 투자 미흡 11.6
임직원 금전이익 추구 5.1
보안 전담자 부재 3.8
회사 처우 불만 3.1
감원 등 직업 불안정 3
기타 1.5

9) 기술유출사범의 처벌현황

기술유출에 대한 사회인식은 아직까지도 대부분 생계형범죄라는 수준에 그치고, 시도자 대부분이 초범이라는 상황으로 기소율이 10%대에 미치지 못하고 있다. 그러나 기술유출을 막기 위해서는 이러한 인식에서 벗어나 기술유출이라는 행위가 가져오는 강력한 파급력과 국가경제 및 국가기술의 발전에 끼치는 영향을 고려하여 엄정히 대처하는 국가적 자세가 필요하다.

※ 검찰의 기술유출사건의 처리현황(단위 : 건, 명)

연도	건수	인원	구속기소	불구속기소	약식기소	기소유예	공소권 없음	혐의없음
2014	412	972	22	116	18	33	16	767
2015	467	1,129	23	161	43	23	22	857
2016	528	1,125	12	149	31	40	13	878
2017	403	791	09	82	22	31	6	640

* 출처 : 대검찰청 자료(서울경제 '기술빼돌려도 이익 안봤으면 무죄? '부정한 목적'아니라며 잇따라 석방'(2018.11.13.).

2. 산업기술유출의 유형과 주요 사례

산업기술유출사고는 불법적인 기술탈취와 거래과정에서의 기술유출로 분류할 수 있다.

(1) 불법적인 기술탈취

불법적인 기술탈취는 합법적이고 통상적인 거래과정에서 취약점 혹은 자신이 부여받은 접근 권한, 직위 등을 이용해 기술을 유출하는 것이 아니라, 허가받지 않은 사람이 불법적으로 기술에 접근하여 기술을 유출시키는 것으로서 내부자 또는 외부자에 의해 발생하는 기술탈취유형이다.

1) 내부자에 의한 기술탈취

내부자에 의한 기술탈취는 기술보호관점에서 가장 중요하게 염두에 두어야 하는 부분으로서, 통계에 따르면 대부분의 첨단기술유출의 대부분이 내부자에 의해 발생하고 있다. 내부자에 의한 기술유출예방을 위해서는 전·현직 임직원에 대한 보안교육과 퇴직자·이직자의 관리강화와 같은 내부구성원의 관리를 위한 정책이 필요하다.

2) 외부자에 의한 기술탈취

외부자에 의한 기술탈취는 일반적으로 협력업체가 업무관계 혹은 거래관계상 상당부분의 정보에 대하여 접근권한을 가지는 경우가 많다. 이와 같은 환경은 궁극적으로 기업의 기술유출가능성을 높이며, 특히 경쟁업체의 경우에는 같은 업계 내에서 경쟁우위를 확보하기 위해 다른 기업의 핵심기술을 유출하려고 시도하게 된다. 외부자에 의한 불법한 기술유출을 막기 위해서는 엄격하고 명확한 기술에의 접근권한 설정, 자체적인 보안시스템의 구축 및 기업의 보안역량의 강화가 필수적으로 요청된다.

(2) 거래과정에서의 기술유출

거래과정에서의 기술유출은 합법적이고 정상적으로 이루어지는 거래과정을 악용하여 기술을 유출하는 것을 의미한다. 이 경우는 기술유출의 경로와 수법 및 주체에 대한 입증이 어렵기 때문에 일반적으로 불법적인 기술탈취에 비해 기업에서의 대응이 어렵다.

1) 하도급거래과정에서의 기술유출

일반적으로 특정한 제품을 제조하는 대기업과 관련부품을 납품하는 납품업체 사이의 거래과정에서 주로 대기업이 우월한 위치를 악용하여 납품업체에 기술자료를 제공·요구하는 경우에 기술유출이 발생할 수 있다.

2) 공동연구과정에서의 기술유출

신기술, 신제품 등 개발과 관련된 연구개발의 활동과정에서 협력업체, 단체 등과 공동연구를 진행할 경우에는 연구개발에 필요한 여러 데이터가 공유되는 것이 일반적이고, 상호 인적 자원의 교류가 이루어지게 되면서 기술에 대한 접근이 완화될 수 있다. 따라서 공동연구과정에서 기술에 대한 접근권한을 명확히 하고, 보안을 강화하지 않을 경우에는 기술유출이 발생할 수 있다.

3) 기술자문과정에서의 기술유출

기업의 거래과정에서 기술과 각종 경영과 관련하여 자문이 이루어질 수 있는데, 이 과정에서 자문을 의뢰받은 측에서는 해당 상황과 기술에 관한 자료에 접근할 수 있게 되므로 기술유출이 발생할 수 있다.

4) 사업제안과정에서의 기술유출

신규 사업을 다른 기업과 협력하여 시작하려고 하는 단계에서 다른 기업에 투자를 제안하거나 협력을 요청하려 할 때에 해당 사업과 관련된 기술자료를 공유하게 되는 경우가 있는데, 이 경우에도 기술유출이 발생할 수 있다.

5) 인수·합병과정에서의 기술유출

인수·합병은 한 기업이 다른 기업의 주식이나 자산을 취득하면서 경영권을 획득하여 하나의 기업으로 합쳐지는 것을 말한다. 이것은 법적으로 보장된 절차이지만 중소기업의 경우에는 많은 경제적 가치와 이익을 창출할 수 있는 핵심기술을 보유하고 있더라도 영세한 규모와 부족한 운영능력으로 인해 재정적으로 어려운 경우가 많다. 따라서 일부 기업에서는 중소기업의 이러한 약점을 노리고 인수·합병을 진행하여 해당 중소기업의 기술을 획득하려고 시도한다.

(3) 산업기술유출사고의 주요 사례[2]

1) 해외진출기업의 핵심기술유출 피해

〈사례 1〉 보안카메라 전문업체인 A사는 2011년 초 중국 선전에 현지법인을 설립한 뒤 제조업체를 선정하여 생산에 나섰는데, 현지에서 채용한 중국인 생산직 직원인 甲이 제품도면을 몰래 훔쳐 다른 도시에서 비슷한 제품을 생산하였다. 당시 거래회사에서 "비슷한 제품이 시장에 나돌고 있다"고 알려주기 전까지는 까맣게 모르고 있던 A사는 짝퉁제품을 구입하여 분해한 결과 자사의 기술이 유출된 것으로 결론내고 중국 공안에 신고하였다. 하지만 이미 짝퉁제품이 지나치게 싼 값으로 유통돼 A사도 제품가격을 낮출 수밖에 없었고, 게다가 짝퉁제품의 불량률이 높아 A사의 이미지까지 크게 실추되는 피해를 입었다.

〈사례 2〉 가발 제조업체인 B사는 노동집약적인 가발산업의 특성상 중국과 인도네시아에 생산기지를 마련하여 제품을 생산하고 있었는데, 갑자기 중국공장의 매출과 시장점유율이 감소하면서 경영위기에 처하게 되었다. 이에 그 원인을 조사한 결과 중국공장의 핵심기술자 甲이 중국의 경쟁업체로 이직해서 유사제품을 만들어 낮은 가격으로 시장을 잠식해 가고 있던 것으로 확인되었다.

〈사례 3〉 전자제품 등에 사용되는 발포제를 제조하는 C사는 2년 간의 연구기간을 거쳐 개발한 신제품을 중국 저장성공장에서 생산하였는데, 중국경쟁사인 D사가 C사 임직원에게 금품을 제공하는 조건으로 제조기술과 영업비밀을 캐내려다 국내 정보기관에 발각되었다. 기술이 D사로 넘어가기 전 경찰이 관련자 3명을 불구속 입건하는 한편, 기술을 매입한 중국 D사의 대표에 대해서는 중국 공안의 협조를 얻어 수배령을 내렸다. 해당 기술이 유출되었다면 연간 100억원의 손해가 발생할 것으로 추정되었다.

〈사례 4〉 K사는 핸드폰용 부품을 제조, 납품하는 회사로 중국 심천에 새로 생산공장을 건립하고 제품을 생산하던 중 중국의 한 단속업체로부터 중국의 전자제품회사인 H사가 인근지역에서 K사 부품의 모조품을 대량생산하여 유통시키려 하고 있

---

2) 이하의 사례는 신현구, 「산업보안관리실무」, 92-98면에서 발췌하여 정리한 것임.

다는 정보를 입수하였다. 그러나 이미 사실확인절차를 거치는 동안 모조품이 모두 판매되었고, 이에 K사와 단속업체는 H사가 다시 모조품을 제조할 것이라 예상하고 이를 예의주시하였다. 이후 H사의 다른 판매점과 제품창고를 알게 되어 기습단속하여 모조품을 몰수, 폐기처분하였다.

〈사례 5〉 정부출연 연구기관인 H연구원 책임연구원인 甲이 육군의 차세대 주력전차로 불리는 K1A1전차의 설계도면을 해외로 유출한 혐의로 검찰에 구속기소되었다. 甲은 H연구원의 연구기관 신뢰성 평가센터장으로 근무하며 K1A1전차의 조향장치 설계도면을 미국의 F사에 국제우편으로 유출한 혐의를 받았다.

〈사례 6〉 경찰청 산업기술유출수사대는 자신이 다니던 회사의 기업비밀을 중국업체에 유출한 혐의로 S기업의 책임연구원 甲과 L기업의 연구원 乙을 구속하였다. 이들은 액정표시장치(LCD) 관련 최신기술과 5.5세대 아몰레드(AMOLED, 능동형 유기발광 다이오드) 제조기술이 담긴 기업비밀을 유출한 혐의를 받았다. 또한 경찰은 이들에게 자료유출을 요구한 중국 디스플레이장비 제조업체 B사에 근무하는 丙을 구속하고 B사를 같은 혐의로 불구속 입건하였다.

이 사건은 기술유출범죄 혐의로 외국업체를 처음 입건한 사건으로, 2010년 말 국가정보원 첩보망에 처음 포착된 뒤 경찰수사로 드러났다. 甲은 2010년 12월 S기업에서 함께 일하다가 B사로 이직한 丙으로 부터 옥사이드(OxidG)−TFT 공정기술자료를 빼내 달라는 요구를 받고 이 자료를 종이에 옮겨 적어 보안검색대를 통과한 뒤 추적을 피하려고 다른 사람의 이메일 계정을 이용해 丙에게 전달한 것으로 드러났다. 甲이 빼낸 기술은 S기업이 4년 동안 최고의 연구인력 30여 명을 투입한 차세대 핵심기술로서 개발비는 수천억 원으로 추산되고, S기업 외에도 국내외 다른 기업들이 연간 수조 원의 시장을 선점할 수 있는 이 기술을 먼저 확보하기 위해 경쟁하고 있었다. 또 乙은 회사가 작성한 5.5세대 아몰레드 제조기술이 담긴 사업계획서를 지난 1월 스마트폰 카메라로 촬영해 이메일로 丙에게 넘겨준 것으로 드러났는데, 넘겨준 5.5세대 아몰레드 제조기술은 현재 양산 중인 4.5세대에 비해 제조원가를 절반 가까이 줄일 수 있는 것으로 丙이 유출한 자료에는 공정도와 제품원가 등 내부비밀이 들어 있었다.

2) 협력업체를 통한 기술유출

〈사례 1〉 2012년 9월 10일 사법당국과 기업들에 따르면 충북지방경찰청 국제범죄수
사대는 S기업의 차세대 디스플레이 핵심 공정기술을 지난해부터 천안·아산지역
에서 능동형 유기발광다이오드(AMOLED), 생산공장 건설에 참여한 협력업체가
유출을 시도했다는 정황을 포착하여 수사에 착수하였다. 협력사를 통한 기술유출
및 시도사례가 수사당국의 조사에서 수면 위로 드러나자 협력사에 대한 관리와
보안조치를 회사의 내부보안과 동일하게 관리하여야 한다는 필요성이 제기되었다.

〈사례 2〉 A사의 팀장 甲은 B사가 앞으로 A사의 잠재적 고객으로 영업에 도움이 될
것으로 생각하여 B사의 요청대로 A사의 전동차 설계도면을 전달하였으나 B사에
서 이를 활용하여 영업이익을 챙기려고 하였다. 이 사건은 B사에서 A사의 설계
도면과 유사한 도면을 공개하면서 알게 되었고, 결국 A사는 B사의 임직원 및 관
계자를 고발하였으며, 관계자 모두에게 실형이 선고되었다.

〈사례 3〉 자동차부품을 개발하는 H사의 제품제조를 맡은 외부하청업체가 일본과 제
휴해서 개발한 신기술정보를 경쟁업체로 유출한 사건으로, 기술제휴과정에 참여
했던 H사의 현 직원까지 경쟁업체로 이직하여 H사의 신기술을 무단으로 사용하
였다. 시장이 좁고, 기술제휴가 종료된 지 얼마 되지 않은 시점이어서 금방 인지
할 수 있었지만, 업계의 특성상 협력업체를 바꾸기 어려운 상황이어서 협력업체
를 상대로 소송을 제기하지는 못하고 경고문을 발송하는 것에 그쳤다.

3) 인력 스카우트 또는 이직을 통한 기술유출

〈사례 1〉 甲은 2011년 2월 음향기기 제조업체인 K사에서 퇴사한 뒤 곧바로 동종업
체를 설립하고, K사의 영업비밀인 회로도면을 이용하여 음향증폭기를 생산해서
해외로 수출한 혐의로 경찰에 불구속 입건되었다. K사는 음향증폭기의 제작을 위
해 6년간 12억원 상당의 연구개발비를 투입하였으나 A씨가 동종제품을 수출하는
바람에 70억원 상당의 손해를 입었다고 주장하였다.

〈**사례 2**〉 경찰청 국제범죄수사대는 경쟁업체로 잇따라 이직하면서 핵심 영업비밀을 유출한 혐의로 M사 전 직원 甲을 불구속 입건하고, 대리점 정보와 직원 개인정보를 빼내 甲에게 넘긴 혐의로 M사 직원 乙도 함께 불구속 입건하였다. 甲은 M사 영업직원으로 일하던 중 경쟁업체인 H사로 이직하면서 M사의 최신 스마트폰의 출시시기와 가격, 거래처, 판매전략 등 핵심 영업비밀을 이메일 등을 통해 빼내 사용한 혐의를 받고 있고, 甲은 M사 재직당시 동료였던 乙로부터 대리점 1,000여 곳의 정보와 관련 직원 18,000여 명의 개인정보도 건네받은 것으로 조사되었으며, 또한 2011년 8월에 다시 A사로 이직하면서 M사와 H사 등 두 회사의 영업비밀을 유출한 것으로 밝혀졌다.

4) 내부직원을 통한 기술유출

〈**사례 1**〉 S사의 생산이사였던 甲은 S사에서 퇴직하면서 유산균이 안정적으로 장(腸)에 도달하고 상온 보관을 쉽게 하는 이중코팅기술관련 정보를 빼낸 뒤 동종회사를 설립해서 유사제품을 생산·판매해 온 혐의로 기소되었으며, 대법원은 甲에게 징역 1년 6개월을 선고한 원심을 확정하였다. 재판부는 "甲이 빼낸 정보는 특허 등록된 유산균 이중코팅기술에 포함되지는 않아도 관련 실험연구를 통해 얻은 이중코팅의 최적화 정보로 영업비밀에 해당하고, 이를 알면서 반출한 행위가 배임에 해당한다고 본 원심 판결은 정당하다"고 하였다.

〈**사례 2**〉 甲 등은 2007년~2010년 H사가 개발한 오토바이 엔진 제작도면 등을 빼돌린 뒤 설계업체를 차려 중국의 오토바이업체로부터 38억 원을 받은 혐의로 구속 또는 불구속 기소되었다. 하지만 법원은 업무상 배임혐의만을 인정하고, 이들이 빼낸 자료는 영업비밀로 볼 수 없다며 부정경쟁방지법 위반에 대해서는 무죄를 선고하였다. 즉, 법원은 국내 오토바이 생산업체 A사의 전신인 H사의 전 대표이사 甲, A사 기술연구소의 전 소장 乙과 전 팀장 丙 등 A사 전직 직원을 포함한 15명이 빼낸 자료들이 비밀로 지정되지 않았던 점, 자료에 대한 접근 등을 막을 실질적인 관리가 없었던 점, 비밀관리규정이 없었던 점을 보면 부정경쟁방지법에 규정된 영업비밀로 볼 수 있는 증거가 부족하다고 판단하였고, 또한 증거물 압수 과정에서도 불법이 있어서 증거능력을 인정하지 못한다고 지적하였다.

〈**사례 3**〉온라인 쇼핑몰업체 R사가 여러 번의 아이디어회의 및 시행착오 끝에 해외
온라인 판매에 맞도록 웹 사이트를 개발하였다. 하지만 이 웹 사이트개발자인 甲
은 위 웹사이트 소스파일을 가지고 퇴사한 후 해당 소스파일을 통해 수익을 창출
하려고 하였다. 그러나 甲은 생각보다 수익이 발생하지 않자 R사를 협박하게 되
고, 이에 R사는 甲을 고소하였으나, 상호 합의로 마무리되었다.

〈**사례 4**〉A사의 미국 내 총판이사로 근무하던 甲은 A사로부터 확보한 '재실감지(방
향인식) 카운터 센서'의 기술자료, 매뉴얼, 제조사 정보 등 영업비밀을 웹하드에
업로드한 뒤 이메일을 통해 동생인 乙에게 유출하고, 동생 乙은 이를 바탕으로
방향인식 카운터 센서기술을 일부 변경해 국내에서 특허출원한 뒤 동종업체를 설
립해서 미국에서 저가에 판매한 혐의로 입건되었다. 경찰 조사결과에 따르면 A사
미국총판 이사로 11개월 동안 근무하던 甲은 미국 내 UL인증(국내 전기안전검
사)이 늦어지는 것을 틈타 乙과 공모해 이 같은 짓을 범한 것으로 드러났다. 유출
된 기술은 한국에너지기술연구원 등 주요 기업체 150여 곳에 설치돼 있으며, 해
외로 기술이 유출될 경우 피해액은 1,000여 억원에 달할 것으로 추산되었다.

〈**사례 5**〉헤드헌팅 전문회사 H에 근무하였던 甲은 퇴사 직전에 회사 데이터베이스
(DB)에 담겨있는 개인의 이력 및 신상정보 등 인재정보를 자신의 USB 메모리에
저장하여 유출하였다. 유출된 자료에는 업무분야별로 구분된 수백 명 분량의 구
직자이력서 등이 들어있었고, 인재정보에는 회사대표가 개인적인 인맥 등을 통하
여 취득한 정보 등이 다수 포함되어 있었을 뿐 아니라, 유출된 인재정보에는 헤
드헌팅회사의 영업을 위한 핵심적 정보가 들어있었다.

〈**사례 6**〉컨덴서 마이크로폰을 개발하던 P회사의 직원인 甲은 부하직원 5명과 함께
그동안 100억여 원을 들여 개발한 제품의 도면 및 제품의 제조설비, 생산공정에
관한 기술자료 등을 복사한 CD, 비디오테입, 도면 등을 가지고 있다가 위 CD를
가지고 새로운 회사의 설립에 사용하기 위해 공모하였다. 이 사실은 P사에 남아
있던 직원들이 甲의 행동을 의심하여 상부에 보고하면서 알게 되었고, 사전에 보
안서약서를 비롯한 보안관리를 적극적으로 하고 있었기 때문에 甲을 비롯한 관계
자 5명에게 모두에게 실형이 선고되었다.

〈**사례 7**〉 F사의 해외시장을 담당하고 있는 마케팅 임원인 甲은 F사의 신규사업제안서 및 F사의 제휴 해외기업의 개요, 계약내용, 지원 handset, 예상수익, 시장별 진출전략 등에 대한 내용을 경쟁업체에 넘기려고 하였다. F사는 경쟁업체의 움직임을 통해 자연스럽게 사건을 인지하였고, 사전에 해당 자료를 기밀로 분류하여 관리하고 있었기 때문에 이를 근거로 甲을 고소하였다.

5) 경쟁업체를 통한 기술유출

〈**사례 1**〉 주차장 내 자동승강기 로봇을 개발하는 N사의 생산공장에 정체를 알 수 없는 사람들이 무단으로 침입하여 로봇사진을 찍고 달아났으며, 그 후 유출된 승강기 로봇사진을 토대로 작성된 설계도면이 경쟁업체로 넘어가면서 경쟁업체에서 세부 설비구조만 조금씩 변형시키는 방법으로 관련규정을 피해가면서 유사제품을 제작, 판매하였다. N사는 국내에서 자연스럽게 해당 사실을 알게 되었고, 유출된 기술에 대한 특허취득을 포기하였으며, 이후 신모델 관리에 더욱 엄격하게 되었다.

〈**사례 2**〉 귀금속 디자인 업체인 L사의 신제품이 출시되었다는 소식을 접한 경쟁업체가 백화점매장에 진열되어 있는 L사의 제품을 구매하여 디자인을 카피한 뒤 생산, 유통시키고, 경쟁업체에서 입사를 희망하는 L사의 퇴직 디자이너에게 디자인 포트폴리오를 요구하여 신제품 디자인도안이 경쟁업체에 공개되었다. L사는 매장과 국내외 전시회 등을 통해 디자인이 카피된 것을 알게 되었고, 이후 회사 내 지문인식시스템과 CCTV을 설치하였으며, 개인적인 복사를 금지하는 한편, 디자인에 대한 보안교육을 강화하였다.

6) 악성코드 및 해킹을 통한 기술유출

〈**사례 1**〉 국내 인터넷기업 A사에 다니는 甲은 지난해 회사 앞에서 USB를 주웠다. 甲이 주운 USB에는 악성코드가 심어져 있었는데, 이를 몰랐던 甲은 USB를 사무실 PC에 삽입하였다. 그때 해당 악성코드가 회사전산망으로 퍼지게 되었지만 다행히 회사내부 관제에 악성코드가 적발돼 데이터유출 등의 사고는 없었다. 이를 계기로 A사는 직원들을 대상으로 정기적 보안교육을 강화하였다.

〈사례 2〉최근 낚시성 이메일을 이용하여 악성코드를 통한 기술정보유출을 시도하는 경우가 많아서, B사는 회사측 임직원을 보안의식을 확인하기 위해 스파이메일로 테스트를 실시하였다. 실제로 이러한 이메일은 성과급 지급정책 변경 등과 같이 관심이 높은 제목으로 오기 때문에 해당 메일에 첨부파일을 대부분 열어보게 된다. 낚시성 제목에 속은 회사직원들이 이메일을 열고, 해당 링크 혹은 파일을 실행하면서 해당 PC에 악성코드에 감염되는 사례가 빈번히 발생하고 있다.

3. 산업스파이

(1) 산업스파이의 정의

스파이(spy)는 고대 프랑스어인 Espier에서 유래하여 영어의 espionage 또는 spy로 변하였다. 스파이는 인류역사와 함께 원시시대에서부터 존재해 온 가장 오래된 직업으로 알려져 있으며, 특히 냉전시기에 정치·군사·외교 등 국가의 정보를 비합법적으로 수집하거나 제공하는 등 중요한 역할을 수행하였다.

산업스파이(industrial spy)는 일정한 이익을 취할 목적으로 다른 기업의 영업비밀이나 제품개발정보, 기타 기술적·경영적으로 이익이 되는 정보를 불법으로 빼내 해당 조직 또는 기업에 손실을 입히는 행위를 하는 자를 말한다. 산업스파이는 국내 또는 국외시장의 치열한 경쟁에서 우위를 차지하기 위해 경쟁국가나 기업에 관한 정보와 자료를 수집하는 일련의 행위를 말하기도 한다. 산업스파이의 대상이 되는 정보는 경쟁관계에 있는 상대 조직이나 기업에 해를 끼칠 수 있는 정보 또는 취득함으로써 경쟁력을 강화할 수 있는 정보이며, 좁게는 전화번호, 영업계획, 시스템 비밀번호 등에서, 넓게는 원천기술, 설계도 등이 포함될 수 있다. 산업스파이에 의한 산업기술유출은 그 과정에서 합법적 수단뿐만 아니라 불법적 수단을 포함한다.[3]

(2) 산업스파이의 활동

산업스파이는 내부인력의 포섭, 위장취업 등 여러 가지 방법으로 불법으로 전개되며, 이는 해외업체 관련자가 국내기업에 위장취업하여 핵심기술을 습득하거

---

3) 신현구, 「산업보안관리실무」, 22-23면 참조.

나 국내기업에 연구원, 기술 고문 및 자문, 컨설턴트 등으로 근무하면서 외국인이 자국 정부나 기업의 요청을 받고 기밀을 빼돌리는 경우가 대부분이다. 또한 외국 조직이나 기업에서 국내 협력업체 임직원을 포섭하여 산업스파이로 활용하는 우회 전략을 구사하며, 네트워크나 시스템을 해킹하거나, 각종 자료와 저장매체 또는 제품을 무단 복제하거나 절취하는 방법, 컨설팅업체가 업무와 관련 없이 수집한 정보를 불법적으로 활용하는 등 수법이 계속해서 다양해지고 있는 추세이다.

산업스파이는 외교관, 사업가, 기자, 예술가 등 위장이 쉬운 자유직업뿐만 아니라, 핵심기술을 보유하고 있는 기업주변에서 흔히 볼 수 있는 고급유흥업 관련자, 기업 내 청소부, 경비원, 핵심임원이나 기술자의 운전기사, 보좌관 등으로 치밀한 위장을 가하기도 한다.

산업스파이에 의한 산업기술유출방법으로는 절취·복사·촬영, 도청, 위장침투, 내부자 매수, 스카우트, 제3자 매수, 해킹, 전송자료 가로채기 등이 있다.[4)]

(3) 산업스파이에게 유리한 환경

1) 은밀한 유출방법의 개발 및 내부자의 유출

보호하여야 할 정보는 무형정보가 많고, 이메일유출, 저장매체나 복사본유출, 촬영유출 등의 방법에 의하여 정보의 원본에 손상을 가하지 않고 은밀하게 유출할 수 있다. 정보는 동일한 정보를 많은 사람이 가질 수 있는 무형적 특징이 있어 독점이 어려우므로 내부자가 유출하는 경우에는 은폐가 쉽고 발견이 어렵다. 또한 침해자가 유출된 정보를 이용하여 유사품을 생산하거나 판매하기 시작하여야만 기술유출을 알게 되는 경우가 많으므로 유출인지까지 상당한 시간이 걸릴 뿐만 아니라, 증거를 확보하기 어려워서 유출자색출에 어려움이 있다. 특히, 정보는 해당 개발자, 사용자, 관리자만이 그 가치를 알기에 다른 사람은 그 정보의 존재 유무와 가치를 알지 못하는 경우가 많으므로 가치를 아는 내부자가 유출하는 경우가 많다.

---

4) 신현구, 「산업보안관리실무」, 24-25면 참조.

2) 인간의 본능적 욕구

내부자에 의해 기술유출이 되면 기업은 손해를 보지만, 유출한 내부자는 부정한 이득을 일시에 얻을 수 있기 때문에 큰 이득에 대한 유혹을 뿌리치기 어렵다. 또한 이러한 유혹은 아래의 현상들과 맞물려 정보를 관리하는 내부자의 입장에서는 더욱 큰 유혹으로 다가올 수 있다.

(ⅰ) 현재 한국사회의 직원들은 고용불안에 시달리고, 재취업의 매개물로 핵심정보를
　　사유화하려는 경향이 있다.
(ⅱ) 개발자에 대한 경제적, 인사상의 보상이 미흡하다.
(ⅲ) 조기퇴직의 영향으로 노후보장이 미흡하다.
(ⅳ) 핵심직원은 여러 곳으로부터 스카웃 제의를 받고 있다.
(ⅴ) 기업이 가지고 있는 비밀은 직원의 본능에 의한 욕구충족수단이 될 수 있다.

3) 근무환경의 변화

평소 아무 문제없던 직원도 근무환경의 변화에 따라 산업스파이로 쉽게 탈바꿈될 수 있다. 대부분의 정보가 디지털화되고 실시간 공유될 수 있는 환경이 되고 있으며, 대용량을 저장할 수 있는 소형 저장매체들의 등장으로 인해 운반과 소지가 편하며, 정보기기의 발달과 미흡한 통제환경이 맞물려 정보유출을 유혹하는 환경이 될 수 있기 때문이다.

4) 기술유출에 대한 은폐 속성

정보유출은 발견이 곤란하므로 담당자는 사건발생 시에 본인에게 발생할 불이익을 우려하여 유출사실을 은폐하려는 속성이 있고, 관리자 역시 사실인지 후에 증거확보의 어려움과 불이익을 우려하여 은폐하려고 하며, 경영자는 기업이미지의 실추, 기업이익의 감소 등을 이유로 은폐하려는 속성이 강하다.

5) 업무능력의 왜곡

제도적으로 보안시스템과 체계를 갖추고, 능력있는 보안담당자를 채용하게

되면 기술유출의 인지가 유리해져 기술유출을 쉽게 발견할 수 있지만, 오히려 유출사건 발생 시에 경영자는 기술유출 자체를 문제삼아 담당자의 무능력으로 책임을 추궁함으로써 업무능력을 왜곡시키기도 한다. 반대로, 보안시스템과 체계가 갖추어지지 않고 보안담당자가 무능하면 유출사건의 인지가 불가능해져서 기술유출이 없었던 것으로 착각하여 업무가 정상적으로 이루어지는 것으로 잘못 인지할 수 있게 된다.

6) 보안업무에 관한 잘못된 인식

산업보안은 기업의 전반적 업무프로세스와 기업문화를 충분히 이해하여야 할 뿐만 아니라, 보안에 대한 해박한 지식을 가진 전문가가 수행하여야 할 전문직무이다. 그럼에도 불구하고 우리나라 기업의 경영진은 대부분 이를 비전문직이나 한직으로 여기는 경향이 있다.

7) 유출사실 인지의 어려움

유출사고는 초기에 인지 및 증거를 발견하기 어렵고, 유출로 인한 경쟁사의 발전 또는 신제품이나 새로운 서비스의 시작 후에 피해의 심각성을 인지하는 경우가 대부분이다. 따라서 기술유출의 경우에는 초기에 대응하여야 피해를 최소화할 수 있음에도 불구하고 초기 인지의 어려움으로 피해를 키우는 경우가 많다.

(4) 산업스파이와 산업스파이 포섭대상의 구별[5]

1) 산업스파이의 구별

산업스파이는 다음의 특징을 가지고 있다.

(i) 자신의 직무와 관련 없는 직원들의 업무를 수시로 질문하거나 별 이유 없이 다른
　　　부서를 자주 드나드는 직원
(ii) 사진장비나 핸드폰 카메라를 지나치게 많이 쓰는 사람
(iii) 주요 부서에서 일하다 갑자기 사직하는 직원
(iv) 주요 기밀자료를 복사해 보관하거나 동료컴퓨터에 무단접근하는 직원

---

5) 이하의 내용은 '국정원 산업기밀보호센터'의 자료에 근거한 것이다.

(v) 특별한 사유 없이 일과 후나 휴일에 사무실에 혼자 남아있는 경우가 많은 직원
(vi) 기술습득보다 고위관리자나 핵심기술자와의 사적 교류에 관심이 많은 연수생 등
(vii) 연구활동 자체보다 성과물확보에 지나치게 집착하는 연구원
(viii) 시찰, 견학 등을 하면서 지정된 방문코스 외에 다른 시설에 관심을 갖는 방문객
(ix) 직무와 관련 없는 데이터베이스에 자주 접근하는 직원 등

2) 산업스파이 포섭대상의 구별

가. 산업스파이의 포섭대상

산업스파이의 포섭대상은 주로 내부자들이며, 다음과 같은 사람들이 매수나 공모의 목표대상이 될 수 있다.

(i) 주요 핵심기술인력, 그중에서도 근무성적이나 실적이 저조하여 근무의욕이 없는 자
(ii) 정신적으로 나약하고 경제적으로 빈약한 자
(iii) 사생활이 문란하거나 음주나 도박을 좋아하는 자
(iv) 사내에서 승진, 급여에 불만이 많거나 대인관계에서 소외된 자
(v) 허영심, 이기심, 자만심이 강한 자
(vi) 핵심시설의 출입이 지나치게 자유로운 자(경비원, 청소원, 용역직 등)

나. 산업스파이 포섭대상의 구별요령

산업스파이이거나 산업스파이로부터 이미 매수된 자의 행동유형을 살펴보면 다음과 같다.

(i) 본인 업무에만 집중하지 않고 다른 업무에 지나치게 관심이 많은 자
(ii) 업무에 관계 없이 다른 부서의 사무실에 출입이 빈번한 자
(iii) 주요 부서에 근무하다 갑자기 사직하는 자
(iv) 평소와 다르게 이유 없이 상사에게 반항하는 자(퇴직 명분 찾기)
(v) 동료컴퓨터에 무단접근, 조작하거나 연구결과에 지나치게 집착하는 자
(vi) 사전 허락 없이 업무종료 후 또는 휴일에 홀로 출근하여 근무하는 자
(vii) 업무가방을 들고 출퇴근하는 자

제 2 절 침해사고발생 시의 대응절차

1. 침해사고의 의의

기술유출 침해사고의 대상은 컴퓨터시스템과 네트워크뿐만 아니라 문서로 된 자료나 실물자료 등이며, 그 과정과 수단에 있어서는 악성코드나 스니핑, 스푸핑 등 기술적 악성행위뿐만 아니라 물리적인 위장침투, 무단침입, 제3자 또는 내부자 매수 등을 통해 발생할 수도 있다. 따라서 침해사고는 기관, 기업, 조직 등이 가지 고 있는 산업기술, 기술적 노하우, 영업비밀 등 중요한 정보를 유출하거나, 기관 또는 기업조직 등의 서비스를 제한시키고 정상적인 업무수행이 어렵도록 방해하 거나 무력화하는 등 악의적인 목적을 가지고 표적이 된 대상 기관, 기업, 조직 및 관련시스템, 네트워크를 공격하여 발생하는 사태라고 정의할 수 있다. 정보통신망 이용 촉진 및 정보보호 등에 관한 법률에서는 정보통신망 침해사고에 대해 "해킹, 컴퓨터바이러스, 논리폭탄, 메일폭탄, 서비스 거부 또는 고출력 전자기파 등의 방 법으로 정보통신망 또는 이와 관련된 정보시스템을 공격하는 행위를 하여 발생한 사태"(제2조 제7호)로 정의하고 있다.

2. 침해사고에 대한 대응절차

침해사고에 대응하기 위한 기본절차는 침해사고의 발생확률을 줄이거나 예 방하기 위한 사고 전 준비와 사고발생을 인지하는 사고의 탐지, 발생한 사고에 대해 조치를 하는 사고의 대응, 사고처리에 대해 보고 및 언론대응을 하는 상황 의 보고, 동일하거나 유사한 사고가 발생하지 않도록 보완하는 후속조치로 이루 어진다.

(1) 사고 전 준비

사고 전 준비과정은 침해사고에 대한 대응과 관련된 예방활동 전개와 사고발 생 시의 대응절차 마련, 지원체계의 구축 등으로 이루어지며, 사고발생 전에 수립되고 수행되어야 침해사고에 대한 적절한 대응을 가능하게 한다.

1) 침해사고대응을 위한 예방조치의 수립

침해사고 대응을 위한 내부규정을 수립하고 관련 보안정책과 지침 등을 마련하며, 수립된 규정·정책·지침에 따라 실제 침해사고를 예방하고 대응할 수 있는 물리적·기술적 장비와 시스템 등 보안체계를 구축한다. 또한 보안체계를 통해 침입탐지시스템, 출입통제시스템, 보안관제시스템 등 관련 컴퓨터시스템을 운영하고, 사고발생 대비 로그기록의 조치, 보안취약점의 점검, 정기적인 보안교육과 점검 및 감사 등을 수행한다.

2) 침해사고발생 시의 대응절차의 마련

실제 침해사고의 발생에 대비하여 침해사고대응팀을 조직하고, 사고대응을 위한 각종 지침 및 세부절차, 업무처리 프로세스, 대응매뉴얼, 양식, 장비 등을 구성하고 준비한다.

또한 발생할 수 있는 사고를 연구하고 가정하여 실제 사고발생 시에 능동적이고 신속하게 대응할 수 있도록 사고대응을 위한 교육과 훈련을 계획하여 실시한다. 자체대응이 어려울 경우에 대비하여 유관기관 또는 조직과의 협력관계를 형성하여 협조에 필요한 체계를 구축하고, 필요한 때에는 합동대응에 필요한 회의 또는 훈련 등을 계획하여 실시한다.

3) 지원체계의 구축

침해사고 예방활동과 사고대응에 필요한 각종 인력, 시설, 장비, 예산 등을 파악하고, 예방활동과 사고대응임무를 수행하는 조직과 구성원들이 원활하게 임무를 수행할 수 있도록 지원조직과 체계를 구축하여 운영한다.

(2) 사고의 탐지

사고탐지는 기관, 기업, 조직에서 갖춘 보안관제시스템이나 보안장비에서 발생한 로그 및 이벤트를 통해 침해사고 여부를 인지하거나, 내부구성원, 경비원 등을 통해 악성행위의 의심인물을 발견하거나, CCTV상 의심인물 활동, 물리적 보안

요소에 남겨진 침입흔적 등을 통해 사고의 발생을 인지하게 된다.

사고의 발생을 인지하게 되었을 경우에는 즉각 사고대응과 관련된 책임자 또는 침해사고대응팀에 신고 또는 보고하여야 하며, 사고를 인지한 대응조직에서는 즉각 사고피해를 최소화할 수 있는 초동조치를 실시하고, 관련 증거수집 등의 조사활동과 대응활동을 전개하여야 한다.

(3) 사고의 대응

사고의 대응은 침해사고대응팀 소집과 함께 초동조치, 사고대응, 사고조사로 구분하여 이루어진다.

1) 초동조치

침해사고가 발생한 때에는 침해사고대응팀의 소집과 함께 사고현장과 사고발생장비 등을 현장보존하고, 피해확산에 대비하여 피해시스템의 분리, 관련 로그기록 및 시스템정보의 확보 및 통제 등을 수행한다. 피해에 따라 부상 등 인명피해가 발생하였을 경우에는 구호조치를 우선적으로 수행하여 인명피해를 최소화한다.

2) 사고대응

발생한 침해사고에 대해 경영진 또는 책임자의 판단에 따라 경영, 법무, 인사, 시설, 정보 등 각 분야별로 대응필요사항을 식별하고 실시한다. 피해확산을 막아 피해를 최소화하고, 해당 조직의 기능이 무력화되지 않도록 하며, BCP 등에 의거하여 업무정상화를 위한 복구준비 등 종합적인 대책을 수립하여 수행한다.

대응대책을 수립·시행할 경우에는 침해사고의 대상의 중요성과 위험도, 유출정보의 민감성, 시스템과 조직의 업무중단에 따른 영향의 정도와 인적·물적 피해상황, 공격자의 수준과 사고의 외부누출 상황, 조사의 필요성 및 조사 또는 수사의뢰, 법적 대응의 필요성 등을 전반적으로 고려하여야 한다.

3) 사고조사

발생한 침해사고에 대해 적극적인 대응과 공격자식별을 통한 사법조치 또는 자체대응 등을 위해 조사활동을 전개한다. 즉, 침해사고가 발생한 조직과 상황, 사고와 관련된 장비와 시스템, 네트워크 등에 잔존한 증거를 수집하고, 관련 로그기록을 분석하며, CCTV기록, 침입흔적, 목격자 및 관련자, 관계자 증언 등을 수집하는 등, 관리적·물리적·기술적 분야를 모두 고려하여 조사를 수행한다.

(4) 상황의 보고

상황보고는 사고대응과 관련된 상부조직이나 경영진, 대응인원 간의 정보공유로 이루어지는 내부보고와 외부로 발표가 필요하거나 외부에서 사고관련 정보를 원하는 경우에 수행하는 외부언론대응으로 구성된다. 내부보고는 육하원칙에 의거하여 사고의 유형, 등급, 대상, 내용, 원인, 조치 상황, 향후 대책 등으로 구성된다. 외부언론대응은 언론담당조직과의 협의를 통해 기술적 사항이 낮은 수준으로 내용을 구성하고, 사고의 진행상황과 필요한 비밀유지, 법무부서나 담당 변호사의 의견 등을 고려하여 공개 여부와 수위 등을 결정하여 수행한다.

(5) 후속처리

후속처리는 조직의 업무를 정상화할 수 있도록 피해가 발생한 시스템과 체계 등을 복구하고, 동일하거나 유사한 사고가 다시 발생하지 않도록 사고를 통해 파악된 조직과 시스템 및 체계 등의 취약점을 파악하고 보완하는 일련의 과정이다. 즉, 조직에서 갖추고 있던 BCP계획 등을 토대로 업무를 정상화할 수 있도록 함과 동시에 발생한 사고에 대한 보안취약점 및 사고원인 등을 면밀하게 분석하여 보안시스템과 체계 등을 개선하고 취약점을 제거한다.

또한 발생한 사고에 대한 세부내용과 조치상황, 사후결과 등을 종합적으로 정리하여 활용할 수 있도록 문서화하며, 이를 바탕으로 내부구성원들에 대한 사고관련 보안교육, 점검, 업무에 있어서 참고자료로 활용할 수 있도록 한다.

제 3 절   사고조사의 절차

1. 조사활동의 유의사항

(1) 복합조사

산업·기업 조사의 경우 침해사고 조사에 있어서 단순히 행적조사에만 치중하거나 기술적 요인에만 집착하는 등 단순화되고 한 분야로 치중된 조사로 이루어질 경우에는 객관적이고 포괄적인 조사가 이루어지지 않아 조사활동에 있어 큰 공백을 만들어낼 수 있다. 따라서 산업·기업조사에서는 관리적·기술적·물리적 사항들을 종합적으로 고려하고, 다양한 요소들의 존재를 인식하여 복합적인 조사가 이루어질 수 있도록 하여야 한다.

(2) 신속조사

산업·기업 조사에서는, 산업과 기업에 관련된 각종 산업기술, 영업비밀, 기술적 노하우 등이 단순유출로 끝나지 않고 악용되어, 해당 산업과 기업의 경쟁력과 생존력을 약화시키고, 2차적인 피해를 일으키는 문제로 확산된다는 사실을 염두에 두어야 한다. 특히, 2차적인 피해는 주로 유출된 산업기술과 영업비밀, 노하우 등을 이용한 경쟁제품 또는 서비스를 양성하거나 해당 기업의 이익을 현저히 감소시켜 폐업 또는 합병 등의 문제를 야기한다. 따라서 2차적인 피해확산을 최소화하거나 방지하기 위해서는 최대한 신속하게 관련된 사고의 증거를 수집하고 대응하는 등, 신속한 조사활동이 요구된다.

(3) 전문조사

산업·기업조사는 공통적인 측면에서 이루어지는 공통분야에 대한 조사를 기본으로 하고, 해당 산업과 기업문제에 해당되는 전문분야에 대하여 필요한 지식을 갖추어야 한다. 관련된 전문지식을 갖추어야지만 유출된 산업기술, 영업비밀, 기술적 노하우의 중요성과 기술유출로 이득을 볼 수 있는 공격주체에 대한 특정이 쉬워질 뿐만 아니라, 해당 산업 또는 기업의 실무자들과의 원활한 협조와 정보공유도 가능하다. 또한 관련된 분야별 전문지식이 바탕이 되어 있어야만 전반적인 사고상황에 대한 빠른 파악과 이해도 가능해진다.

(4) 비밀조사

산업 또는 기업에서 벌어지는 각종 침해사고의 대부분이 내부자 또는 관련된 내부인, 내부 자료에 대한 권한을 가지고 있던 인물 또는 조직 등으로 인해 이루어지고 있다. 따라서 조사활동이 벌어지고 있음이 드러나게 되면 기술유출자 등에 의하여 조사활동 자체의 교란, 증거인멸, 조사관계자의 매수 등 조사방해활동이 이어질 수 있다. 또한 기업에서 발생한 사고가 대내외로 공개되었을 경우에는 기업가치, 주가, 신용도 등의 하락으로 인해 2차적인 문제를 야기할 수 있기 때문에 조사활동 자체에 대하여는 엄중한 비밀성이 유지되어야 한다.

2. 초동조치

(1) 초동조치의 중요성

초동조치는 발생한 사고 또는 문제에 대해 확산방지와 2차적인 사고 또는 문제를 야기하는 것을 방지하여 상황을 최소화시키고 빠른 파악과 대응준비를 하기 위한 1차적이고 우선적인 활동이다. 상황에 따라 상급자 또는 상급부서에 대한 보고보다 초동조치가 우선적으로 이루어져야 할 경우에는 보고보다 상황에 대한 초동조치를 우선으로 하여야 한다. 초동조치는 현장 동결과 사고확산방지에 중점을 두어야 한다.

(2) 초동조치의 방법

1) 선 조치 후의 보고

초동조치는 다른 무엇보다 선제적인 조치가 핵심적인 활동이다. 상급자 또는 상급부서에 보고한 후에 지시를 받아 조치하는 의사결정과정으로 인해 사고조치가 지연되는 것을 방지하기 위해 상황발생의 보고와 동시 또는 보고 이전에 우선적으로 초동조치를 실시하여야 한다.

2) 피해발생구역의 접근차단

피해가 발생한 구역 또는 피해발생시스템이 있는 장소에는 물리적으로 사람들이 접근하지 못하도록 접근차단을 실시한다. 사람들의 물리적인 조작이나 접근 등으로 인해 남아있는 증거와 정보가 변조되거나 소실되는 것을 막기 위함이다.

3) 피해발생시스템 네트워크의 분리

해킹, 바이러스 등의 전자적인 활동으로 인한 침해일 경우에는 지속적인 피해 누적으로 인한 피해확산과 해커 등의 침입에 의한 증거훼손 등이 이루어지지 않도록 신속히 해당 시스템을 네트워크에서 분리하여 추가적인 피해를 방지하여야 한다. 이 과정에서 해당 시스템의 전원을 차단할 경우에는 시스템의 저장장치에 위치하지 못한 휘발성 메모리의 소실을 낳아 증거를 소실할 수 있으므로 유의하여야 한다.

4) 전파방해장비의 설치

무선도청 또는 침해가 발생한 시스템이나 서버 등에 설치된 무선장비로 인해 유출 및 침해사고가 발생했을 가능성과 당해 구역 내부에 있는 인원의 휴대기기 (핸드폰, 태블릿)를 통한 자료의 절취 및 송신유출을 감안하여 해당 구역의 모든 전파를 교란하고 방해하는 휴대형 전파방해장비를 설치한다.

5) 자료삭제 및 포맷의 금지

침해사고 발생할 당시 시스템과 데이터베이스, 서버 등이 당시 상황 그대로 유지되도록 하여 로그기록과 증거가 유실되지 않도록 동결하여야 한다. 이 과정에서 자료삭제, 포맷 등 시도가 일어나지 않도록 모든 스위치와 버튼에 스티커나 테이핑 등을 이용해 사용하지 못하도록 물리적 차단과 함께 현장관리자를 배치하여 통제하도록 하여야 한다.

6) 필요인원 외의 접근통제

발생한 사고에 대해 조사·분석하는 필요인원 외의 사람들이 출입할 경우에는 상황처리에 혼돈이 생기고, 그 과정에서 침해사고세력이 잠입하여 남아있는 증거에 대한 인멸을 시도할 가능성이 있으므로 필요인원 외에는 접근하지 않도록 통제하여야 한다. 또한 현장관리자와 함께 통제인원, 인원 출입기록부 등을 배치하여 사고발생구역 출입을 철저히 통제하여야 한다. 사고에 대해 고위층이 방문하여 브리핑을 받거나 현장을 확인하려 할 경우에도 최대한 보안이 갖추어진 제3의 장소에서 이루어질 수 있도록 조치하여야 하며, 현장확인은 조사에 필요한 증거수집 활동이 마무리된 이후 이루어질 수 있도록 한다.

(3) 조사의 준비

1) 세부상황의 파악

조사활동에 있어 가장 기초적이고 우선적으로 이루어져야 하는 활동은 상황과 사고가 발생한 환경에 대한 세부적인 파악이다. 상황에 대한 파악 없이 어떻게 조사를 하고 대응을 할지 계획을 세울 수 없으며, 상황파악 없이 계획을 수립할 경우 다른 문제를 야기할 수 있다. 상황파악에 있어서는 유출당시의 상황, 자료·기술의 유형과 유출 정도, 중요성 등을 확인하여야 한다.

가. 유출당시의 상황

유출당시의 관리적, 기술적, 물리적 상황을 파악한다. 관리적 상황은 유출이 이루어진 해당 산업 또는 기업이 갖추고 있던 기술, 보안관련 규정과 지침, 현황 등이고, 기술적 상황은 전자로그, 피해발생시스템, 서버의 현황과 관리상태 등이며, 물리적 상황은 당시의 출입통제기록, CCTV기록, 경비원의 동선과 경비현황 등이다.

나. 유출자료·기술의 유형

유출이 이루어진 자료 또는 기술에 대하여 유출당시의 보관방법과 유출자료 또는 기술이 어떤 분야와 유형에 속하는가를 확인하고, 해당 분야와 유형에 관한 최근의 동향과 자료, 기술에 대한 특징과 현황을 파악한다.

다. 유출정도와 중요성

유출이 이루어진 자료 또는 기술에서, 얼마나 많은 부분이 유출되었는지를 확인하여 유출된 부분이 악용될 경우 일어날 수 있는 피해를 추정할 수 있다. 또한 유출된 부분이 어떻게 관리되고 있었는가를 확인하여 접근자를 특정할 수 있다. 또한 유출이 이루어진 자료 또는 기술이 해당 산업과 기업에서 어느 정도의 비중을 가지고 있고, 유출된 자료 또는 기술을 가지고 어떤 행위와 중요성을 가질 수 있는지 파악한다.

라. 피해현황

조사활동이 이루어지는 시기에서 현재까지 어떠한 피해가 발생하였는지 타임테이블 형식(시간대별 기록)으로 파악하고, 조사활동이 진행되는 동안에도 계속해서 피해현황을 동일한 방식으로 최신화하여 계속해서 파악할 수 있도록 한다. 피해의 발생시기와 장소, 피해현황을 통해 사고의 발생과 확산흐름을 알 수 있다.

2) 목표 및 우선순위의 설정

가. 목표의 설정

조사를 통해 최종적으로 달성할 목표를 선정한다. 목표는 조사활동의 주체인 탐정이 결정하는 것이 아니라 해당 산업 또는 기업의 경영진 또는 임원과의 협의로 결정되며, 침해주체에 대한 특정, 법적 대응, 피해의 최소화 및 확산방지 등의 환경과 회사정책, 경영진과 임원의 판단에 따라 목표가 결정된다.

나. 조사의 우선순위 설정

조사를 통해 어떠한 정보와 증거를 우선적으로 수집하여 분석할 것인가 우선순위를 선정하여야 한다. 조사활동을 통해 파악되지 않았던 해당 산업, 기업이 가지고 있던 문제나 또 다른 침해시도자, 보안상 결점 등이 확인될 수 있는데, 이러한 부가적인 문제에 초점을 맞추어 전체 조사활동의 흐름이 흔들리지 않도록 명확한 우선순위를 선정하여 운영하여야 한다. 우선순위는 기업의 경영진 또는 임원이 결정한 목표에 따라 발생하는 하위목표들을 파악·정리하여 정하며, 이것은 조사활동에 있어서 세부목표라고도 할 수 있다.

3) 세부조사계획의 수립

세부조사계획은 탐정의 조사활동에 있어서 행동의 기준이 되는 기본핵심방침이라고 할 수 있다. 조사계획을 얼마나 효율적으로 수립하는가에 따라 해당 조사활동의 목표를 더욱 빠르고 정확하게 달성할 수 있다. 조사계획에는 목표와 우선순위, 조사조직의 구성과 인원편성, 조사범위와 단계, 장비와 비품 및 예산, 협조체계, 보고방법 등이 명시된다.

가. 목표 및 우선순위

사고기업의 경영진 또는 임원이 회사의 내외환경과 정책, 그리고 필요성에 따라 설정한 목표와 목표달성을 위해 필요로 하는 하위목표들인 조사의 우선순위를 파악하여 명시한다.

나. 조사조직의 구성과 인원편성

조사활동을 위해 필요한 조직을 구성하고, 인원을 편성한다. 조직은 해당 기업의 특성과 발생한 사고유형에 따라 정해질 수 있으며, 해당 조사활동을 기업의 경영진과 임원 중 누구의 책임 하에 지휘할 것인가에 대한 지휘체계를 포함한다. 조사인원은 탐정이 갖추고 있는 고유의 조사인원 외에 필요에 따라 사고발생 기업소속의 보안담당자나 자산, 자료·기술책임자 등 추가 필요인원을 배속받아 구성할 수 있다.

다. 조사범위와 단계

조사범위는 탐정의 조사활동에 있어 사고가 발생한 기업의 어느 부분까지 접근하여 조사를 할 수 있는가라는 활동의 한계선을 명확하게 부여하는 것이며, 조사범위 외에서 활동이 필요한 경우에는 조사활동에 대해 책임과 지휘권을 가지고 있는 경영진 또는 임원과 협의하여 조정하여야 한다. 또한, 체계적인 조사활동을 위하여 조사과정을 단계적으로 구분하여 운영하며, 이는 앞서 설정된 우선순위에 따라 설정되거나 해당 기업의 상황에 따라 설정될 수 있다. 이를 조사일정이라고도 할 수 있다.

라. 장비와 비품 및 예산

조사활동에 있어 필요한 장비와 비품을 확인하여 선정하며, 탐정이 사전에 자체적으로 갖추고 있는 장비와 비품을 활용할 수도 있지만 해당 기업의 사정에 따라 기업에서 보유하고 있던 장비나 비품을 사용할 수도 있다. 또한 전체 조사활동에 있어서 필요한 인건비, 수용비, 활동비 등 필요 예산을 산정한다.

마. 협조체계의 구축

조사활동에 있어서 누구와 협조할 것인가, 누구와 어떻게 정보와 의사를 공유할 것인가 등 협조자나 협조조직을 파악하고 원활한 협조가 이루어질 수 있도록 협의한다. 법적 보완을 위하여 변호사 또는 법무사 등을 포함하여 전문분야에 대한 지식을 갖춘 전문가와 원활한 기업내부 조사활동을 위한 협조자 등으로 협조체계를 구축한다.

바. 보고방법

조사자는 조사조직을 운영하는 해당 기업의 책임과 지휘권을 가진 경영진 또는 임원, 전체 경영진에게 지속적으로 조사상황을 보고하는 한편, 관련 지침을 확인할 필요가 있다. 조사활동이 제대로 이루어지고 있는가 또는 성과가 있는가 여부는 경영진과 임원 입장에서는 굉장히 중요한 관심사항이기 때문에 기본적으로 수시보고가 필요하지만, 경영진과 임원의 일정을 고려하고, 조사활동에 있어 보고에 치중되어 활동 전체에 영향이 없도록 정기적인 보고일정을 갖추어 운영할 필요가 있다. 또한 보고에 있어서는 조사실무자들이 이해하기 쉬운 보고방식과 양식도 있어야 하지만, 조사활동에 대해 경영진과 임원이 쉽게 이해할 수 있도록 방식과 양식을 갖추어야 상호 간에 원활한 의사소통과 상황인식 및 정보공유가 가능하게 하여야 한다.

3. 조사활동

본격적인 조사활동을 통해 수집하여야 할 주요 공통조사사항들과 유출된 자료·기술의 유형에 따라 추가적으로 조사하고 수집하여야 할 사항에 대해 설명한다. 공통조사사항들은 각종 출입 및 접근증거들과 도청, 몰래카메라, 각종 현황자료 파악, 인터뷰 등이며, 유출된 자료·기술에 따른 유형별 추가사항으로는 문서, 전산자료, 프로그램 및 디지털포렌식 등이 있다.

(1) 공통조사사항

1) 피해발생시설의 출입기록

침해사고가 발생한 기업에 대해서 물리적인 접근방법을 사용하여 자료·기술 등을 탈취하거나 피해를 끼쳤을 가능성을 고려하여 해당 피해발생구역이 속한 시설전반에 대한 출입기록을 확인한다. 출입기록은 통제체계에 따라 전산시스템 로그기록과 CCTV기록 등으로 관리되는 경우도 있지만, 중소기업 또는 소규모 사업체의 경우에는 수기기록과 출입통제업무의 책임자나 수행자의 구두확인으로 처리되는 경우도 있으므로 이를 고려하여 확인하여야 한다.

가. 시설 내부

시설 내부에서 침해행위자가 물리적인 접근을 시도하였을 경우를 가정하여 거치게 되는 구역, 요소, 출입문 등에 비치되어 있는 출입기록, 또는 관련구역, 요소 등에서 상시 근무하고 있는 근무자와의 인터뷰 등을 확인한다.

나. 시설 외부

시설 외부로부터의 침해행위자가 통상 공통적으로 출입하게 되는 공동출입구나 통제가 이루어지지 않은 비상구 등을 확인하며, 공동출입구를 관리하고 있는 경비원, 출입통제근무자의 근무기록과 출입인가기록, 인터뷰 등을 확인한다. 비상구의 경우에는 상시 개방 여부, 폐쇄 시의 폐쇄기준시간, 확인자 등을 추가적으로 확인하여야 한다.

다. 주차장

보안체계가 취약한 기업의 경우에는 주차장에서 내부시설로 바로 접근할 수 있는 비상계단이나 엘리베이터 등이 존재하는 경우가 많다. 이 경우에 대비한 침입가능한 루트를 확인하고, 주차장관리자나 상주경비원 등에 의해서 관리되고 있는 기록과 순찰현황, 인터뷰 등을 확인한다.

라. 지하공동구

지하공동구는 현대화된 도시에서 필수적으로 존재하는 지하공간이다. 지하공동구를 통하여 도시의 시설유지에 필요한 상하수도, 각종 배기·배수라인, 전력선, 통신용 광케이블 등이 설치되어 운영되고 있으므로 이들을 관리하기 위한 출입구와 통로들을 이용해서 침입을 시도할 수 있다. 따라서 침해가 발생한 시설 내부 또는 인근에 지하공동구가 존재할 경우에는 해당 공동구의 출입기록까지 확인할 필요가 있다.

2) 관련시스템의 로그기록

시스템 로그는 현대화된 컴퓨터체계와 데이터베이스 서버를 갖추고 있는 기업이라면 반드시 존재하는 시스템파일의 일종이다. 로그기록은 디지털포렌식을 통하여 확인할 수 있지만, 각종 출입관리체계에서의 전자기록, CCTV프로그램상 저장자료, 기계경비시스템의 제어기록 등에서도 확인할 수 있다.

가. 출입관리체계

출입관리체계는 통상 인원과 차량으로 구분하여 관리하고 있으며, 보안체계가 잘 구축된 대기업이나 공공기관에서는 출입허가의 유·무, 출입시간, 차량번호, 차량종류·색상 등을 자세하게 기록하도록 하고 있다. 그러나 보안체계가 취약한 중소기업이나 소규모 사업체 등에서는 통상 도어락을 해제하기 위해 사용하는 출입용 플라스틱카드, RFID, 지문 등을 관리하는 1차적 출입통제체계만을 갖추고 있어서 도어락이 해제되어 있는 상황에서 외부인인 침해행위자가 출입하거나 내부인과 동행하여 출입하는 경우에는 기록이 남지 않는 문제점을 가지고 있다. 따라서 보안체계가 미약한 기업일수록 다른 관리체계의 로그와 병행해서 확인할 수 있도록 하여야 한다.

나. CCTV

대부분의 시설과 기업은 CCTV 상용화에 따라 시설 및 구역 내·외부에 CCTV를 설치·운영하고 있으며, 현재 상용화되어 있는 보안관련 체계 중 CCTV의 설치 및 사용률이 가장 높다. 일반적인 CCTV의 경우 약 60~90일 간의 저장

기록을 유지하고 있으며, 시스템의 자체서버에 저장하거나 위탁서비스의 경우에는 네트워크를 통해 위탁서비스 회사서버에 저장되기도 한다. CCTV를 활용하여 기록을 확인할 경우에는 침해가 발생한 시설에 설치된 CCTV 몇 대만을 확인하여서는 아니되고, 침해의심자의 동선에 따라 설치된 모든 CCTV를 확인하는 한편, 침해의심자의 인상착의와 소지품, 가방 등의 변화, 동행자 여부, 행동습관 등을 면밀히 확인할 수 있어야 한다.

저비용으로 구축된 CCTV는 낮은 화질로 인해 사물과 인물식별에 어려움이 따르고, 적은 저장공간으로 인한 짧은 저장기록 유지로 인해 기록이 조기에 소실될 우려가 크며, 또한 비용절감을 위해 모형 CCTV을 섞어 설치하는 경우도 있다는 점에 유의하여야 한다.

다. 침입감지기

기계경비시스템을 설치하여 운영하고 있는 기업의 경우에는 각종 침입감지기를 설치하여 운용하므로 침입감지기의 작동로그를 확인하여 변화 여부를 확인하여야 한다. 기계경비시스템의 단점인 오경보의 경우 관리자가 자체적으로 판단하여 경보를 취소하거나 아예 일정 이상 또는 이하는 작동하지 않도록 설정하기도 한다. 따라서 침해자가 이 점을 악용하여 감지기의 작동을 오경보로 인식시킨 후 침입할 수 있다는 점을 유의하여 감지기의 오경보를 포함한 모든 로그기록을 확인할 수 있어야 한다.

또한 감지기의 작동 이후에는 출동한 기계경비업체의 직원에게 해당 기업관리자로 위장하여 접근한 후 시스템을 해제하고 자연스럽게 침입하는 침입기법도 있으므로 감지기작동 및 출동기록과 해당 기업의 확인자까지 철저히 확인하여야 한다.

라. 피해발생 컴퓨터 또는 서버에의 접속

침해가 발생한 자료·기술을 저장하고 있는 컴퓨터나 서버 등에서 가지고 있는 접속로그기록을 확인한다. 이는 디지털포렌식을 이용해 확인하기도 하지만 포렌식을 실시하기까지의 소요시간을 고려하여 최근 열람한 파일(Recent 폴더 등)과 파일의 속성에 기록된 만든 날짜, 수정된 날짜, 엑세스 날짜 등을 확인한다. 다만, 디지털포렌식까지 소요시간이 짧을 경우에는 그대로 동결·유지하도록 하며, 이전에 확인이 필요한 경우에는 확인 전에 반드시 해당 시스템화면에 출력되어 있는 화면을 촬영하여 휘발성 데이터의 소실을 방지하고, 전원이 꺼져있던 컴퓨터 또는 서버의 경우에는 전원을 넣지 않고 디지털포렌식까지 그대로 유지하도록 한다. 파일을 직접 열람할 경우에는 데이터가 변조되거나 심어져 있는 논리폭탄, 트로이목마 등이 작동되어 추가적인 피해를 야기하거나 휘발성 데이터를 소실시킬 수 있으므로 유의하여야 한다.

철저한 보안체계를 갖춘 기업에서는 핵심자료나 기술이 저장된 컴퓨터와 서버를 사용할 경우에는 반드시 접속기록을 수기로 기록하고, 확인자가 결재하도록 하고 있으므로 수기기록을 병행·확인하도록 한다.

마. 관련 프로그램의 접근

컴퓨터 또는 서버접속기록과 동일하게 Recent 폴더 상에 최근 사용된 프로그램의 종류와 시기를 확인하고 해당 프로그램이 어떠한 역할을 하는가, 기존에 설치되어 있던 프로그램인가 신규 프로그램인가 여부도 확인한다. 침해 당시 신규로 설치된 프로그램인 경우에는 제어판의 프로그램 변경·제거 항목에서 프로그램별 설치 날짜를 확인할 수 있다. 이와 같은 사항들은 즉시 확인이 가능한 사항이며, 세부적인 사항은 디지털포렌식을 통해 정밀하게 확인할 필요가 있다. 프로그램을 직접적으로 실행하거나 실행 중인 프로그램을 끌 경우에 남아있는 휘발성 증거자료를 소실시킬 수 있으므로 간접적인 확인만 실시하여야 하고, 디지털포렌식까지 소요시간이 짧을 경우에는 간접확인 없이 그대로 동결·유지하여야 한다. 세부확인은 디지털포렌식을 통해 하여야 한다.

3) 지문과 족적의 수집

가. 지문과 족적의 개념

지문(finger mark)은 지두장측부(지두내면)의 피부가 융기한 선 또는 점으로 형성된 각종 문형 및 인상을 말한다. 지문은 사람마다 지문이 모든 다른 모양을 가지는 만인부동의 특성과 사람이 태어날 때 형성된 지문의 모양은 사망 전까지 동일하게 유지된다는 종생불변의 특성을 가지고 있다.

족적은 족흔적이라고도 하며, 현장에 남은 보행흔적뿐만 아니라 차량의 타이어흔적, 도구흔적 등을 포함하는 개념이다.

나. 지문과 족적의 수집방법

입체적으로 연상되어 육안으로 볼 수 있는 지문은 사진촬영, 전사판에 의한 방법, 실리콘 러버사용 등으로 채취할 수 있으며, 육안으로 보이지 않는 지문은 분말법, 액체법, 기체법, 강력순간접착제법, 오스믹산 용액법 등의 과학적 방법을 통해 수집한다. 산업·기업조사에서는 침해가 일어난 컴퓨터시스템과 서버의 작동버튼, 키보드, 마우스, 비밀보관함 손잡이, 출입구의 도어락과 손잡이 등을 집중적으로 확인한다. 지문의 경우에는 해당 구역과 시설의 상시출입자, 관리자, 업무실무자 등의 지문도 사전 수집하여 비교할 수 있도록 하여야 한다.

족적은 사광선을 이용하거나 정전기 발생장치 등을 통해 검색하고, 사진촬영법, 석고채취법, 젤라틴전사법, 실리콘러버법, 정전기채취법 등을 이용해 수집한다. 산업·기업조사의 경우에는 출입구, 침해장소 등에 대해 광범위하게 확인하고, 출입문과 시건장치 등에서 그 흔적을 집중적으로 확인하여야 한다.

다. 수집한 지문과 족적의 활용방법

지문은 개인식별상 절대적인 증명력을 가지고 있으므로 수집된 지문을 통한 수사의뢰를 통해 주민등록상 지문을 대조하여 침해시도자를 확인할 수 있다. 수집된 족적은 침해시도자의 침해방법과 사용도구, 동선 등을 추정하고 확인하는데 활용할 수 있다.

4) 도·감청 및 몰래카메라 탐지

가. 도·감청의 탐지

(가) 도·감청의 개념 : 도청은 남의 대화, 통화내용 등을 엿듣거나 몰래 녹음하는 행위를 말하고, 단순히 엿듣는 수준에서부터 정보를 몰래 얻어내어 활용하는 수준까지 통칭하며, 불법적 행위이다. 감청은 국가기관에서 정·첩보 수집 및 조사, 수사 등의 목적으로 합법적으로 수행하는 도청행위를 말한다.

통신비밀보호법에서는 감청만을 법률적 용어로 채택하고 있으며, 감청은 "전기통신에 대하여 당사자의 동의 없이 전자장치 또는 기계장치 등을 사용하여 통신의 음향, 문언, 부호, 영상을 청취 또는 공독하여 그 내용을 지득 또는 채록하거나 전기통신의 송·수신을 방해하는 것"(제2조 제7호)으로 정의하고 있다.

(나) 도·감청의 기술 : 도·감청 기술은 소형 녹음장치를 은닉하는 녹음도청과 수신기를 이용한 무선도청, 전화선 및 전력선을 통한 유선도청, 음파로 인한 유리나 벽의 진동을 감지하는 레이저방식의 원격도청 등이 있다. 도·감청 기술별 주요 내용은 다음과 같다.

도·감청 기술	내 용
녹음도청	도청 대상에 직접 녹음장치를 은닉하거나 개인 소지품에 비밀리에 휴대하여 대화내용을 녹취하는 방식으로서, 녹음기의 기능에 따라 음성신호발생 시에만 녹취하도록 설정하여 녹음장치의 배터리를 최대한 활용한 장시간 녹취가 가능하다.
무선도청	무선도청기를 이용한 방식으로, 무성도청기는 통상 음성을 수집하는 마이크와 전파송신기, 전파수신기, 전원 또는 배터리로 구성되며, 음성신호를 무선주파수로 변환하여 외부에 설치되어 있는 수신기로 송신한다. 개인소지품에 은닉하거나 도청대상이 상주 또는 출입하는 공간내부, 비품 및 가구 등에 설치되어 운영된다.
유선도청	유선도청방식에는 크게 도청대상이 상주하거나 출입하는 시설 등의 전화단자함에 도청기를 설치하여 운영하는 전화망 도청방식과 전력을 안정적으로 공급받을 수 있는 전자제품, 가전제품 등에 도청기를 설치하여 전력선을 통해 신호를 전송하는 전력선 도청방식이 있다. 보통 유선전화기의 송·수신단자나 수화기부분 등에 설치되며, 전화기가 갖추고 있는 자체 전원과 마이크 등을 통한 도청활용이 많다. 유선도청은 무선도청에 비해 도청이 어렵지만, 유선이용으로 깨끗한 음질확보가 가능하다.
원격도청	원격도청은 도청을 목표로 하는 공간, 구역 등에 설치된 창문, 벽 등에 레이저를 조사하여 내부에 있는 도청대상자의 대화로 인해 발생하는 음파가 창문의 유리나 벽에 일으키는 진동을 감지하여 도청을 수행하는 방식이다. 통상 건물의 외부에서 레이저를 조사하는 방식이 사용되며 원거리에서도 도청이 가능하다.

(다) 도·감청의 탐지방법 : 도·감청을 탐지하는 과정은 통상 육안검색 후 무선탐지, 유선탐지, 반도체탐지의 과정으로 이루어진다. 도·감청의 탐지과정에 있어서 도·감청을 수행하는 자가 도·감청 탐지에 대한 계획이나 정보를 얻게 되면 사전에 파악하여 도청장비를 철수하거나 흔적을 없앨 수 있으므로 탐지작업에 대한 사전 보안유지 및 작업 간 비밀유지가 필수적이다. 도·감청 탐지과정별 주요 내

용은 다음과 같다.

도·감청 탐지과정	내 용
육안검색	가장 기본적인 탐지과정으로서 도·감청 의심이 있는 시설, 구역, 공간 등에 대해 육안으로 검색을 수행한다. 육안검색 간 직접 확인이 어려운 각종 틈새나 구멍 등에 대해서 거울이나 내시경장비 등을 통해 확인하며, 도청기가 설치될 수 있는 각종 가구나 비품, 벽, 바닥, 천장 등에 대해서 손의 촉각을 이용한 촉각검색을 병행하기도 한다.
무선탐지	무선도청탐지를 위해서 수행되는 탐지방식으로서, 무선도청기를 통해 송·수신되는 무선전파를 찾기 위하여 무선주파수 대역별 신호의 크기와 분포를 분석하는 스펙트럼분석기 등을 이용하여 탐지를 수행한다. 스펙트럼분석기 등을 통해 해당 공간에서의 전파의 현황을 파악할 수 있으며, 전파 주파수별 용도를 사전 확인하여 도청기에 사용되는 불법적인 주파수사용을 파악하여야 한다.
유선탐지	유선탐지는 전화선이나 전력선 등 고정된 선로를 이용하는 유선도청을 탐지하기 위해 수행되는 탐지방식으로서, 선로의 전압 및 전류의 변화를 전기작업용 테스트기 등으로 탐지하고, 시설물의 전화단자함이나 설비에 설치된 미확인기기의 설치 여부를 육안탐색한다.
반도체탐지	도청기에 내장되어 있는 전자기판과 반도체 등을 식별하여 탐지하는 방식으로서, 반도체가 식별될 수 있는 특정 전자파를 방사하는 반도체탐지기를 통하여 반도체에서 반사되는 전자파를 기준으로 도청기의 위치를 탐지한다. 반도체탐지방식은 도청기가 전원을 사용하고 있지 않아도 고정되어 있는 반도체를 탐지하는 방식이기 때문에 다양하게 활용이 가능하다.

　　(라) 도·감청의 의심상황 : 도·감청이 이루어지고 있다고 의심할 수 있는 상황은 다음과 같다.

　(i) 비밀프로젝트를 다른 사람이 알고 있다는 느낌을 받았을 때
　(ii) 비밀회의와 비밀을 회의의 상대방이 알고 있다는 느낌을 받았을 때
　(iii) 타인이 알아서는 안되는 행동을 그들이 안다고 느낄 때
　(iv) 전화내용을 타인이 알고 있다는 느낌을 받을 때
　(v) 전화통화 시에 이질적인 전자음으로 인한 전파장애의 느낌을 받았을 때
　(vi) 수화기를 들었을 때 이질적인 소음이 들려올 때

(vii) 전화벨이 울렸는데 응답이 없거나 희미한 소리, 잡음이 청취될 때

(viii) 라디오를 들을 때 이상한 장애가 일어날 때

(ix) TV화면이 갑자기 이상한 장애가 일어날 때

(x) 구역 내 침입흔적은 있으나 탈취되거나 파손된 흔적이 없을 때

(xi) 벽에서 미세한 진동이 주기적으로 느껴질 때

(xii) 벽에서 동전 또는 그 이하 크기의 탈색 흔적이 나타날 때

(xiii) 벽의 시멘트나 벽지 부스러기가 바닥에 나타날 때

(xiv) 천정타일이나 작은 모래조각 등이 바닥에서 발견될 때

(xv) 집이나 사무실 주위에서 사람들이 당신쪽을 바라보며 서성일 때

(xvi) 부르지도 않은 A/S요원을 사칭한 자들이 다녀갔을 때

(xvii) 창문 넘어 차량이 장시간 주/정차되고 운전자가 안에 있을 때

(xviii) 문 열쇠가 갑자기 잘 맞지 않는다고 느낄 때

(xix) 가구들이 아주 조금 움직여진 느낌을 받을 때

(xx) 집, 사무실을 비운 뒤 누군가 뒤진 느낌이 있지만 잃어버린 것이 없을 때

* 출처 : 신현구, 「산업보안관리실무」, 255-256면.

나. 몰래카메라의 탐지

(가) 몰래카메라의 개념 : 몰래카메라는 허락 없이 사람의 행동이나 모습 또는 자료와 상황을 사진 또는 동영상 등으로 몰래 촬영하는 카메라를 뜻한다. 몰래카메라의 문제는 보통 사회적으로 타인의 신체나 모습을 불법 촬영하는 '도촬'이라는 범죄적 문제로 많이 인식되고 있으며, 산업·기업조사에서도 기술과 자료를 유출시키는 하나의 수단으로서 활용되고 있다.

(나) 몰래카메라의 기술 : 몰래카메라의 기술상 특징은 다음과 같다.

특 징	내 용
소형화	몰래카메라는 기술발전에 따라 지속적으로 소형화 추세를 따르고 있다. 소형화는 몰래카메라 은닉의 용이함을 가져다주고, 여러 가지 휴대용 소지품에 부가적으로 설치 운용하거나 소지품으로 위장할 수 있도록 하고 있으며, 이를 통하여 발각의 위험성이 크게 줄어들고 있다.
정밀화	보통 소형화된 카메라는 화질의 저하문제 등으로 인해 물체나 글자를 제대로 식별할 수 없는 수준에 머물게 되지만, 몰래카메라의 기술은 카메라의 화질을 더욱 정밀하고 선명하게 유지할 수 있도록 발전하고 있다. 또한 배

	터리와 저장공간 절감을 위해 CCTV기술에서 활용되는 동작감지기능까지 추가된 몰래카메라도 상용화되어 있다.
다양화	몰래카메라는 단순히 카메라의 형태를 가지지 않고, 일반인이 평소 소지할 수 있는 소지품형태를 가지고 있는데, 손목시계형, 볼펜형, 안경형뿐만 아니라 단추형, 모자형, 물병형 등 여러 가지 형태의 소지품으로의 위장이 다양화되고 있는 추세이다.
저장공간과 촬영시간의 증가	소형화로 인해 크기는 작아지지만, 기술발전을 통해 SD카드, 초소형 저장장치 등을 활용하여 작은 크기임에도 불구하고 많은 용량의 저장공간을 확보할 수 있도록 개발되고 있으며, 이는 배터리기술의 발전과 병행되어 전체적인 촬영시간의 증가로 이어지고 있다. 통상 몰래카메라의 동영상 연속 촬영시간은 최대 3시간 이상이다.

(다) **몰래카메라 탐지방법** : 몰래카메라의 탐지방법은 다음과 같다.

탐지방법	내 용
스펙트럼분석기	무선도청탐지에서도 활용되는 장비로서 설치되어 있는 무선몰래카메라를 탐지하는데 활용한다. 무선도청장비와 마찬가지로 무선몰래카메라 역시 전파를 이용하여 수신주체에게 촬영된 영상과 사진을 전송하며, 스펙트럼분석기를 이용하여 해당 구역의 전파환경을 조사하여 송신되고 있는 전파를 탐지할 수 있다.
반도체탐지기	도청탐지와 마찬가지로, 몰래카메라 내부에 포함하고 있는 반도체에 전자파를 송신하여 반사된 전자파를 탐지하는 장비로서, 몰래카메라가 작동하고 있지 않더라도 탐지할 수 있는 장점이 있지만 비교적 고가의 장비라는 점에서 단점을 가진다.
열화상탐지기	열화상탐지기는 작동중인 몰래카메라에서 발생하는 미세한 열을 탐지하기 위한 장비로서 일반카메라나 육안으로 보이지 않는 열을 탐지하여 시각상으로 보여준다.

5) 사내 보안규정 및 관련자료의 파악

산업기술, 영업비밀 또는 기술적 노하우에 대한 침해사고가 발생하였을 경우에는 일반적인 기술적·물리적 보안측면뿐만 아니라 관리적 보안측면에서도 현황을 확인하여야 한다. 현황확인에서는 기본적으로 갖추어야 하는 사내 보안규정과 인원관련 현황, 서약서 현황 등을 확인하여야 한다. 아무리 확실한 증거가 있더라도 그것이 산업보안관계법에서 요구하는 비밀관리성과 비공지성을 충족하지 못한다면 기업입장에서는 불가피하게 감수하여야 할 불이익이 발생할 수 있으므로 그러한 문제까지 고려한 조사활동이 요구된다.

가. 보안규정

보안규정은 기업이 갖추고 있는 내규의 한 분야로서 기업의 활동에 있어서 전반적인 보안수칙과 절차 등을 규정한다. 중소기업 등은 대부분 제대로 된 보안규정을 갖추고 있지 않는 등, 산업기술, 영업비밀, 기술적 노하우를 보유한 회사로서 합리적 보안확립의 노력이 부족한 실정이다. 따라서 이러한 점을 고려하여 침해사고 발생분야에 대해 어떤 부분에서 규정상 공백이 발생하고 있는가를 확인하여야 한다.

나. 최근 입사자, 퇴사자, 휴직자의 현황

내부자로 인한 침해사고의 가능성에 대비하여 최근 입사자, 퇴사자, 휴직자의 현황을 파악하여야 하며, 최근 입사자들이 위장스파이일 가능성과 퇴사자와 휴직자에 대해서는 퇴사시기와 사고의 시기를 비교하여 침해와의 연관성을 파악하여야 한다.

다. 업무관련자와 실무자의 현황

기업 내 어떤 임직원이 침해사고 발생한 분야와 가장 관련 있는 업무를 수행하고 있는지 파악하여야 한다. 이는 내부자에 의한 침해가능성과 더불어 조사활동 수행에 있어 협조가 이루어지는 인물들 외에 또 다른 협조가능자나 조사 필요자들을 확인하는데 도움이 된다.

라. 피해발생 시설·구역 접근권한자의 현황

침해사고가 발생한 시설과 구역에 대한 접근허가와 허가권한을 가지고 있는 권한자의 현황을 확인하여야 한다. 침해사고 발생 시에 물리적인 파괴나 파손이 있는 경우에는 1차적으로 권한미승인자나 권한자에 의한 외부인소행의 위장을 의심해볼 수 있다. 그러나 물리적인 흔적이 없을 경우에는 1차적으로 권한자의 소행, 2차적으로 권한자가 가진 플라스틱 카드, RFID, 암호, 생체정보의 유출로 인한 침해를 의심하고 확인하여야 한다.

마. 보안서약서 작성의 현황

보안서약서는 각종 기관과 기업에서 내부자로 인한 기술유출피해와 영업비밀의 노출을 막기 위한 기본적인 방법이다. 유출을 막아야 하는 각종 자료와 기술 등을 다루거나 연구 또는 중요 사업을 진행하는 임직원을 대상으로 반드시 집행되어야 하는 서류로서 침해사고 발생 시까지 작성된 보안서약서들을 바탕으로 침해의심내부자들에 대하여 보다 능동적으로 조사활동을 수행할 수 있다.

6) 관련 인원의 조사

침해사고와 관련된 인원들에 대한 조사활동은 일반적으로 인터뷰를 가장 우선적으로 수행한다. 인터뷰는 침해사고와 직접 연관이 있는 실무자를 포함한 책임자를 대상으로 한 당사자 인터뷰와 해당 사고분야와 관련 있는 업무를 수행하는 업무관련자, 사고구역 인근 · 인접 근무자 등 의심인물 등에 대한 제3자 인터뷰를 진행한다. 인터뷰는 인터뷰대상자가 항상 조사를 수행하는 탐정에 대해 교란과 혼돈을 주려고 할 수 있음을 고려하여 최대한 객관적으로 정보를 수집하려는 노력이 필요하다.

가. 당사자 인터뷰

침해사고에 대해 당사자로 분류되는 업무실무자와 책임자에 대해 인터뷰를 진행할 때에는 실무자들이 내부 침해사고의 주체일 수 있다는 의심과 함께 조사활동에 있어서 가장 1차적인 협조자일 수 있다는 점을 모두 고려하여야 한다. 따라서 인터뷰에 있어서는 절대로 강압적이거나 의심하는 인상을 보이지 않도록 유의하여야 하며, 침해사고 전 · 후의 행적과 활동을 파악함과 동시에, 일회성 인터뷰에 그치지 말고 조사활동기간 전체에 걸쳐서 장기적으로 상대방을 파악하고 지속적으로 관찰할 수 있도록 노력하여야 한다.

나. 제3자 인터뷰

제3자 인터뷰는 일종의 목격자 조사나 사건에 대한 단서 보유자에 대한 조사의 시각으로 진행하는 것이 일반적이며, 발생한 침해사고의 직접 당사자는 아니지만 사고발생기간과 인접구역 등에서 근무하는 자들을 대상으로 하므로 평소 사고발생구역과 근무자들의 분위기와 현황, 주요 출입자, 사고당시 특이인물 여부 등을 확인할 수 있게 한다. 제3자에 대해 인터뷰를 진행할 경우에는 이들의 관심과 협조를 받아내는 것이 중요하며, 중요한 단서를 제공할 경우에는 기업차원에서의 보상 등의 혜택을 부여하는 등, 적극적으로 인터뷰에 응하도록 하는 노력이 필요하다.

다. 보안서약서 등을 근거로 한 재산변동 등의 추적

보안서약서는 일반적으로 기업이 가지고 있는 중요 자료와 기술을 지키기 위해 유출방지에 대한 서약만을 내용으로 하는 경우가 많지만, 유출사고의 발생 시에 조사에 적극 협조하거나 정보조회에 동의하는 등, 능동적인 조치를 가능하게 하는 조항을 포함하는 경우가 있다. 이 경우에는 보안서약서를 근거로 하여 상대방의 개인정보가 심각하게 침해되지 않는 선에서 조사대상자의 행적변화와 재산변동, 최근 발언과 성격 또는 습관변화 등 사소한 것까지 최대한 조사·수집하여 분석하여야 한다.

라. 의심인물의 동향과 행적의 추적

의심인물은 사고동향이나 조사진행에 따라 발생하는 사고의 주체로 의심되는 인물들을 말하며, 의심인물이 도출되었을 경우에는 의심인물에 대한 별도의 추적과 동향조사를 필요로 한다. 의심인물은 보통 유출된 자료·기술과 관련해서 최근 접근해 온 인물이거나, 불필요하게 해당 자료·기술에 대해 다수 언급을 하거나 업무와 관련 없는 위치에서 호기심 등을 이유로 질의를 하는 인물 등이 이에 해당될 수 있다.

(가) 유출자료·기술에의 최근 접근자 : 유출사고의 대부분이 내부자임을 고려하여 유출된 자료와 기술에 최근 접근해 온 접근자는 대부분 접근권한을 가지고 있거나 접근권한을 가진 실무자에게 접촉하고 동행동선이 긴 인물일 수 있다. 이들은 실무자와의 잦은 긴 동행을 통해 출입통제구역 출입 시의 비밀번호 등을 몰래 확인하고 출입카드 등을 몰래 절취하는 수법으로 접근할 수 있으므로 확인대상에 포함시켜야 한다.

(나) 유출자료·기술에 대한 다수 언급자 등 : 유출된 자료와 기술에 대해 업무와 관련이 없으면서도 다수 언급하거나 질의 등을 통하여 개인의 호기심 충족이나

관심 충족이라는 명목으로 단순 개요에 그치지 않고 자세한 내용을 확인하려 하려고 한 인물이 대상이 된다. 중요기술이나 자료와 관련이 없으면서 해당 기술과 자료를 필요로 하는 내부 산업스파이나 이에 매수된 인물이 장기적인 시간을 가지고 유출을 시도하는 경우에는 시간적 여유를 이용하여 업무실무자와의 친분을 쌓은 후 호기심이 많거나 기술과 자료가 관련된 분야에 원래 관심이 많았다는 성격적 명목을 이용해 해당 기술과 자료에 접근하려는 경우가 많다. 단순 호기심이 아닌 악의적 명목을 가지고 접근했을 경우에는 평소 실무자와 친분을 쌓은 후에 살라미기법을 통해 실무자가 일상적으로 업무에 대해 말하는 내용들을 장기적으로 축적 및 정리하여 해당 기술 및 자료의 유출기반으로 만들 수 있다.

7) 동종업계·회사·인물 현황 및 변화의 관찰

장기적인 측면에서 산업기술, 영업비밀, 기술적 노하우 등의 유출로 인해 가장 큰 이득을 볼 수 있는 존재는 해당 기업과 같은 업계에 종사하고 있는 경쟁기업이다. 시장에 있어서 경쟁력이 강한 상대기업을 무너뜨리고 자사의 수익과 능력을 증대시킬 수 있는 방법으로서 산업스파이는 굉장히 매력적인 수단이므로 사고 발생 시에는 일정기간 동안 동종업계에 대한 면밀한 관찰과 분석이 요구된다.

가. 경쟁 동종업계와 핵심회사·인물의 현황관찰

최근 사고가 있었던 해당 기업과의 경쟁관계에 놓여있는 동종업계 핵심회사의 영업이윤 증대, 신기술 및 신제품 개발, 각종 공시 등을 지속적으로 관찰 및 분석하고, 핵심인물들의 동향 변화(인사이동, 승진 여부 등)와 최근 발언과 행적 등에 관한 정보를 면밀히 수집한다.

나. 유출자료·기술관련 동종업계·회사·인물의 변화관찰

명확한 경쟁관계에 있는 핵심기업뿐만 아니라 유출된 자료나 기술과 관련되어 있는 회사와 업계관계자들에 대한 관찰도 필요하다. 자료와 기술은 어느 한 주된 분야에 대해서만 영향력을 가진 경우도 있지만, 다원화되고 복합적인 사회 및 기술구조상 해당 자료와 기술이 간접적으로 영향을 주는 경우도 발생한다. 따라서 유출된 해당 자료 및 기술에 직접 이익을 얻는 기업과 인물뿐만 아니라 간접적인 요인들을 통해 이익을 보는 기업과 인물 등에 대해서도 조사와 관찰을 하여야 한다.

(2) 유출자료·기술관리의 유형별 조사사항

현대시대에 들어서 자료와 기술의 관리유형은 크게 문서 또는 실물로서 관리하는 방법과 디지털화되어 데이터베이스, HDD 등 컴퓨터기억장치, 클라우드 등 저장장치·기술 내에 전산자료 또는 프로그램 등 전자적 형태로 저장 및 관리하는 방법으로 나누어볼 수 있다.

문서 또는 실물은 물리적인 형태로 존재하여 물리적 보안상 공백과 문제점을 악용하는 경우가 많으며, 전산자료 또는 프로그램은 기술적 보안상 공백, 즉 정보보호상 문제점이나 해킹 등의 방법을 악용하여 자료와 기술을 탈취한다.

1) 문서·실물

가. 주요 탈취방식

문서의 경우 해당 문서 자체를 절취 또는 책자, 바인더 등으로 관리하고 있을 경우에는 중요 자료가 담긴 페이지를 절취하는 방식과 더불어 불법복사 및 사본유출, 촬영장비의 발달에 따라 몰래카메라 또는 핸드폰 카메라 등을 통한 촬영유출방식이 흔히 사용된다. 실물의 경우에는 기술과 자료를 보관하고 있는 휴대용 저장장치, CD, DVD, 카메라·캠코더 등이 대상이 되는데, 이러한 실물을 직접 절취하거나 동일한 규격과 모델의 저장장치 또는 장비의 모조품으로 바꿔치기 하는 수법이 자주 쓰인다.

나. 주요 조사사항

(가) 문서·실물의 관리기록부 : 보안체계가 잘 구축된 기업에서는 보유하고 있는 중요 문서와 실물에 대해서는 각각의 문서와 실물에 관리번호를 부여하거나 부착하여 표시하도록 하고, 관리기록부를 통하여 해당 문서와 실물의 관리현황을 확인할 수 있게 한다. 관리기록부의 확인과 기록부상 관리번호와 문서 및 실물 간의 대조확인, 기록부 최신화상태 등을 통해 사고발생으로 인해 유출된 문서와 실물이 비밀관리성과 비공지성이 유지되어 있었는가를 확인하여 보안적 공백과 원인을 추적할 수 있다.

(나) 문서·실물의 접근기록 : 유출자료와 기술이 담긴 문서 또는 실물이 실무적인 목적으로 사용이 필요한 경우에는 관리책임자의 감독과 허가 하에 대여 등의 방법으로 활용하게 된다. 이때 관리책임자는 어떤 문서와 실물이 언제 누구에게 접근할 수 있도록 허가되었는가라고 하는 접근기록을 유지하여야 하는데, 이 접근기록을 통해 사고발생 이전에 최종적으로 누가 해당 문서와 실물에 접근하였었고, 누가 가장 많이 접근하여 사용하였는가 등을 확인할 수 있다.

(다) 문서·실물의 보관함 시건상태 및 키 보관상태 : 중요 자료와 기술을 포함하고 있는 문서와 실물은 통상적인 사물함, 서류보관함, 책상 등에 보관되어서는 아니되고, 시건장치를 갖추고 있는 비밀보관함 등에 보관·관리되어야 한다. 해당 문서와 실물이 보관된 보관함은 관리책임을 가지고 있는 책임자에 의하여 시건조치되고 키가 관리되어야 하며, 보관함에서 해당 문서와 실물을 반출할 때도 책임자에 의해서 반출되어야 한다. 따라서 시건장치가 잘 유지되는 상황에서는 책임자에 의한 유출을 의심해 볼 수 있으며, 관리상 부재로 인해 시건장치가 잘 유지되지 않았을 경우에는 해당 자료와 기술이 문서와 실물상태로 해당 보관함에 있음을 인지하고 있는 자에 의한 유출, 시건장치 파손의 경우에는 해당 보관함의 내용을 인지하고 있는 자뿐만 아니라 외부인의 소행, 그리고 책임자의 위장시도까지 의심해볼 수 있다.

(라) 사본의 유무(문서) : 핵심자료가 담긴 사본자료는 원본자료와 동일하게 비밀관리성과 비공지성이 잘 유지되어야 하지만 회의, 브리핑 등의 목적으로 생산된 사본자료들은 해당 회의나 브리핑 등의 절차종료 이후에 회수되지 않거나 무분별하게 관리되는 경우가 많다. 이 경우 해당 사본이 유출됨으로써 기술과 자료가 유출될 수 있으며, 원본이 철저하게 잘 보호되고 있었을 경우에는 사본의 존재와 유출로 인한 사고발생을 의심해 볼 수 있다. 보안체계가 잘 구축된 기업의 경우에는 사본생산 시에 사본번호를 부여하고, 어떤 직위의 누구에게 그 사본이 배포되었는가를 기록해 두면 유출경로 추적에 도움이 될 수 있다.

(마) 복사방지처리의 유무(문서) : 문서의 유출을 방지하기 위한 방법으로는 워터마킹이나 복사방지처리가 이루어진 용지의 사용 등이 있다. 워터마킹의 경우에는

해당 문서의 원 소유지가 어디였는가를 음영으로 포함하고 있는 1차적인 수단으로 유출문서를 도용한 것으로 의심되는 기업이나 인물을 발견한 때에 원 소유의 입증수단이 될 수 있다. 복사방지처리용지는 해당 용지를 이용해 작성된 문서를 복사기, 스캐너, 촬영 등을 이용해 유출을 시도할 경우에 문서의 내용이 나타나지 않도록 하거나 숨겨놓은 워터마크가 드러나게 처리된 특수용지로서 워터마킹과 마찬가지로 원 소유주에 대한 표식으로 무단유출을 입증하는 자료로 활용될 수 있다.

(바) 세절기 내용물의 처리(문서) : 세절기의 내용물은 보통 쓰레기로 치부되어 문서의 세절조치 이후 완전폐기까지 관리가 제대로 이루어지지 않는 경우가 대부분이다. 이 경우 유출시도자는 세절기의 내용물을 쓰레기로 반출하고, 스캐빈징 기법(버린 데이터에서 정보를 찾는 기법)을 통해 자료와 기술을 추적할 수 있다. 따라서 세절기의 내용물이 세절 후 어떻게 관리되고 있는가, 누구에 의해서 주로 반출되고 있는가 여부도 확인하여야 한다.

2) 전산자료·프로그램

가. 주요 탈취방식

데이터베이스, HDD, 클라우드 서비스 등에서 보관하고 있는 전산자료 및 프로그램 형태의 자료와 기술은 전자적인 형태로 관리되기 때문에 시스템이나 네트워크의 허점을 이용한 백도어, 스니핑, 스푸핑 등 해킹기법을 통해 유출되는 경우가 많다. 이 경우 해당 자료와 기술을 관리하는 권한자의 계정을 탈취하거나 방화벽과 침입감지시스템을 우회 또는 위장 침투하여 직접 목표로 한 자료와 기술을 탈취하는 경우가 일반적이다.

탈취를 위한 1차적인 접근은 일반 인터넷망과 연결된 네트워크 및 시스템의 경우에는 유선을 통한 직접 접근을, 사내 자체 네트워크망으로 분리된 경우는 PC에 내장된 무선LAN카드를 이용하거나 소형 USB 형태의 무선LAN을 설치하여 원격으로 접근한다. 원격접근의 경우에는 물리적으로 해당 시스템, 서버 또는 PC에 접근하는 것이 우선적으로 필요하므로 그 과정에서 물리적 보안공백을 이용하는 경우가 많다.

나. 주요 조사사항

(가) 육안검색 및 전파탐지

육안검색과 전파탐지는 유출이 일어난 시스템, 서버 또는 PC 등에 대해 원격접근을 위한 물리적 접근의 시도 여부를 확인하는 1차적인 방법이다. 유선을 이용하거나 무선 원격접근을 통한 시스템과 PC내부에 대한 전자적인 침해시도에 대해서는 로그기록 확인, 전자기술적 추적 등이 포함된 디지털포렌식 기법을 통해 확인한다.

가) 시스템 내·외부의 육안검색 : 침해 및 유출이 일어난 시스템, 서버 또는 PC 본체의 내·외부를 육안검색하는 방법으로서, 본체 외부에 노출되어 있는 USB, LAN 포트 등에 인가되지 않은 보조장치가 연결되어 있는가를 확인하고, 본체 내부 메인보드의 추가 포트, LAN 카드 및 각종 하드웨어에 연결되어 있는 장치를 확인한다. 추가적으로 기존 시스템 및 PC설치 시의 하드웨어 사양과 비교하여 기록되지 않은 비인가 하드웨어 교체가 있었는가 여부도 확인하여야 한다.

나) 유·무선 전파의 탐지 : 중요기술과 자료를 보관하고 있는 시스템, 서버, PC 등에 무선접근은 가능하지만 하드웨어의 직접 설치가 어려울 경우에는 전파범위 내에 비인가 소형무선 송·수신 장치를 설치하여 무선을 통한 우회접근이 가능하다. 이 경우에 대비하여 스펙트럼 분석기 등을 통해 침해가 일어난 시스템, 서버 또는 PC와 통신하고 있는 비인가 전파접근을 찾아서 확인하고, 해당 송·수신 장치를 물리적으로 추적, 확보하여야 하며, 추적이 어려울 경우에는 더 이상 통신이 이루어지지 않도록 전파방해 장치를 설치하거나 해당 시스템, 서버 또는 PC 등이 가지고 있는 무선통신기능을 분리하여야 한다.

(나) 디지털포렌식[6]

가) 디지털포렌식의 개념 및 대상 : 디지털포렌식(digital forensic)은 범죄와 관련된 디지털 기기에 남아있는 각종 데이터를 조사하여 사건을 규명하는 법과학 분야를 말하며, 법전산(forensic computing)이라고도 한다. 이것은 디지털기기를 바탕으로 발생한 행위의 사실관계 규명과 관련된 전자적 증거(electronic evidence)를 식별

---

6) 이하의 내용은 이상진, 「디지털 포렌식 개론」, 이문출판사(2015), 1–7면, 354–363면의
   내용을 참조하여 정리한 것임.

하여 사법기관 등에 제출 및 활용하기 위한 일련의 작업으로서, 컴퓨터보안 또는 네트워크보안에서 말하는 침해사고조사를 포함하며, 각종 로그 및 패킷분석, 하드디스크 내의 저장데이터 분석 등 컴퓨터시스템에 기록되어 있는 디지털데이터에서 사건 관련 데이터를 확보·분석하는 분야를 통칭한다. 디지털포렌식은 주로 시스템 침해 사고의 발생 시에 로그감시 및 분석, 고의적 삭제 또는 변조된 데이터복구, 훼손된 컴퓨터저장장치의 복구, 자료관리를 위한 재배치 및 폐기대상 시스템의 데이터 추출 및 보관, 범죄에 연루된 전자기기 내 전자적 증거확보 등의 용도로 활용된다.

디지털포렌식은 조사대상에 따라 컴퓨터포렌식, 임베디드포렌식, 네트워크포렌식으로 분류되며, 디지털데이터의 유형에 따라 활성데이터, 파일시스템, 데이터베이스, 응용프로그램 사용 흔적 데이터, 각종 로그데이터, 악성코드, 암호 및 은닉 데이터 등을 조사대상으로 한다. 그 외 모든 디지털데이터도 디지털포렌식을 통한 조사대상이 될 수 있다.

나) 디지털포렌식의 원칙 : 디지털포렌식을 통해 수집된 증거가 법정에서 증거로서 채택되기 위해서는 증거로서의 효력을 잃지 않도록 관리하여야 한다.

디지털포렌식 수행에 있어서 중요한 원칙으로는 정당성의 원칙, 재현의 원칙, 신속성의 원칙, 보관의 연속성 원칙, 무결성의 원칙이 있다. 각 수행원칙과 주요 내용은 다음과 같다.

원 칙	내 용
정당성의 원칙	디지털증거도 일반 증거와 동일하게 취급되어야 하며, 합법적 절차에 의해 수집 및 관리되어야 한다.
무결성의 원칙	디지털데이터는 위·변조와 훼손이 용이하기 때문에 수집 이후 변경되지 않았음을 입증하여야 한다.
진정성의 원칙	모든 법정제출증거는 범죄현장에 존재한 것이어야 한다.
연계보관성의 원칙	증거는 수집된 이후부터 법정까지 처리과정에서 일련의 증거(보존) 사슬이 보장되어야 한다.
재현의 원칙	동일한 조건과 환경에서 수집 시 같은 증거가 나와야 한다.
신속성의 원칙	디지털증거는 휘발성을 고려하여 신속하게 수집하여야 한다.

한편, 디지털포렌식을 위해서 수집대상이 되는 전자적 증거는 위·변조를 방지하기 위한 보존조치가 필요하며, 증거수집 및 이동, 보관 등 모든 증거관리 단계 등 처리된 시간 순으로 기록하여 전체과정을 확인할 수 있도록 하여야 한다. 이때 포렌식의 대상이 되는 전자기기 및 시스템에 대한 물리적·논리적 접근을 통제하고 전원이 연결되어 있는 시스템은 전원이 켜져 있는 상태 그대로 유지하고, 전원이 꺼져 있을 경우는 꺼진 상태 그대로 유지하며, 시스템의 작동에 사용되는 모든 주변기기(스위치, 키보드, 마우스 등 입력장치)의 사용을 통제한다.

다) 디지털포렌식의 기본수행과정 : 디지털포렌식을 위한 기본수행과정은 크게 사전준비, 증거수집, 증거의 포장 및 이송, 조사분석, 정밀검토, 보고서작성 순으로 수행된다. 각 단계별 주요 내용은 다음과 같다.

단 계	내 용
사전준비	디지털 포렌식을 위한 기본 훈련 과정으로 디지털기기와 데이터종류, 유형 숙지 및 디지털포렌식 도구의 사용법 및 기술 등에 대한 교육훈련, 포렌식방법에 대한 연구 및 도구개발 등을 수행한다.
증거수집	사건현장에서 조사하여야 하는 대상을 수집하는 단계로 디지털기기 파악, 네트워크 구성 파악, 압수대상 선정 후 증거목록 작성 등을 수행한다.
증거의 포장 및 이송	조사대상을 분석작업을 위한 공간으로 이송하는 단계로서 압수물을 개별 포장하고, 전자파 및 충격방지포장과 운반작업 등을 수행한다.
조사분석	디지털기기로부터 데이터를 추출, 분류하고 사건실체를 규명하는 단계로서 데이터에 대한 조사 및 증거수집 등을 수행한다.
정밀검토	분석과정에서 도출된 결과가 올바른지, 분석과정상 문제가 없었는지 확인하고 검토하는 단계로서 객관적 입장에서 수행하여야 한다.
보고서작성	발견된 근거를 정리하고, 결과로 도출하는 단계이다.

한편, 시스템에 있는 전자적 증거에 대한 분석은 원본의 복사본을 이용하여 수행한다. 수집된 전자적 증거를 법정에서 활용할 수 있는 증거로서 관리하려면 일련의 문서화 요건을 충족하여야 한다. 즉, 증거관리자의 인적 사항과 증거수집 이유, 시점, 수집자 등을 포함한 증거(보존)사실 양식과 점검 및 수집항목, 세부활

동 로그, 기밀유지서약서 등이 포함된 포렌식 기술자정보, 소송접수날짜, 소송번호 등 소송정보, 수사관 인적 사항, 수사일자, 획득장비, 데이터정보 등이 포함된 수사보고양식이 문서화를 위한 기본요건이 된다.

　　라) 디지털포렌식의 수행절차 : 디지털포렌식 조사를 위한 수행절차는 기본수행과정에서 정립된 단계별 내용을 바탕으로 실제조사를 위해 수행하여야 하는 절차들을 말한다. 디지털포렌식 수행절차는 사전대응, 사고탐지, 초기대응, 사고조사, 보고서작성, 시스템복구 순으로 이루어진다.

　　① **사전대응단계** : 사전대응단계에서의 주요 수행절차는 사고예방, 사고대응, 복구 및 해결을 위한 조직적인 체계로 이루어진다. 각 수행절차별 주요 내용은 다음과 같다.

단 계	수 행 절 차	
사전 준비	사고예방체계 구축	• 사고예방을 위해 시스템 및 서비스에 대한 보안패치 적용 및 접근제어를 수행하고, 정기적 보안교육 등을 실시하는 등, 사고예방을 위한 활동을 수행한다.
	사고대응체계 구축	• 침해사고는 항상 예측하기 힘든 상태에서 발생하므로 여러 상황에 대응할 수 있는 훈련된 사고대응팀을 조직하며, 각 시스템과 네트워크 관련 부서와 협조체계를 구축한다. • 침입탐지 시스템구축 및 운영과 사고발생 대응을 위한 관련기술의 개발, 필요도구의 준비, 적절한 교육훈련을 수행한다.
	사고 후 복구체계 구축	• 사고발생 후 업무복구를 위한 체계구축으로서, 주기적 백업을 통한 데이터보관, 운영체제 및 네트워크장비 피해대비 대응시스템을 준비한다.

　　② **사고탐지단계** : 사고탐지단계는 침해사고사실이 발견되는 단계로서, 공격자의 침해사실이 대부분 다소 시간이 지난 후에 발견된다. 따라서 사고발생징후는 안티바이러스 및 침입탐지시스템의 보안경고 외에도 웹 페이지 변조, 급격한 네트워크 트래픽의 발생, 정체불명 실행파일의 발견, 시스템오동작, 피해신고 등 다양한 경로를 통해 발생되며, 사고징후 발견 시에는 즉각 발견시간, 관련시스템, 연결네트워크 등을 자세히 기록하여 사고대응팀에 전파하여야 한다.

③ **초기대응단계** : 사고대응단계는 발견된 사고징후에 대해 정보를 수집하고, 사고 여부를 파악하는 단계로서, 탐지된 사고증상에 대해 조사하고 증거를 보존하며, 사고대응절차에 따라 대응인력을 소집하여야 한다. 또한 사고로서 판단할 수 있는 증거와 현황을 수집하고, 사고대응 여부를 결정한다.

④ **사고조사단계** : 사고조사단계는 사고조사인력이 본격적으로 투입되어 증거자료 수집 및 분석을 수행하는 단계로서, 디지털포렌식 조사가 이루어지는 단계이다. 효율적인 사고분석과 사고조사 계획수립을 위한 필요정보 및 자원수집으로 조사범위를 한정하고, 해당 범위 내의 모든 증거자료를 수집·분석한다. 사고조사단계에서 수행하는 주요 수행절차는 조사범위 규정, 증거자료 수집, 증거자료 분석으로 구성된다. 각 수행절차별 주요 내용은 다음과 같다.

단 계		수 행 절 차
사고 조사	조사범위 규정	• 대부분 조사 시 자원과 시간 등 제약사항이 존재하기 때문에 신속한 사고조사를 위한 범위선정이 필요하고, 조사범위 규정을 위해 사고인지시점, 피해현상, 관련된 초기대응현황 등 초기대응에서 수집된 정보와 시스템이 어떤 식으로 구성되어 있으며, 피해규모와 침입경로, 침입시나리오 등 가설을 세울 수 있는 네트워크구성도, 관련된 정보시스템 관리자 및 개발자와의 면담 등을 통해 확인된 정보 등을 활용할 수 있다.
	증거자료 수집	• 사고조사의 범위에 포함되는 정보시스템에서 증거자료를 수집하는 절차로서, 사고분석에 포함되는 시스템은 사고발생시스템뿐만 아니라 각종 보안장비, 네트워크장비, 데이터베이스, 데이터보관장비 등이 대상이 된다. • 수집되어야 할 증거자료는 방화벽, 라우터, 운영체제, 운영서비스 등 사고당시의 설정파일과 프로세스정보, 시스템정보, 네트워크정보, 메모리 등 휘발성 데이터, 네트워크장비, 보안장비, 운영체제 로그, 운영 중인 서비스 로그 등 각종 로그파일, 발견된 공격프로그램 등 파일이 대상이 된다. • 운영 중인 데이터를 수집할 경우 시스템 증거자료가 훼손되지 않도록 조치하여야 하며, 특히 휘발성 데이터가 소실되지 않도록 하여야 한다.
	증거자료 분석	• 수집된 증거자료를 분석하는 절차로서, 증거자료를 기반으로 침해행위를 찾아내고 분석하는 과정과 해당 행위로 인한 피해규모를

| | | 파악하는 과정을 수행한다.
• 수집한 설정, 로그파일, 메모리덤프 등을 대상으로 침해행위를 찾아내는 침해행위의 분석과정을 수행하며, 사전초기대응에서 수집된 정보는 참고용으로 관리하고 직접 확인하는 노력이 필요하다.
• 방화벽설정, 네트워크의 구성 및 설정, 서비스 및 관련 포트상태정보 등을 바탕으로 사고발생 시점현황을 파악하는 네트워크분석을 수행한다.
• 사고발생시스템에 대해 해쉬검색, 안티바이러스 소프트웨어 등을 활용해 악성코드 여부 검사와 은닉프로세스 유무를 파악하고, 타임라인분석을 통해 사고발생시점 주변 파일현황을 파악하는 시스템분석을 수행한다.
• 시스템에서 수집되는 운영체제 로그를 비롯하여 운영서비스에 따른 웹 로그, 미들웨어 로그, 방화벽 및 침입탐지시스템 등 네트워크 로그, 데이터베이스 관리매니저 로그 등 다양한 로그에 대한 로그분석을 수행한다.
• 대부분 공격자가 원활한 공격을 위해 표적 컴퓨터시스템에 설치하는 악성코드는 레지스트리 조작, 취약점공격코드 실행, 네트워크 포트스캐닝, 리버스 커넥션, 시스템명령어실행, 임의의 파일업로드 및 다운로드, 시스템정보확인, 파일 및 디렉터리조작 등에 활용되며, 이러한 악성코드에 대한 기능 및 수행내역 파악 등 악성코드분석을 수행한다.
• 로그분석과 악성코드 분석을 공격자가 어떤 행위를 했는가를 정확하게 파악하는 절차로서, 이를 통해 공격자의 시스템권한 탈취 여부, 내부시스템 침투 여부, 데이터열람과 변조 및 절취 여부, 피해시스템과 연결된 다른 시스템과 네트워크의 피해 여부 등을 확인한다. |

⑤ **보고서작성단계** : 보고서작성단계는 사고조사를 정리하는 마지막 단계로서, 모든 과정과 분석결과를 정리하여 육하원칙에 따라 시간과 증거를 바탕으로 객관적으로 기술하여야 한다. 또한 증거로서 활용할 경우를 대비하여 정보보호 관련지식이 부족한 법관, 검사, 변호사 등도 쉽게 이해할 수 있도록 작성하여야 한다.

⑥ **시스템복구단계** : 시스템복구단계는 시스템 및 서비스 복구뿐만 아니라 추후 동일하거나 유사한 사고가 발생하지 않도록 조치를 취하는 단계로서, 사고발생의 원인과 발생피해의 정도를 통해 조직에 끼치는 위험을 재평가하고, 새로운 공격에 대한 정보를 보안시스템에 갱신한다. 또한 보안정책상 취약점을 식별하여 개선하며, 정상적 서비스를 위해 백업데이터, 대체장비 등을 통해 시스템과 서비스

를 복구한다.

4. 보고와 기록유지 및 사후조치

(1) 보고

보고는 발생한 침해사고에 대한 대응과정을 구두 또는 문서로 사고책임자와 의사결정권자가 이해하고 의사결정을 내릴 수 있도록 하는 것을 의미한다. 보고는 육하원칙에 따라 간결하고 이해하기 쉽도록 이루어져야 하며, 특히 의사결정권자가 쉽게 이해하고 결정을 내릴 수 있도록 의사결정권자의 시각에 맞추어 보고할 수 있어야 한다.

보고는 포함하고 있는 내용에 따라 전체 사고대응과정, 필요소요, 결정소요 등이 달라질 수 있으므로 준비에 신중을 요하며, 시기적절하게 이루어져야 한다. 보고방법은 시기에 따라 수시·정기보고와 전체 대응과정을 정리한 결과보고로 나뉜다.

1) 수시·정기보고

수시보고는 사고책임자와 의사결정권자에게 대응과정을 수시로 보고하며, 사안에 따라 발생 시에 즉각적으로 보고하는 즉각보고형태가 주를 이룬다. 정기보고는 사고책임자와 의사결정권자의 업무수행리듬에 맞추어 정해진 시기에 보고가 이루어지며, 보통 업무수행 전과 업무수행 후로 1일 2회 정도의 보고리듬을 가진다. 수시보고는 즉각 보고형태로서 발생한 사안에 대한 단일보고형식을 취하게 되며, 정기보고는 전체 사고대응과정을 인식할 수 있게 전체보고형식을 취하게 된다.

2) 결과보고

결과보고는 사고대응과정이 모두 종료된 이후 전체 현황을 보고하는 최종보고의 형태를 가진다. 타임테이블기법에 의거한 전체 대응경과도와 사고대응과 조사를 통해 밝혀진 사항들, 향후 추진계획 등을 포함하며, 대응과정에서 수집된 정보와 증거들을 모두 첨부하여 사고에 대한 전체현황이 인지될 수 있게 한다. 결과

보고의 승인을 통해 전체 사고대응활동이 종료되게 되므로 종결보고의 성격을 가진다.

(2) 기록유지

사고대응 간 모든 사항은 타임테이블기법 등을 활용하여 철저히 기록되어 유지되어야 한다. 이는 대응과정에서의 업무누락과 공백이 일어나지 않도록 관리하기 위해서며, 사고대응의 연속성을 보장하고, 후에 필요한 대응절차와 의사결정에 활용된다. 또한 사고대응종결 후에는 기업의 체계개선과 추가 법적 대응 및 교육 등의 목적으로 활용할 수 있다.

1) 각종 보고 및 참고자료의 작성

사고대응과정에서 작성된 모든 보고서와 참고자료들은 하나의 서류철 또는 압축파일 등으로 관리하여 차후 유사한 사고가 발생하거나 법적 대응, 체계 및 절차개선 등에 있어서 관련 근거이자 참고물로 활용할 수 있도록 하여야 한다.

2) 대응사례집의 작성

사고대응 간 기록한 자료들과 보고서를 활용하여 직원들에 대한 교육목적과 향후 사고대응 실무자와 임원·경영진의 의사결정을 위한 참고자료로서 대응사례집을 작성한다. 대응사례집은 객관적인 경과와 자료뿐만 아니라, 당시 사고대응에 참여하였던 실무자와 경영진의 의사결정 동기, 의견, 교훈 등을 포함하여 차후 유사사고 발생 시에 의사결정을 위한 시간소요를 줄이고 보다 합리적이고 적절한 대응이 이루어질 수 있도록 한다. 또한 직원들에 대해서 향후 유사한 사고의 재발 방지를 위한 경각심차원에서의 교육자료로 활용할 수 있다.

(3) 사후조치

사후조치로서 사고대응의 종료 후에 기업의 보안능력 향상과 유사사고 방지를 위한 체계와 절차를 마련하고, 내부의 문제점에 대한 분석을 기초로 하여 드러난 취약점에 대한 보완조치를 강구하는 한편, 보안교육을 강화한다. 이러한 사후조치는 사고발생기업의 사고재발의 방지와 업무지속성의 보장에 목적을 두고 있다.

1) 보안감사

가. 보안감사의 개념과 목적

보안감사는 기업에서 갖추고 있는 내부 보안규정과 지침에 따라 보안관리 상황을 조사하고, 그 위반 유무를 확인하는 일련의 감사활동이다.

보안감사는 기업에서 수행하고 있는 업무들이 갖춰야 하는 보안능력에 대한 검증과 문제점을 식별하기 위해 이루어지며, 내부 보안규정을 포함한 업무전반에 대한 포괄적인 조사활동과 위반사항에 대한 조치를 수행한다. 따라서 보안감사는 궁극적으로 기업의 중요한 산업기술과 영업비밀, 기술적 노하우가 유출될 수 있는 모든 취약점을 식별하는 것에 목적을 두고 있다. 또한 보안감사는 보안위반자들에 대한 단속활동과 책임처리가 이루어지기 때문에 단순히 식별된 문제점에 대한 자문과 개선사항을 도출하는 보안자문(컨설팅)에 비해 강한 관여가 이루어진다.

나. 보안감사의 분야

보안감사는 크게 인원·문서·전산·통신·시설 분야로 분류하여 감사를 실시하며, 분야별 담당자를 지정하여 업무영역의 구분 없이 운용한다. 기업의 특성과 상황에 따라 추가적인 분야를 설정하여 감사를 수행할 수 있다. 보안감사를 수행하는 담당자는 통상 공정성과 객관성 확보를 위하여 내부인력이 아닌 외부기관 또는 조직에 위탁하여 수행한다. 각 분야에 따른 주요 내용은 다음과 같다.

분 야	내 용
인원분야	기업의 인적 자원관리에 대한 전반적인 감사활동이 이루어지며, 보안규정상 인원관리, 임직원에 대한 보안교육, 보안서약서 집행, 신원조회, 상벌 등이 적절하게 이루어졌는가를 확인한다.
문서분야	기업이 보유하고 있는 각종 문서와 서류철, 책자 등 중 보안관리가 필요한 사항들이 적절하게 이루어지는가를 확인하며, 보안문서에 대한 등급분류의 적절성, 관리현황, 비공지성과 기밀성유지 여부 등, 문서로 이루어진 중요 사항들의 유출가능성과 문제점을 확인한다.
전산분야	기업이 보유하고 있는 모든 전산장비와 자료, 프로그램 등 전자적인 사항에 대하여 적절하게 관리되고 있는가를 확인하며, 보유시스템과 서버, PC, 주변

	기기, 저장매체 등의 관리현황과 저장하고 있는 전자적 중요 정보들의 비공지성과 기밀성유지 여부 등 전자적으로 이루어진 중요 사항들의 유출가능성과 문제점을 확인한다.
통신분야	기업이 보유하고 있는 각종 통신장비·자산(무전기, 통신안테나, 기업보유주파수 등)에 대한 사항을 확인하며, 도청방지, 인가주파수 사용, 공개주파수 사용에서의 음어·약호자재, 암호장비, 비화장비 등의 운용상 문제점을 확인한다.
시설분야	기업에서 보유하고 있는 각종 시설과 구역에 대한 물리적 보안의 준수 여부를 확인하며, 출입통제시스템, CCTV운용, 경비원운용, 출입인가현황, 구역통제 등, 물리적 보안분야에 대한 전반적인 문제점을 확인한다.

2) 취약점의 보완

사고대응과정과 결과, 보안감사결과 등을 통해서 식별된 기업의 보안능력상 취약점을 보완한다. 취약점 보완은 보안규정과 지침의 문제점, 책임자의 직무능력 등 관리적 분야, 출입통제시스템, CCTV, 경비원 등 물리적 분야, 전산시스템과 서버, 개인 PC 등의 전산자료, 프로그램 등 기술적 분야 등 모든 분야에서 식별된 취약점들을 경영진의 책임하에 최대한 동시에 보완하는 한편, 추가적인 취약점이 나타나지 않는가를 시험하고 보완하는 과정을 거쳐야 한다.

3) 보안교육의 실시

사고재발 방지를 위해선 무엇보다 기업에 속해있는 임직원과 업무관련자들의 철저한 보안인식이 중요하다. 따라서 정기적인 보안교육을 통해 경각심과 보안의 중요성에 대한 인식을 고양하는 한편, 각종 보안사고사례와 처리결과, 처벌과 포상, 보안의 생활화 중요성 등을 교육한다. 보안교육은 기본적으로 기업의 경영진이나 보안담당자 등을 통해 이루어질 수 있지만, 기술발전의 추세에 맞추어 정기적으로 분야별 외부 보안전문가를 초빙하여 교육하면 교육의 실효성을 높일 수 있다.

제4절 주요 조사·분석기법

1. 조사·분석기법의 의의

(1) 조사·분석기법의 개념과 목적

조사·분석기법은 사건·사고가 발생했을 경우 주요한 가정을 찾아 이의를 제기하고, 증거에 대해 비판적으로 사고하며, 분석을 재구성함과 동시에 예기치 못한 상황을 회피할 수 있도록 하는 기법이다.

(2) 조사·분석기법의 목적

조사·분석기법은 조사·분석 결과물에 보다 높은 투명성, 일관성, 의존성을 제공하며, 다음과 같은 목적을 가진다.

```
( i ) 조사·분석의 정확성과 신뢰성제고
( ii ) 틀을 벗어난(out-of-the box) 창의적 발상촉진
(iii) 불확실성에 대한 구조적 이해능력 증진
(iv) 의외의 상황 발생가능성 최소화
( v ) 치명적 실수방지
```

조사·분석을 함에 있어서 담당자들은 시간적 압박으로 인해 성급한 결론을 내릴 수 있으며, 잘못된 방향으로 가고 있다는 사실을 끝에 가서야 인지할 수도 있다. 가용정보가 많아져도 자신의 가설에 부합하는 정보만을 선택하고, 그렇지 않은 정보는 배격할 가능성을 항상 내포하고 있다. 과거 실패사례에서 보면, 성급한 결론짓기, 집단사고(groupthink)에 순응하기 등, 조사·분석담당자가 논리적 오류를 피하는 일이 대단히 어려운 일임을 보여주며, 다수의 경고만으로는 이러한 오류를 피하는 데에 한계가 있다는 것을 나타내고 있다. 그러나 2003년 이후 미국의 정보공동체와 민간부문 정보조사·분석 분야에서 개발한 조사·분석기법을 적용하면 '근본적으로 잘못된 입장에서 분석에 착수'하거나 '예측하지 않은 의외의

결과 발생' 등 전형적인 오류를 상당부분 줄일 수 있다는 것이 9.11 테러의 주범인 오사마 빈 라덴 제거작전, 미국의 대 ISIS전 수행 등을 통해 확인되었다.

(3) 조사·분석기법의 유용성

조사·분석기법의 유용성으로는 다음의 것을 들고 있다.

(ⅰ) 시간절약
(ⅱ) 주장의 설득력 향상
(ⅲ) 사고 및 인지고착에 대한 극복 가능
(ⅳ) 복잡함과 증거부족으로 인한 문제의 해결 가능
(ⅴ) 시작부터 다양한 가설들에 대한 고려 가능
(ⅵ) 논리적인 기준을 제시
(ⅶ) 상상력 발휘 가능

---

2. 조사·분석기법의 유형

주요한 조사·분석기법으로는 다음의 유형들이 있다.

(1) 레드 햇 분석기법

레드 햇 분석기법은 상대방의 입장이 되어 상대방의 사고방식을 모방함으로써 개인 혹은 단체의 행동을 예측하고 분석하는 기법이다.

1) 사용시기

레드 햇 분석기법은 사건발생 전·후로 특정인물 또는 의심자의 행동을 예측하고자 할 경우에 가장 많이 사용되며, 해당 인물의 과거 또는 현재, 미래의 행동양상을 예상하기 위해 사용된다.

2) 기대효과

레드 햇 분석기법은 기법사용자들이 기존에 가지고 있던 고정관념을 탈피하여 해당 문제에 대한 새로운 시각을 가지도록 도와주는 재구성 기법의 일종이다.

일반적으로 조사·분석전문가들은 언제나 특정인물이나 의심인물에 대한 자신만의 판단기준을 현행 고용자, 고용회사·기관의 판단으로 내려진 다른 기준으로 바꾸도록 강요받게 되는데, 대부분 이러한 과정은 '목표대상의 가족 간 유대'와 같이 전통적인 조사·분석과정에서는 고려되지 않는 색다른 요소들을 포함한다. 예를 들면, 이 기법을 사용하는 인원들은 스스로에게 '나의 상부는 내가 어떻게 행동하기를 바라는가?' 또는 '회사는 내가 무엇을 하길 원하는가?'와 같은 질문을 던지는 경향이 있다. 이때 이들은 '나는 이 문제를 해결함에 있어 누구에게 의지할 수 있는가?(예를 들면, 나는 의지할 수 있는 친척, 친구 혹은 직장동료가 있는가?)' 혹은 '내가 이 임무를 감당할 수 있는가?'와 같은 인간적인 요소를 많이 고려한다고 한다.

레드 햇 분석기법을 가미한 보고서는 표면적으로 다음과 같은 독특한 특징을 가진다.

(i) 문제에 대한 직접적인 해답을 즉시 제공한다. 레드 햇 분석기법을 이용한 보고서는 대부분 1인칭 형태로 작성되며, 이러한 이유로 '아마도' 혹은 '가장 ~할 가능성이 있다'와 같은 구절의 사용빈도가 낮다.

(ii) 단체가 아닌 개인에 의해 작성되어 일관되고 명료하며 복잡하지 않은 논거를 제시한다.

(iii) 개인의 관점을 제시하므로 여타 인원과 '틀, 양식'을 조율할 필요가 없다.

(iv) 모든 가능성의 열거보다는 특정예측을 한다.

(v) 이 기법사용자가 문화와 환경에 대한 배경지식이 부족할 경우에는 잘못된 편향으로 빠질 수 있다.

(vi) 거울상관계(mirror image : 어떤 형태에 대해 그것이 거울에 비춰진 상과 같이 좌우가 바뀌어져 있는 상태)를 피하기 어렵다. 이 기법사용자들은 '당신이 그 사람이라면 어떻게 행동하겠는가?'가 요점이 아니라는 사실을 지속적으로 염두에 둔다.

(vii) 이 기법사용자들이 특정예측을 했을 때는 후속보고에서 나타나는 징후들로 본인들의 예상 시나리오가 들어맞는다고 과대평가하지 않도록 조심하여야 한다. 또한 의심인물이 어떠한 행동을 취할 것인가를 정확히 가늠했다고 과대평가해서도 안 된다.

---

3) 사용방법

레드 햇 분석기법의 사용방법은 다음과 같다.

(i) 환경과 목표대상의 성격, 동기 및 사고방식에 대한 깊은 지식을 보유한 전문가들로 팀을 구성한다. 목표대상의 환경에 대한 폭넓은 배경지식을 보유하고 있고, 목표대상과 같은 언어를 구사하며, 같은 배경을 공유하거나 목표대상의 환경에 장기간 근무한 인원들을 팀에 포함시킨다.

(ii) 전문가들은 상황이나 자극 요인을 제시받아 그들이 적의 입장이 되어 어떻게 행동할지를 분석한다.

(iii) 거울상관계를 피하여야 하는 필요성에 대해 강조한다. '당신이 상대방의 입장이 되었을 때 어떻게 행동하겠는가?'가 아닌 '상대방이 자극 요인에 대해 어떻게 생각하고 행동하며, 반응할 가능성이 가장 높은가?'와 같이 질문을 하여야 한다.

(iv) 가장 가능성이 높은 결과를 다음과 같은 방법을 통해 공략한다. 즉, 상대방이 취할 가능성이 높은 행동들을 목록으로 만들고, 개인의 1인칭 화법을 묘사한다.

---

(2) 역장 분석기법

역장(force field) 분석기법은 어떠한 변화, 문제 혹은 목표에 긍정적 또는 부정적으로 작용하는 모든 힘을 나열·평가하는 기법이다.

1) 사용시기

역장 분석기법은 조사·분석가가 사안을 정의하고 자료를 수집하거나 행동제언(recommendations of action)을 준비하는 조사·분석의 초기단계에 유용하다. 조사·분석가는 먼저 모든 측면에서 문제를 분명하게 정의하여야 한다. 또한 자료를 구조화하고, 사안에 영향을 주는 각 힘의 상대적 중요도를 평가한다. 이 기법은 조사·분석가가 기존 자료에 안주하고자 하는 경향을 극복하도록 도와주며, 개별 조사·분석가나 소규모팀 모두 이 기법을 활용할 수 있다.

2) 기대효과

역장 분석기법의 주요 장점은 조사·분석가가 주어진 문제의 상황에 영향을 미치는 모든 힘과 요인을 고려할 수 있다는 점이다. 이때 조사·분석가는 이 기법을 통해 주어진 사안에 영향을 미치는 힘을 촉진요소와 억제요소로 구분해 생각해 볼 수 있다. 즉, 조사·분석가는 사안에 유리하고 불리하게 작용하는 모든 힘을 고려해 봄으로써 억제력의 영향을 최소화하고, 추진력의 영향을 극대화하는 효과적인 전략을 제시할 수 있다.

이 기법은 각 힘의 강도를 개별적·전체적으로 표시하는 간단한 계수기입용지(tally sheet)를 사용하여 문제의 주요 요소를 시각화시킨다. 또한 의사결정자들은 2개의 목록으로 정리된 자료를 통해 가장 중요한 힘을 쉽게 식별하여 부정적 요소를 극복하고, 긍정적 요소를 촉진시키는 전략을 개발할 수 있다.

3) 사용방법

역장 분석기법의 사용방법은 다음과 같다.

(i) 문제, 목표, 또는 변화를 분명하게 정의한다.

(ii) 사안에 영향을 미치는 모든 힘을 식별한다. 관계된 요인들을 촉진시키거나 제지하는 모든 범위의 힘을 식별하기 위해 소요, 자원, 비용, 이익, 조직, 관계, 태도, 관습, 관심, 사회적·문화적 추세, 규칙과 규제, 정책, 가치 및 리더십 등 주제를 광범위하게 고려한다.

(iii) 변화를 '촉진(driving)'하는 힘이나 특성을 보여주는 하나의 목록과, 변화를 '억제(restraining)'하는 힘이나 특성을 보여주는 하나의 목록을 각각 만든다.

(iv) 각각의 촉진력 혹은 억제력에 가치(강도수치(intensity score))를 부여하여 힘의 세기를 표시한다. 가장 약한 힘에 강도수치 1(약함)을 부여하고, 가장 강한 힘에 강도수치 5(강함)를 부여한다. 세기가 동일하다고 판단될 경우, 두 개 이상의 힘에 동일한 값을 매길 수 있다. 각 항목 옆에 강도수치 값을 표기하도록 한다.

(v) 각 목록에 대한 강도수치 값을 계산하여 추진력이 지배적인지, 억제력이 지배적인지 결정한다.

(vi) 두 목록을 보고 억제력을 상쇄시키는 추진력이 있는지 확인한다.

(vii) 선호하는 결과로 이어지는 힘을 강화 또는 희망하는 결과를 방해하는 힘을 약화라고 하는 성과를 달성하기 위해 관리가능한(manageable) 행동방침(course of action)을 고안한다.

조사·분석가는 선호하는 결과가 변화를 촉진시키는 것일 수도 있고, 제지하는 것일 수도 있음을 염두에 두어야 한다. 예를 들면, 마약사용 문제나 범죄활동에 대한 분석은 문제를 제지하는 요인에 집중하여야 할 것이다. 반면에 기업보안에 대한 분석에서는 보안능력을 향상시키는 추진요인을 강조하여야 한다.

(3) 기만 탐지기법

기만 탐지기법은 조사·분석가가 기만을 탐지하여야 할 시기를 파악하고, 기만의 존재 여부를 확인하며, 기만당하지 않도록 도와주는 기법이다. 기만은 적대세력이 자신에게 유리하도록 견해와 결정, 행동에 영향을 미친다. 기만의 최종목적은 상대 세력으로 하여금 특정행위를 취하거나 취하지 않도록 유도하는 것이다.

대정보 조사·분석에서 기만을 정확히 파악하는 것은 매우 어렵다. 따라서 적대세력이 완벽한 기만을 감행했을 경우에 조사·분석가는 기만을 행했다는 증거자료를 확보하기 힘들다. 하지만 조사·분석가가 기만을 예상할 경우에는 기만의 증거가 없는 가운데에서도 기만에 대한 증거를 알 수 있게 된다.

1) 사용시기

조사·분석가들은 다음의 경우에는 기만이 사용되었을 가능성에 대비하여야 한다.

(i) 조사·분석가가 핵심적인 정보나 보고서를 발견했을 때
(ii) 본인이나 잠재적인 기만자에게 상당한 득과 실이 발생할 수 있는 중요한 시기에 정보를 확보했을 때
(iii) 잠재적 기만자가 과거에 기만을 행한 사례가 존재할 때
(iv) 새로운 정보를 수집하여 주요 가정 및 판단을 변경하여야 할 때
(v) 새로운 정보를 수집하기 위해서는 상부 또는 소요제기부서에서 상당한 자원을 소모 또는 전환하여야 할 때
(vi) 잠재적 기만자가 제공한 기만정보가 처리되는 유무나 처리방식, 그리고 파급효과를 파악할 수 있는 대응채널을 가지고 있을 때

2) 기대효과

대다수의 조사·분석가들은 수집한 모든 정보가 유효하다고 가정해서는 안된다는 사실을 인지하고 있다. 그러나 소수의 조사·분석가들만이 이러한 점을 작업에 효과적으로 적용시키는 방법을 알고 있으며, 기만 탐지기법의 적용은 조사·분석가들에게도 상당히 어려운 작업이다. 수집한 정보의 일부가 기만정보라고 판단될 경우에는 모든 증거자료에 의문성을 제기하여야 하며, 수집한 자료로부터 추론한 내용들에 대해서도 모두 재판단하여야 한다.

만일 분석가들에게 기만 주의시기를 경고해 줄 실질적인 도구가 제공되지 않거나 수집한 자료에서 기만정보를 효과적으로 발견할 수 있는 수단이 마련되어 있지 않거나, 차후에 기만정보를 차단할 수 있는 방법이 제공되지 않는 경우에는 조사·분석 업무가 마비될 여지가 있다. 특히, 상황이 전개되는 과정을 막 인지하기 시작한 시점에 기만에 대응하는 것은 매우 어려우며, 상황을 파악하는 과정에서 발생하는 잡음 등으로 인해 관련된 일에 과부화와 모호성이 더해지고 이 모든 것들에 기만정보가 추가되면 조사·분석가의 업무수행능력은 급격히 저하될 수밖에 없다.

3) 기만 검사 항목

평가기준	평가방식
잠재적 기만자가 기만을 행할 동기, 기회 및 수단 (MOM : motive, opportunity, and means) 을 보유하고 있는가?	(i) 동기(잠재적 기만자의 목표 및 동기는 무엇인가?) (ii) 경로(잠재적 기만자가 기만정보를 유입시킬 수 있는 수단으로 무엇이 있는가?) (iii) 위험(기만정보가 파악될 경우에 기만자가 겪을 문제로는 무엇이 있을까?) (iv) 대가(기만정보가 파악될 경우에 잠재적 기만자가 상당한 대가를 지불하여야 하는가?) (v) 피드백(기만자가 기만작전의 파급효과를 관찰할 수 있는 피드백수단이 존재하는가?)
적대세력이 과거에 기만 수법을 활용한 사례	(i) 잠재적 기만자는 과거에도 기만을 사용한 적이 있는가? (유사사례, 동일 유형 등)

(POP : past opposition practices)가 있는가?	(ii) 과거 기만사례에 사용되었던 패턴이 현재 상황에서도 식별되는가? (iii) 그렇지 않을 경우, 여타 과거사례들은 존재하는가? (iv) 그렇지 않을 경우, 이러한 상이한 형태의 기만을 사용하는 이유를 설명할 수 있는 상황적인 요소가 존재하는가?
출처의 조작(신뢰성)(MOSES : manipulability of sources)으로부터 비롯되는 우려는 존재하는가?	(ⅰ) 출처의 신뢰성을 판단하는 기준은 무엇인가? (ii) 출처에 직접적으로 접근할 수 있는가? (iii) 출처를 신뢰할 수 있는가? (iv) 출처가 잠재적 기만자의 통제 및 조작에 영향을 받을 가능성이 존재하는가?
증거자료의 평가(EVE : evaluation of evidence)를 통해 확보할 수 있는 정보는 무엇인가?	(ⅰ) 출처의 정보는 정확한가? 모든 정보 및 변질된 정보도 확인하였는가? (ii) 핵심 증거자료의 신뢰성을 확인하였는가? 부차적인 출처가 기존의 출처보다 더 중요할 수 있다는 점을 명심한다. (iii) 한 가지의 출처로부터 확보한 정보가 여타 출처로부터 확보한 정보와 상반되는가? (iv) 여타 정보출처로부터 기존 출처의 증거를 뒷받침하는 자료들을 확보하였는가? (ⅴ) 정보의 부재가 비정상적인 현상인가?

기만이 확실히 사용되었다고 판단될 경우, 조사·분석가 혹은 소규모팀은 다음과 같은 4가지 기준을 바탕으로 주요 정보를 평가하여야 한다.

4) 기만 회피

조사·분석가들은 기만을 취급함에 있어 다음과 같은 원칙들이 효과적임을 발견했다. 각 원칙들은 리차드 호이어의 '기만과 대(對)기만의 인지요인', '전략적 군사 기만(1982)', 마이클 핸들의 '제2차 세계대전에서의 전략적 및 작전적 기만(1987)'에서 인용되었다.

(ⅰ) 단 한가지의 출처로부터 확보한 정보에 대한 의존도를 줄여라.
(ii) 확보한 정보에 가장 정통한 전문가의 의견을 모색하라.
(iii) 확보한 정보출처의 신원이 불분명하거나 확보경로가 불확실한 출처 및 부차적인

출처는 의심하라(신뢰성 평가 필요).
(iv) 구두로 전달된 정보에 절대적으로 의존하지 마라. 항상 물질증거(서류, 영상, 확인 가능한 주소 및 전화번호, 혹은 여타 형태의 확실하고 입증가능한 정보) 확보를 모색하라.
(v) 입수한 첩보가 확실해 보였으나, 차후에 기만정보임이 밝혀졌을 때 그 패턴을 분석함으로써 비록 연관성이 미약하지만 타당해 보이는 정보의 불일치현상을 출처로부터 모색하라.
(vi) 조사·분석을 시작할 때, 타당한 가설을 세우고 평가하며, 가능하다면 기만가설도 정립하고 평가하라.
(vii) 잠재적 기만자의 한계 및 역량을 모두 파악하라.

(4) 사회적 네트워크 분석기법

사회적 네트워크 분석기법은 개인, 단체, 조직 간의 관계 또는 연결고리를 도시하고 측정하는 기법이다.

1) 사용시기

사회적 네트워크 분석기법은 인물이나 단체 간의 관계가 불명확하고, 이해가 제한될 때 사용된다. 조사·분석가들은 이 기법을 사용하여 위험을 끼치거나 침해를 시도하는 인물들과 단체 등을 도시할 수 있다. 사회과학자들은 중심부가 구조적으로 부실한 사회집단 간의 상호작용을 분석하는데 이 기법을 사용하기도 한다. 정보는 이름, 날짜, 활동과 같은 기초적인 수준의 자료를 제공하는 관찰과 보고로부터 수집된다. 정보가 수집될수록 관계(network)에 대한 그림은 선명해진다.

2) 기대효과

사회적 네트워크 분석기법은 자신들의 활동, 구성원, 지도부 및 계획을 숨기고자 하는 개인이나 단체 간의 숨겨진 관계를 밝히는데 유용하다. 또한 이 기법을 통해 새로운 정보를 바로 포착하고, 다른 기법으로는 확인하기 어려운 상호작용 유형(pattern), 소통방법, 이동형태(pattern), 기타 활동을 확인할 수 있다. 각 인물이나 단체의 역할은 연락의 빈도와 활동의 종류에 따라 결정될 수 있으며, 여러 단체 간의 경계선 또한 확인이 가능하다. 조사·분석가는 다량의 자료를 조직화하여 관계를 도시 및 측정할 수 있다.

그리고 네트워크 분석기법으로 정보공백이 있는 곳을 밝히고, 침해를 노리는 단체나 개인의 취약요소들을 제시할 수 있다. 조사·분석가들은 개인들 간의 상호작용을 연구하여 조직구조의 복잡성, 지휘부의 계급화 정도, 조직구조의 수평화정도를 알 수 있다. 또한 구성원들의 집중과 분산화 정도, 대규모 네트워크에 의한 지원 여부, 구성원들 간의 소통빈도도 알 수 있다. 즉, 단체에 따라 주요 지휘자들은 네트워크 내 다수의 개인들과 연락을 하거나 고립되어 있을 수 있다. 고도로 조직화된 조직에서는 주요 인물들이 단일장애점(SPOF(single points of failure) : 웹 서버, 데이터베이스 등의 시스템을 구성하는 요소 중에서 이중화구성이 되지 않아 장애가 발생하면 시스템 전체에 영향을 주는 요소. 단일 고장점이라고도 함) 역할을 할 수 있는 반면, 다수의 조직이 비교적 수평적인 구조를 가질 경우에는 다수의 활동거점이 있을 수 있다.

3) 사용방법

사회적 네트워크 분석기법의 사용방법은 다음과 같다.

(i) 자료를 확보하면서 소위 노드(node)로 칭하는 개인 또는 단체를 식별한다.

(ii) 각각의 노드를 데이터베이스, 연관성 매트릭스(association matrix), 또는 소프트웨어 프로그램에 입력한다.

(iii) 개인 혹은 단체 사이의 상호작용을 판단한다.

(iv) 이번에는 상호작용을 종류별로 데이터베이스, 연관성 매트릭스, 또는 소프트웨어 프로그램에 입력한다.

(v) 연락빈도 및 활동종류에 따른 각각의 노드와 상호작용을 식별한다.

(vi) 노드 간의 연결관계를 도시한다.

(vii) 추가적인 자료가 확보되면 새로운 노드를 추가한다.

(viii) 연락빈도가 높은 선은 어두운 색으로 표시하고, 개인 및 위치에 대한 그림을 추가하는 등, 더욱 정교하게 묘사되도록 도시한다.

(ix) 집단(groupings)의 테두리 또는 지평선을 설정하면서 집단들 간의 경계선을 결정한다.

(x) 중심성(centrality)의 다양한 측면을 규명하여 집중화(centralization)의 정도, 주요 인물의 역할 및 위치를 인지한다. : 노드 간의 연결이 가장 많은 개인 또는 연결

자(connector), 달리 상호작용하지 않는 파벌 혹은 집단의 중개역할을 하는 노드
또는 브로커(brokers), 다른 노드들에 가장 가까운 노드
(xi) 경계확장자(Boundary Spanners)에 해당하는 집단 또는 파벌 간의 경계선을 넘나
드는 개인 또는 노드를 찾는다.
(xii) 향후 행동의 징후를 찾기 위해 네트워크를 감시한다. 향후 행동의 징후를 찾기 위
해 네트워크를 감시한다.

(5) 연대기 & 타임라인 기법

연대기 & 타임라인(타임테이블) 기법은 자료를 서술하거나 시각적으로 시간순
서에 따라 표시하는 기법이다. 연대기기법은 사건을 발생순서로 나열하며, 보통
서술 또는 항목(bullet point) 형식으로 나열한다. 타임라인(타임테이블)기법은 시간
대에 따라 정보를 시각적으로 나타내며, 자료를 분류하여 타임라인 선 위아래로
나누어 표시한다.

1) 사용시기

연대기 & 타임라인(타임테이블) 기법은 자료의 구조화 및 시각화에 유용하다.
이 기법은 분석초기에 자료를 시기별로 정리하고, 시계열데이터(time series data)
를 시각적으로 표시하는 데 사용된다. 분석과정에서 추가적인 정보가 입수되어 새
롭게 확보된 자료는 연대기 및 타임라인에 추가시킨다. 이 기법은 최종결과물의
자료를 제시할 때 특히 유용하다.

2) 기대효과

연대기 & 타임라인(타임테이블) 기법을 통해 자료를 시간별, 또는 특정시간대
에 맞게 정리·분류하면서 구조화하면 조사·분석가는 여러 항목들 간의 관계를
보다 효율적으로 조사할 수 있다. 즉, 이 기법을 사용하면 신속하게 자료의 흐름
을 파악하고 관계를 식별하며, 공백을 잘 발견할 수 있다. 이 기법은 자료를 분명
하고 간결하게 나타냄으로써 분석가가 다음의 작업을 할 때 도움이 된다.

(i) 사건, 인물, 장소, 요인들 간에 상관관계 규명 시
(ii) 보고받은 자료의 나열 간 설명되지 않은 공백이나 누락된 자료에 집중 시
(iii) 증거부재가 의미하는 바를 알고자 할 때
(iv) 추가 조사 혹은 분석분야에 대한 소요파악 및 최신화하고자 할 때
(v) 조사·분석결과를 제시할 때
(vi) 주요 전개사항을 요약할 때
(vii) 분석의 신뢰도를 향상시킬 때

3) 사용방법

가. 연대기기법

연대기기법의 사용방법은 다음과 같다.

(i) 자료를 수집하고 주요 날짜를 추출한다.
(ii) 자료를 시간 순서대로 배열한다. 이때 날짜에 따른 획득자료(사건)을 요약한다.
(iii) 자료에서 인물, 장소, 조직, 전화번호 및 기타 활동을 연결하는 관계 및 유형을 찾
는다.
(iv) 공백이나 설명되지 않는 시간대를 식별한다. 증거의 부재가 시사하는 바가 무엇인
지 고려한다.
(v) 주요 사건을 짧고 간결한 구절이나 문장으로 설명한 요약보고서를 준비한다.
(vi) 결론을 도출하고 권고사항을 제시한다.

나. 타임라인(타임테이블)기법

타임라인(타임테이블)기법의 사용방법은 다음과 같다.

(i) 자료를 수집하고 주요 날짜 및 사건을 추출한다.
(ii) 사건을 시간 축(time scale)에 따라 배열한다.
(iii) 시간선 위·아래의 공간을 활용하여 중요한 분석요점(analytic points)을 강조한
다. 예를 들면, 입수한 정보는 선위에, 분석요점은 선아래에 표시한다. 서로 다른
단체나 조직의 활동 또는 정보의 흐름을 선 위·아래에 작성하고 대조할 수도 있다.
(iv) 자료에서 인물, 장소, 조직, 전화번호 및 기타 활동을 연결하는 관계 및 패턴을 찾
는다.
(v) 두 인물 또는 조직의 활동을 표시한 서로 다른 타임라인 간의 연결고리를 찾는다.

(ⅵ) 공백이나 설명되지 않는 시간대를 식별한다. 증거의 부재가 시사하는 바가 무엇인지 고려한다.

(ⅶ) 설명이 추가되어 있는 타임라인에서 주요 사건과 분석요점을 세부적으로 보여주는 차트를 준비한다.

(6) 가정 분석기법

가정 분석기법은 중대한 긍정, 또는 부정적 영향을 미칠 수 있는 특정사건이 발생했다고 가정하고, 이러한 사건이 어떻게 발생하였는지 설명하는 재구성 기법이다.

1) 사용시기

가정 분석기법은 다음과 같은 상황에 가장 적합하게 사용된다.

(ⅰ) 조사·분석과정에 논란의 여지가 있는 사고방식이 존재하거나 사회적 통념으로 자리잡고 있을 때

(ⅱ) 조사·분석가들이 고 충격·저 가능성 사건의 발생가능성이나 그에 따른 결과에 초점 맞추기가 어려울 때

2) 기대효과

가정 분석기법은 초점을 사건발생의 가능성에서 사건발생의 이유로 조정함으로써 사건전개가 실제로 이루어졌는가에 대하여 보다 명확한 판단을 내릴 수 있다. 가정 분석기법은 '해당 사건이 발생할 수 있는가?'라는 의문을 다음과 같은 의문들로 변화시킨다.

(ⅰ) 해당 사건이 얼마나 중요한가?

(ⅱ) 해당 사건이 어떻게 발생할 것인가?

(ⅲ) 해당 사건이 발생할 가능성이 변화하였는가?

한편, 가정 분석기법은 의사결정자에게 다음과 같은 이점을 제공한다.

(i) 사건발생으로 인한 원치 않은 전개를 방지하고 이익확대를 위한 기회를 얻기 위
해 어떠한 행동을 취할 수 있는가를 보다 잘 이해할 수 있다.

(ii) 사건에 적합한 전개가 실제로 이루어지는가를 확인하기 위한 구체적인 징후목록
을 제시한다.

---

3) 사용방법

가정 분석기법의 사용방법은 다음과 같다.

(i) 발생할 가능성이 있는 사건이 실제로 발생했다고 가정함으로써 시작된다. 즉, i)
'우리는 어제 … 를 깨닫게 됐다.' 와 같은 방식으로 문제를 제기한다. ii) 사건
및 사건으로 인한 영향을 상세하게 설명한다. iii) 때로 가정한 사건이 사실로 판
명나는 경우도 있다.

(ii) 증거 및 논리를 바탕으로 사건발생 이유를 설명하는 논거를 발전시킨다. 과거사건
에서 현재까지 거슬러 올라간다.

(iii) 2개 이상의 시나리오나 논거를 구상한다.

(iv) 사건발생을 시사하는 각각의 시나리오를 위한 징후를 마련한다.

(v) 부정적 시나리오의 피해규모와 이에 대한 극복이 얼마나 어려운가를 평가한다.

(vi) 긍정적 시나리오의 종합적인 영향과 시나리오의 긍정적 변화가능성을 평가한다.

(vii) 시나리오들을 실행 난이도와 잠재적 영향을 고려하여 중요한 순서대로 정렬한다.

(viii) 징후들을 주기적으로 검토한다.

---

3. 조사·분석의 타임라인

(1) 타임라인 구성의 목적

조사·분석기법들을 언제 어떤 것을 활용할 것인가는 대부분 조사·분석과정
이 어느 지점에 있는가에 따라 결정된다. 조사·분석 타임라인 구성은 이러한 조
사·분석기법들을 진단 및 재구성, 이의 제기, 분석 및 설명, 분석내용 체계화 파
트로 나누어 적용할 수 있도록 도와주며, 전체적인 조사·분석과정의 흐름을 시각
화해 준다. 각 파트는 상황에 따라 순차적으로 적용될 수도 있지만 원활한 조사·
분석을 위해서는 동시에 적용되어 진행되는 것이 일반적이다.

(2) 조사·분석의 타임라인 구성

1) 진단 및 재구성 파트

진단 및 재구성 파트는 발생한 문제, 사고상황을 진단하고 재구성하여 조사·분석할 수 있도록 하는 단계이다. 전체적인 조사·분석환경을 만드는 파트이기도 하며, 레드 햇 분석기법과 역장 분석기법이 여기에 속한다.

2) 이의제기 파트

이의제기 파트는 조사·분석과정에 있어 잘못된 방향으로 흐르거나 기만, 방해, 잡음 등으로 인한 무결성 붕괴를 방지하기 위해 진행되며, 주로 기만 탐지기법이 사용되는 파트이다.

3) 분석 및 설명 파트

분석 및 설명 파트는 원활하고 세부적인 조사·분석과정이 이루어질 수 있도록 확보된 정보들과 증거를 연결하고, 정보의 사슬(증거의 사슬)을 구성하는 파트로서, 사회적 네트워크 분석기법이 대표적인 기법이다.

4) 분석내용 체계화 파트

분석내용 체계화 파트는 전체 조사·분석과정을 체계적으로 정리하여 확보된 정보와 증거, 조사·분석결과를 제공받아야 할 주체인 의사결정자에게 보고하기 위한 파트이다. 의사결정자에게 최종적으로 전달할 조사·분석 결과보고서를 작성하는 역할도 수행한다.

찾아보기

〈저자 약력〉

강 동 욱

법학박사

관동대학교 교수 역임
한양대학교, 국립 경찰대학 강사 역임
한국법학교수회 부회장 역임
동국대학교 법과대학 교수
동국대학교 법과대학 학장 겸 법무대학원 원장
동국대학교 법무대학원 탐정법무전공 주임교수
동국대학교 법무대학원 PIA(민간조사사) 최고경영자과정 강사
한국탐정학회 회장

(자격)
한국특수직능재단 PIA(민간조사사)
일반사단법인 일본조사업협회(JISA) 특별탐정업무종사자
필리핀 전문탐정협회 특별회원

최 수 빈

이지수 보안컨설팅 대표
산업보완관리사 및 경비지도사

탐정학 시리즈 4

탐정과 산업보안

초판 발행	2020년 9월 30일
지은이	강동욱·최수빈
펴낸이	안종만·안상준
편 집	우석진
기획/마케팅	이영조
표지디자인	박현정
제 작	우인도·고철민
펴낸곳	(주) **박영사**
	서울특별시 종로구 새문안로3길 36, 1601
	등록 1959. 3. 11. 제300-1959-1호(倫)
전 화	02)733-6771
f a x	02)736-4818
e-mail	pys@pybook.co.kr
homepage	www.pybook.co.kr
ISBN	979-11-303-3695-4 94360
	979-11-303-3368-7 (세트)

정 가   20,000원